August Löwenstimm

Aberglaube und Strafrecht

August Löwenstimm

Aberglaube und Strafrecht

ISBN/EAN: 9783741173776

Hergestellt in Europa, USA, Kanada, Australien, Japan

Cover: Foto ©Andreas Hilbeck / pixelio.de

Manufactured and distributed by brebook publishing software (www.brebook.com)

August Löwenstimm

Aberglaube und Strafrecht

Aberglaube und Strafrecht

von

Aug. Löwenstimm,
Gehilfe des Jurisfonsults im Justizministerium zu St. Petersburg.

Autorisierte Übersetzung aus dem Russischen.

Mit einem Vorwort

von

Dr. J. Kohler,
Professor an der Universität Berlin.

———

Berlin 1897.
Verlag von Johannes Räde.
(Stuhr'sche Buchhandlung.)

Inhaltsverzeichnis.

	Seite.
Vorwort des Herrn Prof. Dr. J. Kohler in Berlin	V
Einleitung	1
I. Das Menschen-Opfer	8
II. Das Umpflügen	19
III. Die Ermordung von Mißgeburten	27
IV. Zauberei und Hexerung	35
V. Die peinliche Befragung des Verbrechers	79
VI. Die Vampyre und das Öffnen von Gräbern	93
VII. Die Talismane	107
VIII. Der Falscheid	131
IX. Die Volksmedizin	136
X. Diebstähle	148
XI. Der Betrug	158
XII. Die Besessenheit	171
XIII. Unruhen zur Zeit von Epidemieen	179
XIV. Vermeintliche Verbrechen	191
XV. Schluß	199

Vorwort.

Gerne entspreche ich der Aufforderung der Verlagsbuchhandlung, dieses interessante Werk mit ein paar Worten zu begleiten und meine Ansicht über die Bedeutung dieser Studien darzulegen; kommt doch die Erforschung des Volksaberglaubens und die Erörterung über seine strafrechtliche Bedeutung einer alten Neigung nach, die mich stets zu solchen Problemen zurückführt; habe ich doch noch in meiner Jugend den Aberglauben im Volke gekannt und trifft doch das ethnologische Moment im Aberglauben ebenso meine historisch-anthropologischen, wie andererseits die Diskussion über den Einfluß dieses Aberglaubens auf den strafrechtlichen Vorsatz und die etwaige strafmildernde oder strafaufhebende Kraft desselben meine dogmatischen Studien.

Eine richtige Würdigung des Aberglaubens muß zurückgehen auf seine Quelle: er liegt in der innersten menschlichen Natur begründet, er ist ein Erbteil unseres Geschlechtes; jeder Naturmensch wird und muß in unserem Sinne abergläubisch, ja mehr als abergläubisch sein: jeder Naturmensch trägt in sich die ganze Gewalt der dem Menschengeist immanenten animistischen Vorstellungen, und der Aberglaube ist nichts anderes als die Frucht der animistischen Weltanschauung, die zunächst das Volkstum, ich möchte sagen offiziell beherrscht, die seine Einrichtungen und Institute bestimmt, in seinem Glauben mächtig ist, bis der Einfluß des Naturerkennens, die philosophische Spekulation, die Annahme einer positiven Religion unter den Denkenden des Volkes mehr oder minder diese Ideen verdrängt. Dann aber treibt die alte Weltbetrachtung häufig in den unteren Schichten der Bevölkerung noch eine starke Nachblüte und reift oft die merkwürdigsten Meinungen und Bräuche — das ist der Aberglaube. Er ist verderblich, er ist zu bekämpfen, aber man hat ihn andererseits nicht mit Unrecht die Poesie des Volkes genannt — deshalb, weil er aus dem Urquell der Poesie, aus der animistischen Weltanschauung, aus der Idee der Weltbeseelung hervorgegangen ist.

Ich schicke dies voraus, um eine gerechte Würdigung einer Welterscheinung anzubahnen, gegenüber der es nicht genügt, in unhistorischer aufklärerischer Weise vorzugehen, wie es heutzutage noch vielfach geschieht, als ob es keine Ethnologie und keine Menschheitsgeschichte gäbe.

Der Aberglaube gehört zu den für den Ethnologen interessantesten Welterscheinungen; denn der Ethnologe sieht hier in der Mitte seines Volkes die eigenartigen Zustände, die dem Beobachter der Naturstämme, dem Erforscher der Geschichte so fremdartig erscheinen; die Bilder vergangener Tage leben in ihm auf, und er versteht jetzt die nachhaltige Kraft alogischer Einrichtungen, er versteht, wie es möglich war, daß Dinge, wie Bahrprobe und Seherschau einst Institute des offiziellen Rechts gewesen sind.

Schon nach dieser Richtung haben die Studien über den Aberglauben eine große Bedeutung, und die Schrift des Verfassers, der seine Forschung in die abgelegensten Gegenden von Rußland hinein getragen hat, bildet insofern eine wichtige Ergänzung der Schriften von Wuttke, Mannhardt u. a. Wir finden noch das Menschenopfer, den Hexenglauben, den Ordalismus, die Seherschau, die Beschwörung in den verschiedensten Gestaltungen; der Vampyrismus, der Albglaube läßt sich nachweisen, und der Uebergang vom Ordalismus zum Folterinstitut, sowie die Entwickelung des Reinigungseides gegenüber den Ergebnissen der Seherschau, alles dieses sind ethnologische Lebensäußerungen, die noch in den unteren Schichten der Kulturvölker ebenso walten, wie bei den Negervölkern und den Bewohnern von Neu-Guinea. Auch der Talismanglaube, als Ueberrest des ehemaligen Fetischismus, ist noch tief im Volk verbreitet; und wie der Fetischismus, sich mit Vorliebe an außerordentliche, grausige, unheimliche Dinge knüpft, so werden die Talismane vorzugsweise in seltenen, schwer erreichbaren, von der Volksphantasie mit besonderem Schrecken umgebenen Dingen gesucht. So kommt man zum Armensünderschmalz, das man noch heutzutage in Apotheken verlangt, zum Glauben an die wunderthätige Macht gestohlener Dinge, zum Glauben an das einschläfernde Diebslicht; und von dem größten Interesse für die ethnologische Beobachtung ist es, daß sich nicht nur solcher Talismankultus auch in Indien nachweisen läßt, sondern der Glaube an einschläfernden Zauber selbst unter den Azteken, einem von aller Verbindung mit dem abendländischen Leben abgeschiedenen Kulturvolk, verbreitet war; und wie der Aberglaube bei uns die tote Hand als

Einschläferungsmittel betrachtet, so erfahren wir durch Sahagun, daß die Azteken durch den linken Arm des Leichnams einer im Kindbett verstorbenen Frau die Leute so zu hypnotisieren wähnten, daß sie sich beim Anblick des Diebstahls nicht rühren könnten (vgl. mein Recht der Azteken S. 94). Und das Herz eines Ungeborenen, die Leber eines Knaben, das frische Blut eines Kindes, alles das sind Talismanmittel, deren Erstrebung noch heute zu den furchtbarsten Verbrechen Anlaß giebt; ebenso wie der Glaube an helfende Geister bei den nordischen Rothäuten zu Sklavenmorden und bei den Malaien zu Kopfjagden führt; und der Gedanke, daß ein in die Mauer eingegrabener Mensch als Schutzgeist des Hauses dient, findet sich noch in unserem west- und osteuropäischen Aberglauben, wie in Afrika (vgl. mein Negerrecht S. 32); auch der Glaube an wohlthätigen Zauber (im Gegensatz zur Hexerei) zeigt sich noch in unseren Sympathiekuren und Besprechungen, die mir noch aus meiner Jugend wohlbekannt sind, ebenso wie die vermeintliche Kunst, einen Menschen durch Zauber zum Stillstehen zu bringen, ebenso wie die Talismane, um sich unverwundbar zu machen: wie mir einst solch einer in meiner Thätigkeit bei der Staatsanwaltschaft in Karlsruhe vorgekommen ist — wo ich es allerdings unterließ, mir die ausführliche Zauberformel zu notieren. Wahrscheinlich sind solche Talismane zum Schutz gegen Schuß und Hieb noch heutzutage im Gebrauch.

Die Idee des Eides als einer Selbstverfluchung für den Fall der Unwahrheit, eine Idee, die sich aus dem

— IX —

Ordalismus herausgebildet hat, ist noch im Volke mächtig, und die Meinung, daß man durch bestimmte Manipulationen (Gegenzauber) den Fluch (wie durch einen Blitzableiter) von sich abwenden und so ungestraft falsch schwören könne, ist noch heute ein interessantes Kapitel in der Geschichte des menschlichen Aberglaubens; ebenso wie das bei Nennung einer bestimmten Person sich drehende Buch, oder der knurrende Schemel, der auf solche Weise den Thäter eines Frevels bezeichnet, lebhaft an die Australneger erinnert, bei denen die Träger des Leichnams sofort in ein heftiges Zittern kommen, wenn der Name des Mörders genannt wird. — Die Instinkte des Menschen sind unter allen Himmelsstrichen dieselben, und Gebräuche, die wir bei unseren Kolonialstämmen kennen lernen, haben nicht nur in der alten Geschichte unseres Volkes, sondern auch in den Bräuchen unserer vom modernen Denken wenig berührten Bevölkerung ihr Widerspiel. Die Einheit des menschlichen Empfindens und Vorstellens ist so groß, daß wir nur staunen müssen über die Gewalt der Natur, die uns beherrscht, über die Macht, welche das gemeinsame Erbteil unserer Väter auf uns ausübt. Und daß bei großen Volkskalamitäten der populus sich nicht mit einem non liquet begnügt, sondern seinen Sünder haben muß, dem die Schuld zugewälzt wird, daß der Volksgeist in wahnwitziger Wut sich hierbei selbst an seinen Wohlthätern vergreift, daß man zu Verwüstungen und Gräueln gelangt, vor denen wir erstarren: das beruht auf Trieben unserer Natur, welche in der ehemaligen Volksjustiz zu Tage traten, deren Ausläufer aber noch in unsere Zeiten hineinreichen. Zwei psychologische Faktoren sind hier kombiniert: einerseits das unstillbare Kausalbedürfnis, das nur die Selbstbeschränkung der Gebildeten zurückzudrängen vermag, andererseits die furchtbar ansteckende Kraft des Wahns, die es bewirkt, daß die Wahninstinkte in einer zusammengerotteten Masse potenziert erscheinen und die ruhige Ueberlegung zurückdrängen: die Bestie im Menschen tritt in der ungeordneten, lärmenden Masse in erschreckender Weise zu Tage; darin liegt auch die schwere Gefahr einer jeden Lynchjustiz. Es sind dieselben Volksinstinkte, die eine australische Rächerbande erfüllen, und die bei uns in wütenden Ausbrüchen gegen verhaßte Personen hervorbrechen, wo dann Menschen unserer Tage den Mitmenschen bestienhaft zerfleischen und verstümmeln!

Aber diese Studien haben noch einen wesentlichen praktischen Zweck, den der Verfasser vor allem im Auge hat: der Konflikt der Volksanschauung mit dem offiziellen Recht führt zu schweren Problemen für den Strafrichter und für den Gesetzgeber des Strafrechts, und es muß dem Verfasser zugestanden werden, daß sich die wissenschaftliche Kriminalistik bis jetzt zu wenig mit dieser Kollision befaßt hat, die nicht übersehen werden darf, wenn man den Grundregeln der Gerechtigkeit nicht zuwiderhandeln will. So sehr man auf der einen Seite sich bemühen muß, den Aberglauben, wenigstens insofern er Verbrechensmotive enthält, zu bekämpfen, so sehr man im Auge behalten muß, daß eine gewisse Strenge sozial heilsam wirken kann, so sehr muß man andererseits bei der im Strafrecht unerläßlichen individuellen Beurteilung der That das entschuldigende Moment in Betracht ziehen, das in einem eingewurzelten Glauben ruht: das entschuldigende Moment, das bei einem minder entwickelten Geistesleben bis zum Glauben an die Rechtmäßigkeit, ja Pflichtmäßigkeit eines gesetzlich verpönten Thuns aufsteigen kann. Und so wenig Einzelvorstellungen und private Gehirngespinnste zur Verneinung des verbrecherischen Vorsatzes führen dürfen, umsomehr muß man es berücksichtigen, wenn ein Wahn, aus dem Volke auftauchend, durch die Erziehung und durch den ansteckenden Einfluß der Volksgemeinschaft genährt worden ist.

Gerade dieses wichtige Problem pflegt von den neuen Lehrbüchern zu wenig erörtert zu werden, wie der Verfasser richtig hervorhebt, während andererseits bemerkt werden muß, daß Berner durchaus nicht bloß einer früheren Periode angehört (S. 1), sondern noch jugendfrisch unter uns weilt. Die Frage, ob man unter Umständen bis zur Straflosigkeit kommen kann, wenn der Einzelne, erfüllt vom Volksaberglauben, im Irrtum über seine Berechtigung frevelt, wird vom Verfasser mit Unrecht verneint. Zum mindesten giebt es Beispiele, wo hier der strafrechtliche Vorsatz geleugnet werden muß, in welchem Falle immer noch eine empfindliche Fahrlässigkeitsstrafe übrig bleiben kann, um sühnend und damit zugleich abschreckend zu wirken.

Andererseits ist es sehr empfehlenswert, neben allgemein mildernden Umständen die Befangenheit in abergläubischen Vorstellungen im Gesetzbuch besonders hervorzuheben. Wenn Not und schlechte Erziehung, Hunger und Liebe mildernde Momente sein können, warum nicht auch der Volksglaube? Und dies besonders zu betonen, wird wohl von Vorteil sein, um den Richter zu mahnen, das Volk und seine Instinkte kennen zu lernen, und nicht seine eigenen seelischen Zustände mit den seelischen Zuständen der in der Naivität des Lebens hinbrütenden Bevölkerung zu verwechseln. Die Kenntnis des Volksglaubens ist ein wesentliches Erfordernis eines guten Verwaltungsbeamten, wie eines guten Kriminalrichters; auch hier muß ich hervorheben: wer ein Volk regieren, wer es beurteilen will, muß in seine intimsten Herzensgeheimnisse eindringen. Wünschenswert wäre hierbei allerdings, wenn die Kunde solcher Volksanschauungen nicht auf zufälligen Gerichtsnotizen und Zeitungsberichten ruhte, sondern auf einer energisch unternommenen systematischen Enquête, wie solche in einzelnen Teilen Deutschlands, z. B. in Baden, veranstaltet worden sind.

Manches hätte ich allerdings gegen den Verfasser auf dem Herzen, nicht gegen seine in jeder Beziehung höchst belehrenden Mitteilungen, sondern gegen die Art ihrer Würdigung. Ich stehe kraft meiner ethnologischen Weltanschauung solchen Volkserscheinungen, wie dem Aberglauben, so furchtbar sie sein mögen, objektiver und ruhiger gegenüber. Man kommt zu richtiger Beurteilung nur, wenn man solche Dinge kühl bis ans Herz hinan als Aeußerungen der eben einmal gegebenen Menschennatur auffaßt und sich klar macht, daß, was uns als namenloser Gräuel erscheint, vielfach die Ausgeburt des menschlichen Instinktes ist, der unserer Betrachtung bald als groß und mächtig, bald als furchtbar, grausig und widerlich erscheint. Man höre endlich einmal auf, bei der Beobachtung der Menschheit den Maßstab des humanistisch gebildeten „Normalmenschen" anzulegen; man höre auf zu glauben, daß die Menschheit je hätte groß werden können, wenn sie nicht in Blut und Schmutz gewatet hätte; man nehme doch den Menschen als Naturerscheinung, die man zunächst studieren muß, ehe man anfängt, sich über seine Taten zu ärgern oder zu entrüsten; man beherzige sich stets, daß auch der homo, wie Tier und Pflanze, seine unwillkürlichen, unbewußten Regungen, Triebe, Instinkte hat und daß der Kulturmensch erst ein mühsames Elaborat der Jahrhunderte ist, ja daß es auch für diesen Kulturmenschen immer und immer wieder notwendig ist, von Zeit zu Zeit in die Abgründe unseres Geschlechtes hinabzusteigen, um wieder neues Blut und neue Kraft für die Kulturarbeit zu finden. Man lasse doch endlich in der Wissenschaft Rationalismus und Aufklärerei, die Ausgeburten von Zellen, denen der historische Sinn fehlte. Ich würde nicht, wie der Verfasser, sagen, daß ein gewisser Aberglaube nur unter Leuten entstehen könne, für die es nichts Heiliges giebt (S. 123): der Aberglaube ist eine notwendige Volksäußerung, die eben aus dem der Menschenseele innewohnenden Animismus mit Naturgewalt hervorgegangen ist. Der Aberglaube ist zu bekämpfen, streng, aber ohne Härte; und die Belehrung des Volkes über den Aberglauben ist notwendig, namentlich soweit er zu strafbaren Auswüchsen führt; auf der anderen Seite darf diese Bekämpfung nicht zur öden Aufklärerei führen, die, um den Aberglauben auszu-

rotten, dem Volke Märchen, Mythe, Volkslied und
Poesie nimmt und babei verkennt, daß in dem Animismus, dem Quell des Aberglaubens, zugleich die frucht-
bare Quelle der Dichtung und der pantheistischen Philo-
sophie liegt. Und wenn schließlich in Italien besondere
Formen des Aberglaubens grassieren, so ist es die mehr
der Phantasie als dem kritischen Denken hingeneigte Art
der Bevölkerung, durchaus nicht der Katholizismus
Italiens, der hier in Betracht kommt (S. 184); auch der
Einfluß der kirchlichen Exkommunikation der Selbstmörder auf den (an das Grab der Selbstmörder sich
knüpfenden) Aberglauben (S. 104 f.) scheint mir weit
übertrieben: der Vampyrismus hat in anderen Dingen,
als in solchen weltlichen oder kirchlichen Satzungen, seine
Nahrung gefunden. Und wenn sich der Verfasser einerseits gegen die kulturkämpferischen Behauptungen einzelner Autoren wendet, als ob die katholische Geistlichkeit am Aberglauben eine erhebliche Schuld trage, so
verweist er doch andererseits auf die Exorcisationsrituale,
als ob hierin eine gewisse Bestätigung jener Annahme
gefunden werden könne. Dem muß ich entgegentreten.
Der Katholik unserer Tage betrachtet die Sache von ganz
anderem Standpunkte; er weiß schon aus seinem Dante,
daß die Vorstellung von dem Fluch, der die ganze Natur
durchzieht und von dem sich die Menschheit durch Gott-
bestreben zu lösen hat, noch heutzutage, ja zu allen
Zeiten einen tiefen Sinn hat: es ist der Gedanke, daß
die Ziele der Menschheit sich nur durch unablässiges
Bemühen erreichen lassen und daß Schmerz und Leid
das Erbteil der Natur und auch das Erbteil unseres

Geschlechtes sind, welches diesen Entwicklungsprozeß immerdar begleiten wird. Wenn der Katholizismus solche gewaltigen Ideen in Symbolen und Bräuchen zum Ausdruck bringt, so erfüllt er damit gerade eine wichtige Kulturmission: nämlich, dem Menschen immer und immer zur Geltung zu bringen, daß wir nicht dazu bestimmt sind, im ruhigen Naturgenuß unsere Tage zu verleben, sondern in ständigem Ringen und unablässiger Arbeit inmitten von Leid und Plage. Gegenüber diesem bewunderungswerten Symbolismus kann das Aufklärertum nicht ankommen. Andererseits dürfen Fehler und Verirrungen Einzelner der Gesamtheit nicht aufgebürdet werden; und die Vorstellungen vergangener Tage, von denen ehemals natürlich auch manche Träger einer solchen welthistorischen Institution, wie die Kirche, durchtränkt waren, müssen historisch erklärt werden: sie sind durchaus nicht der alle solche Wechsel überdauernden welthistorischen Institution zur Last zu legen.

Doch das ist Sache der Lebens- und Weltanschauung. In der Hauptsache aber sind die Studien des Verfassers, der uns in Gegenden führt, wo noch der uralte Schamanismus sein Wesen treibt und wo die, oft verderblichen, schaurigen Blüten des Aberglaubens üppig sprießen, der höchsten Anerkennung wert, und die Wissenschaft hat ihnen manches Blatt der Erkenntnis zu danken.

Baden-Baden, September 1897.

J. Koßler,
Professor an der Universität Berlin.

Einleitung.

In der nachstehenden Untersuchung wird eine der dunkelsten Seiten des Volkslebens behandelt — der Aberglaube, soweit er mit dem Strafrechte in Berührung kommt. Wir haben uns mit dieser Frage deshalb beschäftigen zu müssen geglaubt, weil sie in der letzten Zeit aus der juristischen Litteratur vollständig verschwunden ist. Wenn wir die Lehrbücher des Strafrechts aus den siebenziger Jahren durchblättern, z. B. die Arbeiten von Lochwitzki oder Nekljudow, so finden wir in ihnen ziemlich ausführliche Kommentare zum geltenden Gesetze hinsichtlich dieser Frage, sowie eine Reihe von Thatsachen, die aus den historischen Dokumenten und Prozessen jener Zeit geschöpft sind. Aber in den neuesten Lehrbüchern, z. B. von Liszt, findet sich nicht der geringste Hinweis auf den uns hier interessierenden Gegenstand. Selbst Berner, der nach der Zeit seiner Wirksamkeit als Gelehrter zu der früheren Epoche gehört, erwähnt nur den religiösen Aberglauben und auch diesen nur als Faktor, der in früheren Zeiten einen schlechten Einfluß auf die Gesetzgebung ausgeübt und ein eingebildetes Verbrechen gegen die Religion, die Zauberei, geschaffen habe.

Das Sinken des Interesses für die uns beschäftigende Frage fällt noch greller ins Auge, wenn wir den Inhalt unserer periodischen wissenschaftlichen Presse betrachten. Das ehemalige „Journal des Justizministeriums", von dem 60 Bände erschienen sind, wandte dem Aberglauben, als einer Quelle der Verbrechen, eine große Aufmerksamkeit zu, und auf seinen Blättern konnte man öfter Bemerkungen über die vorliegende Frage finden. Aber dieses Journal existierte nicht lange, und in den Zeitschriften, welche es ersetzten, im „Juristischen Boten" und im „Journal für Civil- und Straf-Recht", ist im Laufe von 20 Jahren Alles in Allem nur eine Abhandlung von P. N. Obninskij erschienen, die den Titel „Im Reiche des Aberglaubens und der Vorurteile" führte.

Auch die Denkmäler der zeitgenössischen Gesetzgebung werden in voller Übereinstimmung mit der Rechtswissenschaft geschaffen; deshalb müssen wir uns, wenn wir die neuesten Strafgesetzbücher durchsehen, davon überzeugen, daß der Begriff des Aberglaubens in ihnen vollkommen ignoriert wird, obgleich die Volksanschauungen, die von Einfluß auf das Motiv des Verbrechens oder die Art seiner Verübung sind, denn doch bei der Ausmessung der dem Angeklagten für die von ihm verübte Rechtsverletzung aufzuerlegenden Strafe in Betracht gezogen werden müßten. In den bei uns geltenden Strafgesetzbüchern, der „Uloshenije" und dem „Ustaw"[1]), wird der Aberglaube in den folgenden

---

[1]) Das gesamte russische Strafrecht ist in drei Codexe verteilt: a) Uloshenije o Nakasanijach (Strafgesetzbuch). Das ist das Hauptgesetzbuch; es enthält die allgemeinen Thesen und die Bestimmungen über Verbrechen und Vergehen. — b) Ustaw o Nakasanijach (Verordnung über Strafen), in welchem die Bestimmungen über Uebertretungen und einzelne Vergehen (einfacher

Artikeln erwähnt: 1469 (Ermordung eines Neugeborenen von monströsem Aussehen oder von nicht menschlicher Gestalt aus Unwissenheit und Aberglauben), 2 § 234 (Öffnung von Gräbern zu abergläubigen Handlungen), 933, 934 und 935 (Hexerei und Zauberei), 937 (Besessenheit), 6 § 1671 der „Uloshenije" und 5 § 175 des „Ustaw" (Betrug, bei dessen Verübung abergläubige Gebräuche angewendet worden sind).

In der Verordnung über die Vorbeugung und Verhütung von Verbrechen (Allgemeine Gesetzessammlung, Bd. XIV, Ausgabe vom Jahre 1890) handeln die Artikel 28—35 vom Aberglauben. Von ihnen beschreiben die vier ersten die abergläubigen Gebräuche, die von der Regierung verfolgt werden, während die drei letzten von den Pflichten der Geistlichkeit im Kampfe mit diesem Übel sprechen. Aber die ersten dieser angezogenen Artikel sind äußerst unvollständig und enthalten nur Anspielungen und Hinweise auf diejenigen abergläubigen Gebräuche, die im Volke im Schwange sind: Art. 28 verbietet den Gebrauch, sich zur

Diebstahl, Betrug und Untreue) enthalten sind. Vor dem Jahre 1864 bildeten beide Gesetzbücher einen Codex; aber bei der Justizreform wurde das Institut der Friedensrichter geschaffen. Dieses Amt war wählbar und konnte von Leuten bekleidet werden, welche keine juristische Bildung erhalten hatten. Da aber das geltende Strafgesetzbuch ziemlich kompliziert war, so wurde ein kleiner Codex ausgearbeitet. In denselben wurden aus dem Strafgesetzbuche die Bestimmungen über Vergehen und Uebertretungen aufgenommen, welche zur Zuständigkeit der Friedensrichter gehörten. — c) U s t a w o Ssyluych (Strafgesetzbuch für Deportierte). Dieses ist ein Spezial-Codex für diejenigen Personen, welche auf Grund der richterlichen Urteile für begangene Verbrechen ihre Standesrechte verloren haben und nach Sibirien deportiert wurden.

Weihnachtszeit in Götzenkleider zu stecken, auf den Straßen zu tanzen und verführerische Lieder zu singen; Art. 29 verbietet den Gebrauch, in der Osterwoche solche Leute zu haben oder mit Wasser zu begießen, die nicht bei der Frühmesse gewesen sind; Art. 30 verbietet lügnerische Weissagungen und Afterprophezeiungen; Art. 31 endlich handelt von Personen, die sich für Hexen und Zauberer ausgeben oder Täuschungen vornehmen, die auf den Aberglauben, die Unwissenheit und den Betrug begründet sind. Von den hier angeführten Artikeln der Verordnung zur Verhütung von Verbrechen sind nur die zwei letzteren mit der „Uloshenije o Nakasanijach" (Strafgesetzbuch) in Übereinstimmung gebracht, wo sich einige parallele Bestimmungen finden (Art. 933—935), während die ersteren beiden (Art. 28 und 29) viel eher von alten Volksgebräuchen, als vom Aberglauben handeln.

Wenn wir vom geltenden Gesetze zu dem Entwurfe des Strafgesetzbuches übergehen, so finden wir das Wort „Aberglaube" nur im Art. 41, der von der Straflosigkeit eines Mordanschlages mit dazu untauglichen Mitteln handelt. In dem Art. 497, der den Begriff des Betruges bestimmt und seine einzelnen Arten aufzählt, wird der Aberglaube als belastendes Moment für die Schuld des Verbrechers nicht erwähnt. Ferner ist die Strafe für die Öffnung von Gräbern im Vergleich zu den Bestimmungen des geltenden Gesetzes erheblich herabgesetzt, wodurch man auch das Schweigen des Art. 333, der den Art. 234 des geltenden Strafgesetzbuches ersetzt, über den Aberglauben als Faktor, der die Verantwortlichkeit des Angeklagten verringert, erklären muß.

Endlich werden die Handlungen, die in den Artikeln
1469, 933, 934, 935 und 937, Bd. XV. T. 1 der „All=
gem. Gesetzessammlung", beschrieben sind, in dem Straf=
gesetzbuche ganz und gar nicht erwähnt; infolge dessen
werden solche Verbrechen von jetzt ab der Bestrafung auf
Grund der allgemeinen Artikel unterliegen, die sich auf den
Mord, den Betrug und die Verleumdung beziehen. Es ist
unerläßlich, zu bemerken, daß der Entwurf unseres Straf=
gesetzbuches in dieser Beziehung durchaus den Codices der west=
europäischen Länder ähnelt. Wenn wir das Strafgesetzbuch für
das deutsche Reich, das französische, ungarische, niederländische
oder belgische Strafgesetz und endlich auch den Entwurf
des schweizerischen Strafgesetzbuches durchblättern, so
werden wir vergeblich in ihnen Hinweise darauf suchen,
daß der Aberglaube so oder anders auf die Strafe ein=
wirke; nur das geltende österreichische Strafgesetzbuch er=
wähnt, als älteres Gesetzbuch, daß die Bestrafung für Be=
trug strenger auszufallen habe, wenn ein geistig unent=
wickelter Mensch auf dem Wege abergläubiger Gebräuche
betrogen wird.

Im Hinblick darauf, daß die Litteratur und die gesetz=
geberischen Denkmäler als Bild der geistigen Entwickelung
der Gesellschaft erscheinen, so könnte man auf Grund der
vorstehenden Darlegungen darauf schließen, daß der Aber=
glaube aus den Kreisen der Menschen unserer Zeit voll=
ständig verschwunden sei, und man könnte sich über einen
solchen Erfolg der Civilisation freuen. Aber eine derartige
Schlußfolgerung würde ganz und gar unrichtig sein, denn
zahlreiche Thatsachen, die wir weiter unten mitteilen werden,
beweisen vollkommen deutlich, daß der Aberglaube in den

unaufgeklärten Maſſen nicht nur unſerer ruſſiſchen Bauern,
ſondern auch der verſchiedenen Bevölkerungsklaſſen Weſt=
europas tief Wurzel gefaßt hat. Deshalb iſt es nicht ver=
wunderlich, daß er ſich bei der Betrachtung der verſchieden=
artigſten Verbrechen offenbart. Das geltende Strafgeſetzbuch
erwähnt im Kapitel über die Verbrechen gegen das Leben den
Aberglauben nur in einem Artikel, der ſich auf die Ermor=
dung von mißgeſtalteten Säuglingen bezieht; indes, bei einer
ſorgfältigen Prüfung der Thatſachen, werden wir uns leicht
davon überzeugen, daß aus Aberglauben die verſchiedenartigſten
Morde und Tötungen verübt werden —: die einen mit vor=
bedachter Abſicht, andere aus Jähzorn und wieder andere
aus Unvorſichtigkeit oder Fahrläſſigkeit. Von den übrigen
Verbrechen, auf deren Entſtehung dieſelben rohen Volks=
anſchauungen einwirken, kennt unſer Strafgeſetzbuch nur die
Öffnung von Gräbern, den Betrug, die Zauberei und die
Beſeſſenheit; indes, unzweifelhafte Thatſachen beweiſen, daß
unter dem Einfluſſe des Aberglaubens grauſame Folterungen,
brutale Vergewaltigungen, Meineide, Diebſtähle, Notzucht
und Sodomie verübt werden. Deshalb iſt es uns nicht
als unnütz erſchienen, uns mit der Erforſchung dieſer Seite
des geſellſchaftlichen Lebens zu beſchäftigen. Die Bearbei=
tung der vorliegenden Frage wird unſeres Erachtens vor
Allem dem praktiſchen Juriſten, der verpflichtet iſt, die
Sachen nach ihrem Weſen zu entſcheiden, einen gewiſſen
Nutzen bringen; aber gleichzeitig meinen wir, daß eine ein=
gehende Unterſuchung des Aberglaubens als Quelle äußerſt
gefährlicher Verbrechen auch für den Geſetzgeber einige Be=
deutung beſitze —: er kann auf dieſe Weiſe, geſtützt auf
praktiſche Beiſpiele, erklären und darlegen, ob ſich im Geſetze

Lücken befinden, ob im Strafgesetzbuche die Umstände richtig festgesetzt sind, welche die Verantwortlichkeit des Angeklagten vergrößern oder verringern, und ob die Strafen richtig ausgewählt sind, da sie nicht als Abschreckungsmittel, sondern als wirkliche und wirksame Maßnahmen im Kampfe gegen die Verbrechen dienen sollen.

Nach diesen allgemeinen Bemerkungen, welche die Aufgabe, die wir uns bei der vorliegenden Untersuchung gestellt haben, mit genügender Deutlichkeit darthun, müssen wir noch einige Worte über die Quellen sagen, die wir benutzt haben. Juristische Werke und Monographieen, die der Erforschung des Aberglaubens in Verbindung mit dem Strafrechte gewidmet sind, giebt es nicht. Deshalb waren wir genötigt, uns an ethnographische Untersuchungen und gelegentliche Zeitungsmitteilungen und Notizen zu halten, aus denen wir die Nachrichten und Thatsachen für die uns interessierende Frage körnchenweise gesammelt haben. Infolge dieser relativen Armut der ihr zugrunde liegenden Litteratur leidet die vorliegende Untersuchung in einigen ihrer Kapitel oder Abteilungen an Unvollständigkeit. Aber wir hoffen, daß unsere Abhandlung die Aufmerksamkeit der praktischen Juristen und sonstiger Beteiligter auf die Wichtigkeit der Erforschung des Aberglaubens als Quelle von Verbrechen lenken und weitere Arbeiten auf diesem wissenschaftlichen Gebiete hervorrufen werde.

I.
Das Menschen-Opfer.

Wir wollen vor allem diejenigen Fälle betrachten, in denen der Aberglaube in der Verübung von Verbrechen gegen das Leben zutage tritt. In dieser Gruppe steht natürlich an erster Stelle die Frage vom Menschen=Opfer.

Als wir uns mit der Litteratur zu dieser Frage bekannt machten, fanden wir in dem „Gewohnheits=Recht" Jakuschkins (T. I, S. XXXV) die Angabe, daß im Gouvernement Archangelsk noch in den zwanziger Jahren dieses Jahrhunderts dem Wassergeiste Menschen=Opfer dargebracht worden seien. Da diese Mitteilung augenscheinlich nur nach den mündlichen Überlieferungen alter Leute gemacht und durch positive Angaben nicht bekräftigt ist, so lassen wir sie beiseite und gehen zur Darlegung von Menschen=Opferungen in den Gouvernements Archangelsk und Minsk über, die in einer noch späteren Periode vorgefallen sind und nicht dem geringsten Zweifel unterliegen, da diese Dinge zur Kenntnis des Gerichts und der Verwaltungsbehörden gelangt sind.

Die letzte dieser Menschen=Opferungen hat vor nicht länger als 15 Jahren stattgefunden. Im fernen Norden, inmitten des Weißen Meeres, liegt die Insel „Nowaja Semljä". Infolge des schrecklichen Klimas ist diese Insel sehr schwach bevölkert, und nur von der Kultur unberührte Samojeben nomabisieren in den Tundren und leben mit ihren Familien in einzelnen, kegelförmigen Zelten. Diese Insel wird beständig von Missionären besucht, aber der Einfluß des Christentums ist noch sehr schwach, und die heidnischen Begriffe und Anschauungen sind vom Volke noch nicht vergessen. Deshalb ist es vollkommen begreiflich, daß hier für den Aberglauben der rechte Boden vorhanden ist.

Der Winter des Jahres 1881 war außerordentlich hart, und es fiel eine Menge Schnee. Infolge dessen litt die Bevölkerung der Insel stark an Hungersnot, da sie der Möglichkeit beraubt war, sich durch die Jagd Fleisch zu erbeuten. Es erkrankten Viele an Scorbut, und diese Krankheit griff so sehr um sich, daß zahlreiche Personen, besonders aber Kinder, an ihr starben. Im Monat März entschloß sich der 40 Jahre alte Samojebe der Boljschesemeljschen Tundra Jefrem Pyrerka, der mit seinem Weibe, dem Mädchen Sjawanei und den Samojeden Andrei und Dmitrij Tabarei in einem gemeinsamen Zelte lebte, zu einem schrecklichen Mittel[1]. Da er seine Kinder durch den Scorbut verloren hatte und keine Rettung vor dem Verhungern erblickte, erdrosselte er das Mädchen Sjawanei, nachdem er

---

[1] Die Nachrichten über diese Angelegenheit haben wir dem Original-Erkenntnis des Gerichtshofes für Criminal- und Civilsachen in Archangelsk entnommen.

ihm eine Schlinge um den Hals geworfen hatte. Darauf
erklärte er offen, daß er dieses Verbrechen verübt habe, um
dem Teufel ein Opfer darzubringen, weil Gott, an den er
glaube, ihm in der Zeit der Hungersnot nicht geholfen
habe. Nun begann Pyrerka eine Beute zu erwarten, und
in der That — in der Nacht kam ein junger Bär bis ans
Zelt heran, den es gelang, durch einen Gewehrschuß zu er=
legen. Nach einem Monate, als das Fleisch des Bären fast
ganz aufgegessen war, ging Pyrerka auf die Jagd und
schoß etwa 15 Werst vom Zelte entfernt im Walde 6 Renn=
tiere. Nun siedelte die ganze Familie nach dem Orte der
erfolgreichen Jagd über und lebte dort in einer, in den
Schnee gegrabenen Grube, sich vom Fleische der getöteten
Tiere nährend. Pyrerka fertigte aus Holz ein Götzenbild
an, schmierte die Lippen desselben mit Fett ein und stellte
dieses rohe Bildnis auf einem niedrigen Hügel auf. Diesem
Götzen zum Opfer gedachte Pyrerka nun seinen Zeltgenossen
Andrei Tabarei darzubringen; er warf ihm eine Schlinge
um den Hals, und nur das Eingreifen des Weibes rettete
den Unglücklichen vom Tode. Im April machte Pyrerka
sich auf, um andere Samojeden aufzusuchen, die in der
Nachbarschaft zu überwintern pflegten. Aber es erwies sich,
daß die Mehrzahl derselben während der Zeit der Kälte ge=
storben war, und daß nur der Greis Karalschei und dessen
Weib am Leben geblieben waren. Pyrerka, der befürchtete,
daß sie, wenn sie die von ihm verübte Unthat erführen, den
Behörden davon Mitteilung machen würden, streckte die
beiden Gatten sofort tot nieder — den Greis durch einen
Flintenschuß und das Weib durch einen Beilhieb auf den
Kopf. Erst im Sommer, als andere Samojeden auf die

Insel kamen, erzählte Andrei Tabarei, welcher Zeuge aller dieser schrecklichen Szenen gewesen war, ihnen von den Verbrechen des Jefrem Pyrerka. Nach und nach gelangten die Gerüchte hierüber auch bis zu den Behörden; es wurde eine Untersuchung eingeleitet, und als alle oben dargelegten Thatsachen aufgedeckt waren, wurde Pyrerka dem Gerichte übergeben. Am 10. Oktober 1889 erkannte der Gerichtshof für Criminal- und Civilsachen in Archangelsk, vor dem diese Sache verhandelt worden war, den Jefrem Pyrerka des Mordes für schuldig — an dem Mädchen Sjawanei, um dadurch ein Opfer zu bringen, und an dem Ehepaar Karatschei, um diese Unthat zu verbergen. Pyrerka wurde zu 15jähriger Zwangsarbeit verurteilt und verschickt.

Von den Samojeden auf „Nowaja Semljä" gehen wir zu den Weißrussen im nordwestlichen Gebiete Rußlands über.

Der Nowogrudsche Kreis im Gouvernement Minsk, der früher zum Gouvernement Grodno gehörte, bildet, wie bekannt ist, einen der dunkelsten Winkel des russischen Reiches. Es ist deshalb nicht verwunderlich, daß inmitten der örtlichen Bauernbevölkerung verschiedene abergläubige Gebräuche und Anschauungen sich mit besonderer Hartnäckigkeit erhalten. In diesem Kreise existiert die Überzeugung, daß epidemische Krankheiten und insbesondere die Cholera nicht aufhören, wenn ihnen nicht ein lebendiges Opfer dargebracht worden sei. Als Opfer kann man Tiere auswählen —: einen schwarzen Kater, einen schwarzen Hahn oder jungen Hund. So hat z. B. ein Bauer aus dem Dorfe Kamenka im Nowogrudschen Kreise, als er seinen an der Cholera gestorbenen Sohn begrub, gleichzeitig mit ihm 8 lebendige Kater begraben ¹). Aber leider beschränkt man sich nicht immer auf solche unschädliche Opfer; wenn die Cholera stärker um sich greift, bringen die Bauern nicht mehr Tiere, sondern Menschen als Opfer dar, am häufigsten alte und kranke Leute, deren Tod in nächster Zukunft zu erwarten steht. Im Jahre 1831 wollten die Bauern während einer solchen Epidemie einen Geistlichen lebendig begraben, aber dieser rettete sich dadurch, daß er sich von seinen Eingepfarrten eine Frist erbat, um sich für den Tod vorzubereiten ²). Ferner beschlossen in den ersten Tagen des August 1855 die Bauern des Dorfes Clopowitschi im Nowogrubschen Kreise auf den Rat des Feldschers Kosakowitsch folgendes Opfer auszuführen: sie lockten die Greisin Lucia Manjkow auf den Friedhof, stießen sie in das Grab, in welches die Leichname der Gestorbenen hinabgelassen waren, und schütteten das Grab schleunigst zu. In dieser Angelegenheit fand eine gerichtliche Untersuchung statt, bei welcher nur der Feldscher Kosakowitsch zur Verantwortung gezogen wurde, weil er nicht nur die Frage von der Notwendigkeit eines Opfers aufgeworfen, sondern auch selbst die alte Manjkow ins Grab gestoßen hatte. Der Criminal-Gerichtshof in Minsk sprach ihn schuldig und verurteilte ihn zur Knute durch den Henker und zur Verschickung nach Sibirien zur Zwangsarbeit auf 12 Jahre ³). Ungeachtet der strengen Strafe ist jedoch der Glaube an die

---

¹) Nedelja, 1872, Nr. 2: „Barbareien des Volksaberglaubens" von A. S.
²) Ebenda.
³) Journal des Justizministeriums, 1864, Nr. 2, S. 707—713.

Nützlichkeit solcher barbarischer Opferungen im Volke nicht geschwunden. Im August 1871 wollten die Bauern des Dorfes Torkalschi in demselben Nowogrubschen Kreise, um sich von der Cholera zu befreien, die kranke Bäuerin Marcella Moisseitschikow als Opfer für die Gemeinde lebendig begraben. Marcella blieb indes lebend — dank dem Umstande, daß ihr Mann und ihr Schwiegersohn die Bauern, die gekommen waren, um das unglückliche Weib auf den Friedhof zu tragen, aus der Hütte verjagten. Gerüchtweise verlautet jedoch, daß dieselben Bauern die Sophja Moisseitschikow, welche krank und dem Ende nahe gewesen sei, noch lebend begraben hätten; die Sophja sei ein alleinstehendes Frauenzimmer gewesen, und die Nachbarn hätten sich diesen Umstand zu Nutze gemacht, um ihr Verbrechen zu verüben. Nach den Worten des Herrn A. S., der diese Thatsachen in der Zeitschrift „Nedeljä" mitgeteilt hat[1]), sind für derartige Beerdigungen sogar Ausweise (Papiere) von der Gemeinde-Verwaltung ausgegeben worden, da der Dorfälteste und überhaupt die ganze Dorfobrigkeit die Überzeugung der Bauern vollkommen teilten, daß man sich vor der Cholera durch das Vergraben eines lebenden Menschen in die Erde retten könnte. „Die Fälle von Beerdigungen lebendiger Menschen," sagt dieser Autor, „haben sich, wie aus den angeführten Thatsachen hervorgeht, im Nowogrubschen Kreise nicht selten wiederholt, aber nur wenige sind, dank dem Zufalle, bekannt geworden."

Wir unsererseits sind der Ansicht, daß die Betrachtungen, die Herr A. S. über das zähe Leben dieses schädlichen

---

[1]) Nedeljä, 1872, Nr. 2.

Aberglaubens im Nowogrubschen Kreise ausgesprochen hat, volle Aufmerksamkeit verdienen, denn wir sind damit völlig einverstanden, daß die Fälle, in denen dieser Aberglaube zum Durchbruch kommt, viel häufiger sind, als man dies nach den Thatsachen, die zur Kenntnis des Gerichts gelangt sind, annehmen kann. Die Untersuchungsrichter erfahren von einem Verbrechen nur aus den Mitteilungen der allgemeinen oder der Dorf-Polizei; aber wenn die letztere selbst unter dem vollen Einflusse des Aberglaubens steht, so ist es nicht verwunderlich, daß die Beerdigungen Sterbender unbestraft bleiben. Einzelne Erscheinungen dieses schädlichen Aberglaubens sind fast bei jeder starken Epidemie konstatiert worden, so in den Jahren 1831, 1855 und 1872. Es ist folglich äußerst wahrscheinlich, daß dieser Aberglaube bei einer neuen Epidemie wieder auf der Bildfläche erscheinen werde.

Wenn wir vom Gouvernement Minsk zu anderen Gebieten Rußlands übergehen, so müssen wir zunächst sagen, daß der Glaube vom Nutzen der Menschenopfer im Kampfe mit einer Epidemie nicht als örtlicher Aberglaube bezeichnet werden kann, der seine Wurzeln etwa nur im Nowogrubschen Kreise getrieben habe. Der Erforscher des Turuchanschen Gebietes, Herr Tretjakow[1]), teilt mit, daß im Jahre 1861 der Bauer P., nach seiner Herkunft ein Russe, beschlossen habe, um sich und seine Familie vor einer herrschenden epi-

---

[1]) Vgl. Das Turuchansche Gebiet. St. Petersburg 1871, S. 811; Annalen der Geographischen Gesellschaft zur allgemeinen Geographie, 1869, T. 2, S. 525; Djelo, 1872, T. 8, S. 83; Jakuschkin: Das Gewohnheits-Recht, Bd. II, S. 383.

bemischen Krankheit zu retten, eine von seinen Verwandten als Opfer darzubringen, und daß er dieses Mädchen lebendig begraben habe.

Solche Thatsachen müssen jeden gebildeten Menschen aufs Tiefste erregen. Die Verübung derartiger Verbrechen ist leicht möglich, so lange das Volk an die Nützlichkeit von Opfer-Darbringungen in Gestalt geschlachteter lebender Wesen glauben wird. Der Gebrauch physischer Opfer-Darbringungen ist natürlich ein rein heidnischer, aber man kann doch nicht umhin, zu bemerken, daß er sich an einigen Orten zum Teil infolge der Duldsamkeit erhalten hat, die diesem Gebrauche seitens der Diener der Kirche entgegengebracht wird. So wurden z. B. bei den Syrjänen im Gouvernement Wologda [1]) am Tage des Propheten Elias [2]) Stiere, Böcke und andere Vierfüßler als Opfer dargebracht; das zum Opfer bestimmte Tier wird in die Umzäunung bei der Kirche getrieben, abgestochen und in einem großen Kessel gekocht; eine Hälfte des Fleisches nehmen die Bauern für sich, die andere bekommen die Kirchendiener und Priester.

Man muß überhaupt zugeben, daß die Spuren der Menschen-Opfer sich im Volksleben mehr erhalten haben und häufiger angetroffen werden, als man eigentlich erwarten sollte. Es ist dies eines der Überbleibsel des Altertums, mit denen der allgemeine Kulturfortschritt noch nicht gänzlich aufgeräumt hat, aber so lange solche abergläubige An-

---

[1]) Samarin: Abergläubische Gebräuche in der Eparchie Wologda, abgedr. in den „Wologdaer Eparchial-Nachrichten" von 1870, Nr. 5, Beilage, S. 175.
[2]) Am 20. Juli (Anm. des Uebersetzers).

schauungen lebendig sind, darf man sie nicht außer Acht lassen.

Wir hallen es deshalb nicht für überflüssig, hier auch einige Volksmeinungen anzuführen, die als Überbleibsel ehemals vollführter Opferungen anzusehen sind.

In den Wildnissen des Poschechonschen Kreises im Gouvernement Jaroslaw erhält sich die Sage, daß die Müller in früheren Zeiten, um den Wassergeist bei guter Laune zu erhalten und das Mühlenwehr vor dem Weggespültwerden durch die reißenden Frühlingswasser zu bewahren, irgend einen verspäteten Fußwanderer im Mühlenteiche ersäuft haben [1]).

In Deutschland begegnet man nicht selten gleichartigen abergläubigen Volksanschauungen, und auch dort ist das Volk in vielen Provinzen überzeugt, daß beim Bau von Dämmen, Brücken und hohen Gebäuden Menschen-Opfer notwendig seien. Im Jahre 1463 zerriß ein riesiger Damm am Flusse Nogat (in Westpreußen), und das Volk schleuderte nach vergeblichen Anstrengungen, den Dammburchbruch zu verschütten, einen alten Bettler ins Wasser. Das ist natürlich eine Sage, aber man darf annehmen, daß ein derartiger Fall thatsächlich vorgekommen ist, um so mehr, als dieser Aberglaube aus dem Volksgedächtnis nicht entschwunden ist. Im Jahre 1841 wurde in Halle die Elisabethbrücke gebaut, und da damals ein solcher Bau als ein kompliziertes technisches Bauwerk galt, so ging im Volke

---

[1]) A. Balow: Volksaberglauben und Vorurteile im Poschechonschen Kreise, abgedr. in den „Jaroslawer Gouvernements-Nachrichten", 1888, Nr. 43.

das Gerede um, daß die Ingenieure einen Säugling ein=
mauern müßten. Hinsichtlich der Brücke, die in Göllschthal
(in Bayern) erbaut worden ist, erhält sich hartnäckig die
Überlieferung, daß in ihren Pfeilern ein Säugling einge=
mauert sei.

Aber als die rührendste von allen Sagen aus dieser
Gruppe erscheint die Erzählung von dem Bau des Schlosses
Liebenstein in Thüringen. Um das emporstrebende Gebäude
stärker und haltbarer zu machen, hätten die Maurer von
einer Bettlerin ein Kindchen gekauft und es in eine Nische
der Schloßwand gelegt. Anfangs habe das Kindchen — es
ist nach der Sage ein Mädchen gewesen — nicht begriffen,
was mit ihm geschehe, und mit seiner Mutter geplaudert,
während man die Wand neben ihm empor baute, um es
einzumauern. Dann habe es zu weinen angefangen, klagend,
daß es die Mutter nicht mehr sehe, und die Maurer ge=
beten, doch eine kleine Öffnung zu lassen, damit es
wenigstens den blauen Himmel sehen könnte. Ein alter
Arbeiter habe, durch die Bitte des Kindes gerührt, sich ge=
weigert, die Steine weiter aufzuschichten, aber er sei durch
einen Handwerksgesellen ersetzt worden, und als der
letzte Stein die Nische verschlossen habe, sei die Klage
des Kindes, das weinend nach seiner Mutter gerufen
habe, noch lange durch das frische Mauerwerk gehört
worden.

Alle diese Sagen, von denen viele voll Poesie sind, er=
scheinen nach der Ansicht Wuttkes[1]) als Nachklänge der

---

[1]) Der deutsche Volksaberglaube der Gegenwart. 2. Aufl.,
1869, § 440.

Menschen-Opfer. Auch in der Gegenwart haben die Spuren dieses Gebrauches sich erhalten, nur die Form desselben hat sich total geändert —: als Opfer bringt man nicht mehr Menschen dar, sondern Goldstücke, die in das Fundament beim Aufbau der Gebäude eingemauert werden!

II.
Das Umpflügen.

Wir wenden uns nun, nachdem wir das Thema der Menschen=Opferungen beendigt haben, einem anderen aber= gläubigen Volksgebrauche zu, der in engem Zusammenhange mit dem Gebrauche, Opfer darzubringen, steht. Wir meinen das Umpflügen [1]) — einen Gebrauch, der in der heidnischen Epoche entstanden ist, aber sich bis heute in vielen Gubernjen des europäischen Rußland erhalten hat, und zwar unter der Bezeichnung „Der Kuh=Tod" (korowja smertj). Dieser abergläubige Gebrauch hat für uns eine gewisse Bedeutung, da er eine Quelle von Verbrechen gegen das Leben und die Gesundheit sein kann.

Das Umpflügen wird nach J. P. Ssacharow [2]) und Professor Bjelogriz=Kotljarewskij [3]), deren Schriften wir die Beschrei=

---

[1]) Opachiwanije, d. h. eigentlich „das Pflügen um herum" (Anmerkung des Uebersetzers).

[2]) Die Sagen des russischen Volkes, St. Petersburg, 1885, II, S. 27.

[3]) Die Bedeutung einiger Verbrechen, die aus Aberglauben verübt werden, abgedr. im „Historischen Boten", 1888, Nr. 7.

bung dieses Gebrauches entnehmen, in dem Falle vorgenommen, wenn in einem Dorfe Krankheiten oder Viehseuchen ausbrechen. Um Mitternacht tritt die alte Dorfwahrsagerin in die Umfriedung des Dorfes hinaus und schlägt auf eine Pfanne. Nun laufen die Weiber mit Wirtschaftsgeräten in den Händen zusammen, mit Bratpfannen, Feuerhaken, Ofengabeln, Sensen und Knütteln. Nachdem die Weiber dann das Vieh eingesperrt und den Bauern kundgethan, daß Niemand das Haus verlassen dürfe, treten sie die Prozession an. Die Wahrsagerin entledigt sich des Rockes und verflucht den Tod; die übrigen Weiber ziehen einen Pflug herbei und spannen an denselben die Wahrsagerin oder unbefleckte Jungfrauen oder auch ein mißgewachsenes Weib. Darauf beginnt ein dreimaliges Umpflügen des Dorfes, d. h. es wird um das ganze Dorf eine abgeschlossene Linie gezogen. Die Prozession geht in folgender Ordnung vor sich: voran wird das Bild des heiligen Blasius getragen, wenn im Dorfe die Rinderpest wütet, oder das Bild der Heiligen Flor und Lawr, wenn eine Pferdeseuche herrscht; dann reitet die alte Wahrsagerin auf einem Besen einher, allein mit dem Hemde bekleidet und mit losgelösten Haaren, hinter ihr ziehen die Weiber und Mädchen den Pflug, und hinter dem Pfluge bewegt sich der ganze übrige Haufe mit Geschrei und Lärm vorwärts. Wenn es ihnen gelungen ist, das ganze Dorf zu umpflügen, ohne daß sie Jemandem begegnen, so ist die Ceremonie glücklich vollendet, und die Weiber gehen ruhig auseinander nach ihren Wohnungen, von der Wirksamkeit des verübten Werkes überzeugt. Aber wehe, wenn diesem Haufen irgendein Tier entgegentritt —: es wird totgeschlagen.

Wenn den rasenden Weibern aber ein Mann begegnet, so wird er unbarmherzig geprügelt und nicht selten gleichfalls totgeschlagen. Nach ihrer Ansicht ist dies unerläßlich, denn ihrer Meinung nach versucht der Tod, indem er die Gestalt eines Währwolfes [1]) annimmt, ihnen den Weg zu kreuzen und eben dadurch die Macht des heilsamen Kreises zu zerstören, den sie mit dem Pfluge ziehen. Diese wilde Überzeugung von der Möglichkeit der Existenz des Währwolfes veranlaßt uns gerade, dem Umpflügen, als einem unbedingt schädlichen und gefährlichen Gebrauche, Aufmerksamkeit zu schenken.

Bei der Untersuchung dieses Aberglaubens muß man natürlich vor allem dreierlei aufklären: 1) wie weit dieser Aberglaube verbreitet ist; 2) ob der Glaube an die Notwendigkeit der Ermordung der Währwölfe überall existiert, und 3) ob unbestrittene Thatsachen der Ermordung beim Umpflügen festgestellt sind?

Wenn wir zunächst bei der ersten dieser Fragen stehen bleiben, so müssen wir sagen, daß dieser Gebrauch anscheinend bis heute lebendig ist, und daß er ziemlich weit verbreitet ist. An welchen Orten er noch ausgeübt wird, ist weder bei Ssacharow, noch bei Professor Kolljärewskij, noch bei Tereschtschenko angegeben. Aber in der ethnographischen Fachlitteratur haben wir einige Angaben über die uns interessierende Frage gefunden.

Professor Bobjänkij [2]) hat nach den Worten eines Gutsbesitzers aus dem Gouvernement Orel mitgeteilt, daß die

---

[1]) Ueber die Währwölfe siehe weiter unten.

[2]) Sammlung der Gesellsch. der Freunde russ. Litteratur, 1891, Ethnographische Rundschau, II, S. 64.

Weiber auf dem Gute desselben das ganze Dorf umpflügt hätten, um der herrschenden Viehseuche ein Ende zu machen. P. J. Astrow[1]) bestätigt, daß dieser Gebrauch sich in einem verlassenen Winkel des Gouvernements Tambow, nämlich in dem jenseits des Flusses gelegenen Teile des Jalatomschen Kreises, erhalten habe. Der Geistliche Orlow erzählt in den „Jaroslawer Gouvernements-Nachrichten"[2]), daß das Umpflügen bei den Bauern des Romano-Borissogljebschen Kreises nicht selten ausgeführt werde; dabei bemerkt er: „Gott bewahre jeden davor, dieser Prozession in den Weg zu geraten!" Nach den Worten dieses Autors verscharren die Weiber zur Vollendung ihrer Raserei, wenn sie das Dorf umpflügen, eine schwarze Katze, einen jungen Hund oder einen Hahn.

J. Sawarin[3]) teilt mit, daß der Gebrauch des Umpflügens sich in einigen Kreisen des Gouvernements Wologda erhalten habe. Die Bauern nehmen am Tage eine Prozession um das Dorf herum vor, unter Beteiligung der Geistlichkeit; während dieser Prozession legen sie unter das Heiligenbild eine „Eintags-Leinewand", d. h. ein Stück neuer ungebleichter Leinewand, das sie am Vorabende des Prozessionstages gesponnen und gewebt haben. Nach der Kirchenprozession, zwischen Mitternacht und Frühmesse, veranstalten dann die Bäuerinnen das Umpflügen des Dorfes. In einigen Dörfern des Orjäsowezschen Kreises pflegt man

---

[1]) Ethnographische Rundschau IX, 165.
[2]) 1889, Nr. 42.
[3]) In den „Wologdaer Eparchial-Nachrichten", Beilage V, S. 175, Sawarin: Ueber den Aberglauben und die Vorurteile in der Eparchie Wologda.

nach Beendigung dieser Ceremonie eine lebendige Katze oder einen lebendigen Hund in die Erde zu vergraben.

Endlich haben wir in dem „Ethnographischen Sammelwerke", das von der Kaiserl. Russischen Geographischen Gesellschaft herausgegeben worden ist[1]), Mitteilungen einer ganzen Reihe von lokalen Forschern gefunden, aus denen hervorgeht, daß der Gebrauch des Umpflügens sich im Lukojanowschen Kreise im Gouvernement Nishni=Nowgorod, im Moloshschen Kreise im Gouvernement Jaroslaw, im Nishnedjewizschen Kreise im Gouvernement Woronesh und im Kaschirschen Kreise im Gouvernement Tula erhalten hat. Ein Unterschied zeigt sich nur in kleinen Einzelheiten, das Wesentliche des Gebrauches aber, und damit folglich auch seine gefahrvollen Folgen, sind überall in ganz gleicher Weise vorhanden.

Zum Schluß müssen wir noch einen Vorfall anführen, der in hohem Grade an den Gebrauch des Umpflügens erinnert. In Podolien verbreitete sich im Jahre 1738 die Pest[2]). Um ihr Dorf vor der Ansteckung zu bewahren, unternahmen die Bewohner des Kirchdorfes Gummenez des Nachts eine Prozession durch ihre Felder. Unterdessen gingen in dem benachbarten Dorfe Prshewratji dem Edelmanne Michail Matkowskij Pferde verloren. Matkowskij machte sich auf die Suche nach ihnen und stieß von unge-

---

[1]) Ethnographisches Sammelwerk, Bd. I, S. 52 (Artikel des Geistlichen Dobroskalow); Bd. I, S. 163 (Artikel des Geistlichen Preobrashenskij); Bd. I, S. 217 (Artikel des Lehrers Malychin); ferner Bd. II, S. 92.

[2]) J. Kantorowitsch: Mittelalterliche Hexen-Prozesse (Juristische Bibliothek, Nr. 4, S. 183).

fährt auf diese Prozession. Die Bewohner von Gummenez bildeten sich ein, daß der ihnen unbekannte Mann, der des Nachts mit einem Zaume in den Händen durch die Felder ging, nichts Anderes sein könnte, als die Verkörperung der Pest; die Burschen stürzten sich auf ihn, prügelten ihn grausam durch, zerrissen seine Kleider und ließen ihn halbtot auf der Erde liegen. Kaum noch lebend, gelang es Malkowskij, sich nach Hause zu schleppen. Als aber die Bauern des Dorfes Gummenez erfuhren, daß er am Leben geblieben war, drangen sie gewaltsam zu ihm ins Haus ein, führten ihn fort in ihr Dorf und verbrannten ihn dort nach schrecklichen Martern.

Die vorstehend mitgeteilten Thatsachen geben trotz ihrer geringen Anzahl die Möglichkeit, einige Schlüsse zu ziehen. Vor allem springt bei ihnen die Vermengung des Christentums und des Heidentums auf der einen, und der Religion und des Aberglaubens auf der anderen Seite ins Auge. Man celebriert ein Bittgebet und — umpflügt das Dorf; man trägt Heiligenbilder und — zieht einen Pflug; man vollführt eine kirchliche Prozession und — ermordet Menschen, ohne sich durch die Gegenwart des heiligen Kreuzes und der Geistlichkeit stören zu lassen! Dann kann man nicht umhin, den Zusammenhang, oder richtiger die Verwirrung der einzelnen abergläubigen Vorstellungen unter einander ins Auge zu fassen. Von der Darbringung eines Tieres als Opfer bis zur Opferung eines Menschen ist nur ein Schritt. Beim Umpflügen wird bald ein Tier, bald ein Mensch erschlagen, denn in beiden sitzt die unreine Macht. Beim Umpflügen werden im Gouvernement Jaroslaw auch jetzt noch schwarze Vögel und Tiere, und im Gouvernement Wologda ein Hund und eine Katze als Opfer dargebracht. Nach den Angaben Sjacharows[1]) aber existiert die Überlieferung, daß in alten Zeiten in den groß- und kleinrussischen Niederlassungen gewöhnlich ein Weib, das bei der ganzen Gemeinde böser Anschläge verdächtig war, zur Beseitigung der Viehseuche dem Tode geweiht worden sei. Die Weiber, die dem Tode geweiht waren, wurden in großrussischen Dörfern mit einer Katze und einem Hahne in einen Sack gebunden und lebendig in die Erde verscharrt. Die Kleinrussen dagegen ertränken solche Weiber in Seen und Flüssen. Ferner versichert Tereschtschenko, daß beim Umpflügen auch Fälle von Selbstopferungen vorgekommen seien: man habe das Los geworfen, und wen es getroffen habe, den habe man in einer Grube lebendig mit einem Hahn und einer schwarzen Katze begraben[2]). Zu diesem allen wollen wir noch die Ansicht J. J. Jatuschkins[3]) hinzufügen, der da meint, daß ein derartiges Begraben einer lebendigen Frauensperson augenscheinlich die Bedeutung eines versöhnenden Opfers gehabt habe.

Wenn wir die Summe aus allem, über das Umpflügen Gesagten ziehen, so halten wir uns zu dem Schlusse berechtigt, daß dieser Gebrauch sowohl für den praktischen Richter als auch für den Erforscher von Volksgebräuchen eine unzweifelhafte Bedeutung besitzt. Fälle, die zu direkten Morden geführt haben, sind von uns, mit Ausnahme des einen angeführten Falles aus alter Zeit, zwar nicht festge-

---

[1]) Bd. I, S. 24.
[2]) Tereschtschenko: das Russische Volksleben, VI, 42—43.
[3]) Jatuschkin, Bd. I, S. 85 (Einleitung).

stellt worden, aber man wird doch, im Hinblick auf den Zuschnitt und den Charakter dieses Gebrauches, zugeben müssen, daß ein Mord aus seinem Anlasse möglich sei. Und für die Verbreitung und das Lebendigbleiben dieses Aberglaubens spricht der Umstand, daß er nicht nur von allen Erforschern der Geschichte des russischen Volkslebens, wie Sjacharow, Tereschtschenko und Bjelogriz-Kotljarewskij, sondern auch von lokalen Schriftstellern und Forschern, wie Astrow, Samarin, Malychin und Orlow, erwähnt wird. Allem Anscheine nach erhält er sich besonders hartnäckig in Mittelrußland. Im Westen hat er entweder niemals existiert, oder ist er völlig verschwunden —: in den Werken der deutschen Gelehrten haben wir nicht die geringste Angabe über seine Existenz zu finden vermocht.

III.
Die Ermordung von Mißgeburten.

Wir kommen jetzt zu einer anderen Art des Aber=
glaubens, dessen Existenz schon deshalb keinem Zweifel
unterliegt, weil sein Auftreten bei Verübung von Mord
im Gesetze verzeichnet ist.

Artikel 1469 der „Uloshenije o Nakasanijach" (des
Strafgesetzbuches) besagt folgendes: „Wer in dem Falle,
daß von irgend einem Weibe ein Säugling von mißgestaltetem
(monströsem) Aussehen oder sogar von nicht menschlicher
Gestalt geboren wird, diese Mißgeburt, statt davon bei der
zuständigen Obrigkeit Anzeige zu machen, des Lebens be=
raubt, wird für dieses aus Unwissenheit oder Aberglauben
verübte Attentat auf das Leben eines Wesens, das von
einem Menschen geboren ist und folglich auch eine Seele
hat, bestraft . . . ."

Beim Lesen dieser Zeilen muß man sich unwillkürlich
fragen, ob es denn wirklich einen Aberglauben gäbe, der
die Leute dazu bringt, ihre leiblichen und völlig unschuldigen
Kinder zu ermorden? Auf diese Frage müssen wir ant=
worten, daß ein solcher Aberglaube leider existiert, und daß

er, nach den Notizen zu urteilen, die wir in der einschlägigen Litteratur gefunden haben, in Westeuropa häufiger anzutreffen ist, als bei uns in Rußland. Nach den Worten des sehr bekannten Ethnographen Manhardt[1]) existiert bei den germanischen, slawischen und keltischen Völkern der Aberglaube, daß Zwerge, die unter der Erde leben, neugeborene Kinder rauben und sie mit ihrer eigenen Brut, mit ihren Mißgeburten vertauschen. Dieser Aberglaube veranlaßt die Eltern, gegen ihre mißgestalteten Kinder mit erschreckender Grausamkeit zu verfahren. Sie schlagen die Mißgeburt mit einer Wachholder=Rute, um den Geist zu nötigen, das rechte Kind wieder herauszugeben, und sprechen dabei gewisse Beschwörungen aus. Darauf werfen sie den Säugling aus dem Fenster auf den Misthaufen, bisweilen aber legen sie ihn auch in siedendes Wasser.

Dieser schreckliche Aberglaube ist unter den verschiedenen Völkerschaften stark verbreitet. In New=York verbrannten irländische Eltern im Jahre 1877 ihr Kind, welches sie für einen Wechselbalg hielten[2]). Ein ebensolcher Vorfall fand auch in Irland selbst statt. In der Familie des Bauern Magoney wurde ein kranker Knabe geboren, der ungeachtet sorgfältiger Pflege nicht erstarken konnte. Infolgedessen erwuchs in den Eltern nach und nach die Überzeugung, daß ihr rechter Sohn von den Elfen geraubt worden sei, die an seiner Stelle ihre eigene Brut untergeschoben hätten. Um

---

[1]) Die praktischen Folgen des Aberglaubens, 1878, S. 26. Dieser Artikel ist in den „Nowosti", 1878, Nr. 92 und 103, auszugsweise wiedergegeben.
[2]) Ebenda, S. 29. — Das Ausland, 1877, Nr. 22, S. 438.

die Elfen zu zwingen, ihnen ihr Kind zurückzugeben, beschlossen Magoney und sein Weib den kranken vierjährigen Knaben in heißes Wasser zu setzen. Ungeachtet des verzweifelten Schreiens des unglücklichen Kindes, das fortwährend beteuerte, daß es kein Wechselbalg, sondern Wanjä Magoney sei, hatten die Eltern die Grausamkeit, es im siebenden Wasser zu lassen. Die Folge dieser Handlungsweise war natürlich der Tod des Knaben, der nach schrecklichen Qualen starb. Die abergläubigen Eltern wurden dem Gerichte übergeben und für den von ihnen verübten Mord bestraft.

Man muß feststellen, daß der Glaube an den Raub neugeborener Kinder durch böse Geister auch in Preußen existiert, wie Wuttke[1]) und Professor Kirpitschnilow dies bezeugen. Manhardt[2]) ist persönlich Zeuge einer empörenden Szene gewesen. Als er im Jahre 1850 in dem Dorfe Löblau (in Westpreußen) war, sah er, wie ein Bauer auf der Straße einen Knaben folterte. Die einzige Schuld des Kindes bestand darin, daß es einen äußerst großen Kopf hatte, weshalb die leibliche Mutter es für einen Wechselbalg hielt.

Im Jahre 1883 wurde im Flecken Habersleben in der Provinz Schleswig[3]) einem Landmanne ein äußerst schwächliches Kind geboren. Die Eltern, die glaubten, daß das

---

[1]) § 585.
[2]) S. 29.
[3]) Vgl. die Zeitung „Jushny Krai", 1883, vom 27. Januar, und den Artikel A. J. Kirpitschnilows: „Sind wir über die mythische Weltanschauung weit fortgeschritten?" („Nowj", 1885, Bd. I, Nr. 1, S. 49.)

Kind behext sei, beschlossen, den bösen Geist auf die Weise auszutreiben, die bei ihren abergläubigen Dorfmitbewohnern üblich war. Sie harkten aus dem Ofen brennende Kohlen zusammen und hielten, nachdem sie sie auf dem Fußboden ausgebreitet hatten, das Kind über dieselben. Das Letztere erhielt natürlich eine Anzahl von Brandwunden und starb auf der Stelle.

Ein ähnlicher Volksaberglaube existiert auch in Ostpreußen. Die örtlichen Masuren legen dem Neugeborenen ein Buch unter das Köpfchen, damit der Teufel ihn nicht rauben und seine Brut (odmianek) in seine Wiege legen kann [1]. Auf der Insel Oesel zünden die Esthen während der Taufe im Hause kein Feuer an, weil sonst der Satan leicht den Säugling vertauschen könnte [2].

Aus dem russischen Volksleben können wir nicht ein einziges Beispiel von der Tötung einer Mißgeburt unter dem Einflusse der vorstehend dargelegten abergläubigen Vorstellungen anführen, da wir weder in den Entscheidungen des Senats, noch in den Zeitungen und wissenschaftlichen Werken die Beschreibung ähnlicher Verbrechen gefunden haben. Aber wir halten uns nichtsdestoweniger für berechtigt, zu bestätigen, daß die Anschauungen unseres gemeinen Volkes über Krüppel und Mißgeburten schwerlich eine andere ist, als bei den Deutschen. Aus diesem Anlasse sagt Sabylin [3], daß das russische Volk, das in jedem Neugeborenen einen zukünftigen Arbeiter und eine Stütze im

---

[1] Hinzl: Die gute alte Sitte in Ost-Preußen, 1862, S. 76.
[2] Holzmayer: Osiliana, S. 100.
[3] Das russische Volk, S. 899.

Alter zu finden hoffe, in der Mißgeburt eine Strafe Gottes für seine Sünden erblickt und die Verunstaltung eines unschuldigen Säuglings für ein Werk des Teufels gehalten habe. Nach den Worten Sfacharows[1]) glaubt der gemeine Mann ganz entschieden, daß Krüppel und Leute, die durch verschiedene Krankheiten verunstaltet sind, zu den Unglücklichen gehören, welche von „weisen Leuten" und Zauberern behext sind. Das Vorhandensein eines solchen Volksglaubens macht die Existenz des Artikels 1469 im Strafgesetzbuche begreiflich.

Wie weit übrigens der Glaube daran, daß die körperliche Mißgestaltung das Werk einer unreinen Kraft sei, unter den verschiedensten Völkern verbreitet ist, davon kann man sich aus der Thatsache überzeugen, daß die Jakuten, die mit den Völkern der arischen Familie fast nichts gemeinsam haben, ganz demselben Aberglauben ihren Tribut entrichten. Sie halten die Mißgeburten, mögen es nun Menschen, Tiere, Vögel oder Insekten sein, für wirkliche böse Geister oder Teufel, und bemühen sich mit allen Kräften, sie los zu werden[2]).

Zum Schlusse dieses Kapitels wollen wir noch einen Prozeß anführen, der im Hinblick auf die Kompliziertheit der in ihm berührten Fragen volles Interesse beanspruchen darf. In dem Dorfe Biskunizy (in der Provinz Posen) lebte der Erdarbeiter Bekker mit seiner Familie. Er lebte dort 14 Jahre und hatte fünf Kinder, die er mit großer

---

[1]) Bd. I, S. 81.
[2]) Die Ueberlieferungen über den russischen Volksaberglauben. Moskau 1861.

Liebe behandelte. Dank seinem Fleiße und seiner Sparsam=
keit gelang es ihm, ein Häuschen zu erwerben, in dem er
sich einrichtete. Aber plötzlich verfinsterte sich dieses Glück.
Aus Polen kam die Schwester der Frau Bekker, eine ge=
wisse Marianne Tschernjäl, zu ihnen zum Besuch. Diese
Frauensperson prahlte beständig damit, daß sie Leute, die
dem Teufel verschrieben seien, erkennen und in jeden
Menschen den Bösen hineintreiben könnte. Infolgedessen be=
gannen Alle im Dorfe sie eine Hexe zu nennen und ihre Ge=
meinschaft zu meiden — um so mehr, als ihr Betragen
Bosheit und Fanatismus verriet. Auf ihre jüngere
Schwester, die Frau Bekker, hatte die Tschernjäl einfach
einen dämonischen Einfluß. Am 19. November 1871 legte
die Tschernjäl, nachdem sie zur Beichte gewesen war, sich
ruhig zu Bette. Gegen Mitternacht wachte Frau Bekker
auf; sie hatte einen Schrei ihrer Schwester gehört und
zündete sofort eine Lampe an. Die Bekker schlief mit
ihrem jüngsten Sohne, der etwa ein Jahr alt war, zu=
sammen in einem Bette. Die Tschernjäl schrie ihrer
Schwester zu: „Die Teufel haben dein Kind geraubt und
dir einen Wechselbalg ins Bett gelegt; schlag ihn, schlag
ihn, wenn du dein Kind wiederhaben willst!" Unter dem
Eindrucke dieses unsinnigen Rates begann die Bekker den
Knaben zu schlagen. Nun stand auch die Tschernjäl aus
dem Bette auf, nahm den kleinen Knaben auf die Arme,
schwenkte ihn hin und her, als wollte sie ihn aus dem
Fenster werfen, und sprach: „Da hast du ihn — nimm
deine Brut!" Darauf häubigte sie das Kind wieder der
Schwester aus und sagte ihr: „Wirf ihn auf die Erde, haue
ihn, schlag ihn tot — sonst bekommst du dein Kind nicht

zurück!“ Die Bekker legte den Knaben infolgedessen auf die
Erde und begann, ihm mit einem Lebergürtel Schläge zu
versetzen. Bald wachte auch Bekker selbst auf, der an
diesem Abende ein wenig angetrunken nach Hause gekommen
war. Anfangs versuchte er für sein Söhnchen einzutreten,
aber sein Weib überzeugte ihn von der Rechtmäßigkeit ihrer
Handlungen und befahl ihm, das Kind mit einem Wach=
holderstocke zu schlagen. Unter diesen Schlägen hauchte
das Knäbchen bald das Leben aus. Als hierauf der fünf=
jährige Sohn der Tschernjäk selbst sich klagend über den
kleinen Leichnam warf, schrie die Tschernjäk: „Schlag auch
ihn — er ist nicht mein Kind! Warum ihn schonen?! Wir
werden andere Kinder bekommen!“ Die Schläge begannen
aufs neue herabzusausen und wurden so lange fortgesetzt, bis auch
dieser Knabe das Leben verloren hatte. Jetzt erst fielen die
Bekkerschen Eheleute über die Tschernjäk her, da diese an=
fing, den Ofen zu zertrümmern — schreiend, daß der Teufel
sich in die Ofenröhre verkrochen habe. Indes, es gelang
der Tschernjäk, in den Garten zu entfliehen, wo sie der
Dorflehrer früh morgens auffand. Als die Nachbarn in
das Haus drangen, trafen sie die Eheleute Bekker weinend
und betend neben den Leichen der ermordeten Kinder
sitzend an.

Eine solche Unthat konnte natürlich nicht unbestraft
bleiben. Am 16. Januar 1872 gelangte diese Sache vor
dem Schwurgerichte in der Stadt Ostrow zur Verhandlung.
Die ganze Untersuchung und Vernehmung, sowie die Plai=
doyers drehten sich natürlich um die psychiatrische Expertise,
die sich auch mit dem Aberglauben und mit der allgemeinen
Entwickelung der Bevölkerung auseinandersetzen mußte, in=

mitten welcher dieses Drama sich abgespielt hatte. Der örtliche Gerichtsarzt Dr. Hayn sprach sich in einem weitschweifigen Gutachten dahin aus, daß die Ehegatten Bekker und die Tschernjak im Augenblicke der Verübung des Verbrechens an einer psychischen Krankheit nicht gelitten hätten. Dagegen fand das ärztliche Kollegium in Posen, daß alle Angeklagten im Augenblicke des Mordes unzurechnungsfähig gewesen seien. Eine gelehrte Deputation in Berlin endlich stimmte hinsichtlich des Ehepaares Bekker mit Dr. Hayn überein, erkannte aber bezüglich der Tschernjak an, daß diese an periodischem Wahnsinn leide und daß ihr infolgedessen das verübte Verbrechen nicht zur Last gelegt werden könnte. Indes, die Geschworenen kamen zu einem anderen Urteile und fanden, daß das Ehepaar Bekker die Kinder in einem krankhaften Anfalle ermordet hätten, und daß die Tschernjak sie vollkommen bewußt und auf dem Wege der Täuschung dazu veranlaßt hätte, das schreckliche Verbrechen zu verüben. Ebenso hielten die Geschworenen es auch für völlig bewiesen, daß die Tschernjak eine faule und boshafte Person sei, die den geringen Entwickelungsgrad und den Aberglauben der Leute benutzt habe, um auf deren Kosten zu leben. Damit erkannten die Geschworenen gleichzeitig an, daß die Tschernjak selbst an die Existenz von teuflischen Wechselbälgen nicht geglaubt und diesen Aberglauben nur benutzt habe, um sich ihres eigenen Kindes, das ihr lästig war, zu entledigen. In Übereinstimmung mit diesem Verdikte verurteilte das Gericht die Marianne Tschernjak zur Einsperrung ins Zwangsarbeitshaus auf 3 Jahre.

IV.
Zauberei und Beherung.

Jetzt kommen wir zu der schädlichsten von allen abergläubigen Volksanschauungen, nämlich zu dem Glauben an Zauberei, an die Existenz von Zauberern und Hexen, an die Möglichkeit einer physischen Verbindung mit dem Teufel.

Wenn der Glaube an die Nützlichkeit von Menschenopfern oder des Umpflügens die Verübung von Verbrechen erzeugt, so stellen derartige Morde doch nur vereinzelte Fälle dar. Aber der Glaube an die Existenz von Hexen hat eine Masse von Opfern gefordert und fordert sie noch heute. Im Mittelalter und in der Epoche der Renaissance hat dieser Aberglaube ein besonderes Verbrechen, das der „Zauberei und schwarzen Kunst oder Magie", geschaffen, das in die Strafgesetzbücher einverleibt wurde. Infolgedessen wurden eine Menge von Menschen für solche Verbrechen zur Verantwortung gezogen, welche sie niemals verübt hatten. Durch die Folter wurden ihnen die unsinnigsten Geständnisse erpreßt, und dann fanden die Angeklagten den Tod auf den Scheiterhaufen. Derartige Prozesse waren im 16. und 17. Jahr hunderte besonders zahlreich, und man darf dreist behaupten, daß in dieser Epoche Hunderttausende von völlig unschuldigen Menschen[1]) eines schmachvollen Todes nach schrecklichen Martern gestorben sind. Diesem Aberglauben hat ganz Europa seinen Tribut entrichtet; auch in Rußland brannten solche Scheiterhaufen, aber ihre Anzahl war viel geringer als in Deutschland. Bei uns hat es solche Richter, wie Carpzow, nicht gegeben, der sich rühmte, daß er allein im Laufe seiner richterlichen Wirksamkeit 20 000 Zauberer und Hexen zum Feuertode verurteilt habe[2]). Dank den Gelehrten des 18. Jahrhunderts, dieses Zeitalters der Aufklärung, haben die Hexenprozesse ein Ende gefunden. Gegenwärtig brennen die Scheiterhaufen fast nirgendwo mehr, außer in Mexiko und Peru, wo die Jesuiten-Patres die Hausherren spielen; aber im gemeinen Volke sitzt der Glaube an die Möglichkeit der Behexung und Verzauberung noch immer fest. Deshalb werden heute zwar die Leute nicht mehr auf Scheiterhaufen vor den Rathäusern nach dem Urteile der Inquisition und der Magistrate verbrannt, aber die Bauern verfahren dafür mit den Zauberern und Hexen noch immer nach ihrer Art und ermorden sie ohne jegliches Erbarmen. Dieser Aberglaube ist überall verbreitet; er fordert seine Opfer jährlich nicht nur im europäischen und asiatischen Rußland, sondern auch in den Staaten Westeuropas. Von der Richtigkeit dieser Behauptung werden wir uns sofort

---

[1]) Manhardt bestätigt, daß die Anzahl der Menschen, die wegen Zauberei und als Hexen im Laufe des 16. und 17. Jahrhunderts verbrannt worden sind, im Allgemeinen sich auf Millionen beziffere (S. 34).

[2]) Waldbrühl: Naturforschung und Hexenglaube, 1876, S. 29.

durch die Thatsachen überzeugen, die wir gesammelt haben. Zuvor aber erlauben wir uns die Schlußfolgerungen zu zitieren, die von einigen Erforschern des Volkslebens aufgestellt worden sind: Manharbt bestätigt¹), daß es in fast jedem Dorfe in den polnischen Provinzen Preußens eine Weibsperson gäbe, die für eine Hexe gehalten werde. P. Jefimenko²) erzählt, daß man in Kleinrußland in jedem beliebigen Dorfe eine oder mehrere Hexen zeige, besonders aus der Zahl der Greisinnen von hohem Alter, da die Verlängerung des Lebens das Hauptgeheimnis der Zauberinnen bilde. G. Glagolew³) spricht von der Menge von Zauberern im westlichen Gebiete und bemerkt, daß es verschiedene Arten derselben gäbe —: einige, die es wider Willen sind, andere, die aus Überzeugung die Zauberer spielen, und wieder andere, die die schwarze Kunst böswillig oder verbrecherisch betreiben.

In den Ruf eines Zauberers im Dorfe zu geraten, ist nicht schwer; es genügt die kleinste Unregelmäßigkeit im Gesichte oder die geringfügigste anormale Gesichtsbildung, z. B. rote Augen, eine Locke weißen Haares 2c., um dem Volke, das die Mißgeburten meidet, als Mensch verdächtig zu werden, der mit dem Teufel in Verbindung stehe und den derselbe als seinen Adepten mit einem besonderen Kennzeichen versehen habe. Ist ein solcher Bauersmann klug, so geht er auf die ihm aufgedrungene Rolle ein und beginnt

---

¹) S. 85.
²) „Das Kijewsche Altertum" (Kijewskaja Starina), 1883, Nr. 11.
³) „Die Sonntags-Muße" (Woskressny Dossug). Bd. VI, Nr. 137.

seine Lage auszunutzen und die Nachbarn auszubeuten. Bisweilen gelingt es ihm, auf einige Zeit dabei sein Schäfchen zu scheren, häufig aber geht er an der Rache der Bauern zu Grunde. Außer den Zauberern existieren nach der Ansicht der Bauern auch Hexen; diesen begegnet man sogar häufiger, denn nach dem Volksaberglauben beschäftigen sich bei uns, wie in Westeuropa, hauptsächlich Weiber mit der Zauberei und Hexerei.

Wie leicht es ist, den Ruf einer Hexe zu erlangen, das kann man aus der Aufzählung der Merkmale ersehen, an denen das Volk die Hexen erkennt: im Wileischen Kreise im Gouvernement Wilna z. B. glaubt das Volk in der Gegend des Fleckens Molodetschno[1]), daß die Hexe am Vorabende des Iwan Kupalo (Johannistages) sich nicht enthalten könne, beim Nachbarn irgend etwas zu erbitten, besonders Feuer und Zündhölzchen. Im Allgemeinen zeichnet unser russisches Volk sich das Bild einer Hexe folgendermaßen: sie ist eine bejahrte Frau, fast immer eine Greisin, hoch, schlank, mager und knöcherig, ein wenig bucklig, mit zerzausten oder unter dem Kopftuche hervorbringenden Haaren, mit einem zornigen Blicke, einem breiten Munde und einem nach vorne vorspringenden Kinne. Nach den Überlieferungen in Kleinrußland hat die Hexe außerdem immer einen kleinen Schwanz und einen schwarzen Streifen längs dem Rücken, vom Nacken herab und bis zur Schulter[2]).

---

[1]) Ethnographische Rundschau, Bd. XI, S. 190, ein Artikel von P. Schwaljkewitsch.
[2]) P. Iwanow: Volkserzählungen von Hexen und Vampyren (Sammelbuch der Charkower historisch-philologischen Gesellschaft, 1891, Bd. III). — Kantorowitsch, S. 193.

Die Volksmeinungen über Zauberer und Hexen, die in Europa verbreitet sind, ähneln einander außerordentlich, und nur in Einzelheiten ist ein örtlicher Einfluß wahrnehmbar. So sind z. B. die abergläubigen Leute überall davon überzeugt, daß alle Hexen in der Nacht auf den Johannistag zum Sabbath fliegen; nur hinsichtlich des Ortes, wo dieses eigenartige Fest gefeiert wird, existiert Meinungsverschiedenheit: in Deutschland sagt man, daß die Hexen sich auf dem Brockenberge im Harz versammeln, in Rußland findet dagegen diese Versammlung nach dem Volksaberglauben auf dem Kahlenberge (Lysnaja goru) bei Kijew statt....

Nach diesen allgemeinen Bemerkungen könnten wir zur Aufzählung einzelner Thatsachen übergehen; aber wir wollen, der größeren Klarheit wegen, vorher noch bei zwei Fragen kurz verweilen —: worin besteht überhaupt die Zauberei? und wie konnte diese wilde Vorstellung in den Köpfen des einfachen Volkes entstehen?

Unter Zauberei versteht man die Fähigkeit eines bestimmten Menschen, auf unsichtbare Weise und in Verbindung mit der unreinen Macht (dem Teufel) das Schicksal und das Wohlbefinden anderer Leute zu beeinflußen. Kraft dieser Verbindung kann der Zauberer seinen Feind und die Familienglieder desselben verzaubern oder behexen. Unter Behexung versteht der gemeine Mann jede ihm unbegreifliche Krankheit, z. B. die Epilepsie, den Veitstanz, alle möglichen Schlaganfälle, das Stottern, das Gliederzittern, den Schwachsinn, die Stummheit, hysterische Anfälle ꝛc. Dann kann der Zauberer die Pest über ein ganzes Dorf schicken oder eine Viehseuche heraufbeschwören. Die Hexen dagegen lieben es, fremde Kühe zu melken, und zwar melken sie sie aus Gier so lange, bis Blut fließt, wodurch die Kühe verdorben werden oder woran sie zu Grunde gehen. Endlich ist der Zauberer bei den Bauern hauptsächlich deshalb gefürchtet, weil er auf den Ausfall der Ernte einwirken kann. Er kennt das Geheimnis, Regen- und Gewitterwolken abzuleiten oder wegzubringen, und kann somit Dürre und Hagel hervorrufen. In dieser Beziehung sind die Hexen besonders mächtig, die, wie es im Volksmunde heißt, „die Wolken melken, wie sie die Kühe melken". Außerdem knüpft der Zauberer in den Feldern Stricke ums Getreide und bringt so das Korn von einem Felde fort aufs andere; eine Person, die mit den Beschwörungen unbekannt ist, vermag diese Stricke nicht loszubinden und stirbt bald nach dem Versuche. Endlich können der Zauberer und die Hexe jeden Menschen an sich fesseln, sie können Liebe erwecken und Haß säen — nicht nur unter den Nachbarn, sondern sogar auch innerhalb der Familie.

Besonders verbreitet ist im Volke der Aberglaube, daß es möglich sei, eine zauberische Gewalt über die Wolken zu besitzen. Die Leute glauben, daß die Hexen den Tau von der Erde und den Regen vom Himmel stehlen und, nachdem sie sie in zugebundenen irdenen Töpfen oder Säcken weggetragen, in ihren Hütten verstecken. Die Naivetät dieses Aberglaubens ist besonders aus der folgenden Volkserzählung ersichtbar: bei einer alten Hexe lebte eine Mieterin, die von ihr in alle Geheimnisse ihrer schwarzen Kunst nicht eingeweiht war; einst öffnete die Mieterin während der Abwesenheit der Hexe den Deckel, mit welchem eine Kasserolle verschlossen war; kaum hatte sie dies gethan, so ergoß sich über das Dorf ein schrecklicher Platzregen, sobald aber die

Hexe nach Hause zurückgekehrt war und den Deckel wieder
geschlossen hatte, hörte der Regen sofort auf.

Gleichartige Volkssagen sind in vielen Gegenden Klein=
rußlands lebendig und pflegen, trotz ihrer Naivetät, nicht
selten die Ursache grober Gewaltthaten zu sein. Im Gou=
vernement Cherson trug sich im Jahre 1883, und zwar im
Dorfe Pereſſabowka[1]), folgender Vorfall zu: Die Bauern
schrieben die Regenlosigkeit, die lange Zeit herrschte, der
Zauberei dreier alter Weiber zu. Diese wurden in die Ge=
meindeverwaltung gerufen, wo ihnen streng anbefohlen ward,
daß es am 17. Juli regnen solle; gleichzeitig wurden sie im
Flusse abgebadet. An dem bestimmten Tage aber gab es
keinen Regen, die Weiber aber erbosten sich und erklärten
der Gemeinde, daß es auch in Zukunft nicht regnen würde.
Da begann das ganze Dorf sie inständigst zu bitten, und
die Weiber ließen sich erweichen und zeigten, wo die Zauber=
kraft versteckt war. Der Dorfälteste ging mit den Bauern,
die den Polizeidienst versahen, in die Hütte einer der Hexen
und fand dort in der Ofenröhre zwei Feilen und ein Schloß
verkittet vor.

Um sich die Entstehungsursache solcher abergläubiger
Volksanschauungen zu erklären, muß man vor allem im
Auge behalten, daß ihr Vorhandensein mit dem ganzen
Wohlbefinden und Wohlstande der Bauern zusammenhängt —:
die Gesundheit des Bauern und seiner Familie, der Zustand
des Viehs und die gute, reiche Ernte — das sind die
Grundlagen seines Reichtums; aber alle diese Grundlagen

---

[1]) „Charkower Nachrichten", 1883, Nr. 185; Ssumzow in der
„Kijewskaja Starina" (Kijewsches Altertum), 1889, S. 82.

stehen unter dem Einflusse solcher physischer Gewalten oder Naturkräfte, die die Menschheit noch nicht zu lenken versteht. Deshalb ist es nicht verwunderlich, daß der gemeine Mann die ihm unverständlichen Erscheinungen durch abergläubige Vorstellungen oder Annahmen zu erklären sucht, welche dem gebildeten Menschen zwar sinnlos erscheinen, in den Augen eines unwissenden Menschen aber, der jede Naturkraft zu personifizieren liebt, einer gewissen Bedeutung nicht entbehren. Außerdem kann man das Vorhandensein einer gewissen Erfahrung bei den Bauern ebensowenig leugnen, wie den Umstand, daß sie nicht selten Schlußfolgerungen nach Analogieen ziehen. Der Bauer weiß, daß er Sumpfwasser nicht trinken darf, weil sich sonst Schmarotzer, z. B. Bandwürmer, in seinem Leibe festsetzen. Der Bauer sieht, daß die Wunden von der Beschädigung der Unversehrtheit der Hautschichten durch irgend ein Werkzeug, wie etwa durch einen Stock oder ein Messer, oder durch den Biß eines Tieres herrühren; er weiß, daß die Zufügung solcher Beschädigungen einen physischen Schmerz hervorruft, und deshalb schließt er nach der Analogie, daß die Leiden bei inneren Krankheiten durch die Verletzung oder Verwundung irgend eines Organs hervorgerufen würden —: da aber diese Verletzung oder Verwundung äußere Spuren auf dem Körper nicht erzeugt oder zurückläßt, so schreiben die Bauern die Zufügung dieser Beschädigung einem Zauberer zu, der auf jeden Menschen unsichtbar einwirken und seine Gesundheit zerstören kann. Wenn das gemeine Volk, das von den Grundprinzipien der Medizin keine Ahnung hat, sich die Entstehung von Krankheiten auf so unrichtige Weise erklärt, so wird auch die Existenz der verschiedenen Volkssagen über das Taufammeln und über die Verhinderung des Regens begreiflich. Der gebildete Mensch kann sich sagen, daß sein Wissen eine Grenze hat, über die es nicht hinaus kann; der unentwickelte Mensch aber, dessen Verstand an die Analyse nicht gewöhnt ist, und der für alle Märchen und Fabeln sehr empfänglich ist, sucht alles ihm Unverständliche auf dem Wege phantastischer Erdichtungen zu erklären. Auf diese Weise stellt er Erscheinungen, die unter sich nichts Gemeinsames haben, leicht in einen ursächlichen Zusammenhang.

Wir haben bei den allgemeinen Feststellungen so ausführlich verweilt, um auf sie später nicht mehr zurückkommen zu müssen, und um gleichzeitig den Schlüssel zum Verständnisse der einzelnen Vorfälle zu geben, die wir mitteilen wollen. Zur Frage von der Zauberei und dem Hexenwesen sind so viele Thatsachen veröffentlicht worden, daß wir einige derselben mit Stillschweigen übergehen müssen; nichtsdestoweniger werden wir, trotz der sorgfältigen Auswahl, eine ziemlich bedeutende Anzahl von Prozessen anführen, da der Glaube an die Zauberei als ergiebige Quelle einer ganzen Reihe von Verbrechen erscheint. Die Bauern, die in den Zauberern und Hexen die Ursache ihres Unglückes erblicken, pflegen sich mit ihnen in der barbarischsten Weise auseinanderzusetzen.

Unter allen diesen Verbrechen ziehen natürlich die Verbrechen gegen das Leben die meiste Aufmerksamkeit auf sich, und zwar nicht nur die vorher geplanten, überlegten und im Jähzorn begangenen Morde, sondern auch die Zufügung von Folterungen, tödlichen Schlägen und Wunden. Diese Gruppe von Verbrechen ist sehr zahlreich, sodaß es uns nicht schwer geworden ist, Fälle zu sammeln, die in den verschiedensten Gegenden Rußlands vorgekommen sind.

Im Gouvernement Sjamara, in der Nähe der Stadt Nikolajew, wurde im Jahre 1879 ein Zauberer erschlagen, der im Volke eines schlechten Rufes genoß. Der Angeklagte Perfil Tabunschtschikow erklärte vor Gericht treuherzig: „Ja, ich habe ihn ganz gerecht totgeschlagen, weil er ein Zauberer war und die Leute zu Grunde richtete!" [1]) Im Jahre 1890 wurde im Gouvernement Rjäsan ein Zauberer von einem Bauern ermordet, weil er dessen Tochter und Schwiegertochter behext habe. Das Gericht verurteilte den Schuldigen zur Verschickung und Zwangsarbeit auf 8 Jahre [2]). Im Gouvernement Pensa sind derartige Fälle von Morden gleichfalls häufig vorgekommen: im Jahre 1879 wurde im Kerenschen Kreise ein Zauberer erschlagen, der der Behexung der Dorfweiber verdächtig war; im Jahre 1880 fand ein ebensolches Drama statt: zur Hochzeit eines Bauern war ein Zauberer gekommen; er wurde mit Ehrerbietung empfangen und an den Tisch gesetzt; da begann die Mutter des Hauswirts plötzlich laut zu jammern und zu schreien, die Bauern hielten dies für eine Behexung und prügelten den Zauberer, bis er seinen Geist aufgab [3]). Im Smijewschen Kreise im Gouvernement Charkow trug sich im Jahre 1888 ein gleichartiger Vorfall zu [4]): im Dorfe Ochatschi kam der Bauer Sseleonew, der in der Umgegend für einen Zauberer

---

[1]) Der „Nordische Bote" (Ssjewerny Wjestnik), 1892, Nr. 9, ein Artikel von Wessin.
[2]) Ebenda.
[3]) Vgl. den Artikel von Wessin.
[4]) Vgl. die Zeitschrift „Nedelja", 1888, Nr. 48.

gehalten wurde, zur Hochzeit eines seiner Nachbarn und
brachte dort den ganzen Abend fröhlich zu; das Fest verlief
glücklich und ungestört, aber am folgenden Tage hatte die
Neuvermählte einen epileptischen Anfall, und dies erregte be=
reits Unwillen gegen Sjelesnew; in derselben Woche kam er
zufällig als Gast zu einem anderen Bauern, und hier begann
plötzlich eines der Weiber laut zu jammern und zu schreien,
daß man sie behext habe; da stürzten die Bauern über
Sjelesnew her und schlugen so stark auf ihn ein, daß er
gegen den Morgen starb. In dem Dörfchen Wladimirsk
im Kuban=Gebiete wurde im Jahre 1895 unter denselben
Umständen ein Verbrechen verübt: auf der Hochzeit des
Kosaken Schatow fiel zuerst ein Frauenzimmer in Ohnmacht
und begann dann laut zu schreien, und bald darauf ein
zweites; unter den Gästen befand sich auch ein gewisser
Kusjma Doljshenkow, der in der Ansiedelung für einen
Zauberer gehalten wurde; die Bauern fielen über ihn her
und prügelten ihn zu Tode [1]).

Bisweilen werden solche Morde in dunkeler Nacht in
der Dorfumfriedung verübt, aber vor allem Volke. Der
Zauberer oder die Hexe werden nicht mit Stangen oder
Knütteln erschlagen, sondern es wird ein förmliches Auto=
dafé veranstaltet. Die Bauern suchen dabei ihre That gar
nicht zu verbergen, sondern sie bringen offen einen Menschen
um, der nach ihrer Meinung seine Kräfte zum Schaden der
Gemeinde gebraucht. Ein solches schreckliches Ereignis fand
am 4. Februar 1879 in dem Dorfe Wratschewka im Tich=

---

[1]) „Journal des Justizministeriums", 1895, Nr. 5, S. 193
(entnommen aus der Zeitung „Priasowskij Krai").

winschen Kreise statt¹). In diesem Dorfe lebte die Soldaten=
witwe Katharina Ignatjew, die von allen für eine Hexe ge=
halten wurde; da die Ignatjew eine kränkliche Greisin war
und nicht arbeiten konnte, so unterließ sie es, die Bauern
von der Lügenhaftigkeit dieser Annahme zu überzeugen, und
benutzte den Schrecken, den sie einflößte, um auf fremde
Kosten zu leben; aber bald begannen die Bauern sie zu
hassen, weil einige Weiber an Nervenzufällen erkrankten und
dabei laut schrieen, daß die Ignatjew sie behext habe; die
Geschichte endigte damit, daß die Bauern zuerst beim Dorf=
polizisten (Urjädnik) eine Klage einreichten und, als dies zu
nichts führte, beschlossen, der Hexe den Garaus zu machen:
sie sperrten die Greisin in ihrer Hütte ein, vernagelten die
Fenster und die Thüren und setzten das Dach in Brand;
die Flamme ergriff bald das ganze Gebäude, sobaß am
folgenden Tage auf der Brandstätte nur noch die aus=
einanderfallende Asche und die Überbleibsel der Knochen des
unglücklichen Weibes zu sehen waren... An diesem Morde
selbst hatten sich 17 Bauern beteiligt, während zur Feuers=
brunst mehr als 300 Menschen zusammengelaufen waren.
Aus diesem großen Haufen war Niemand für das arme
Weib eingetreten, und Niemand hatte daran gedacht, die
Mörder zur Vernunft zu bringen. Die Bauern meinten,
daß ihre Nachbarn richtig handelten. So urteilten allem
Anscheine nach auch die Geschworenen, denn von den
17 Angeklagten wurden 14 freigesprochen, und nur

---

¹) Vgl. Kantorowitsch: Hexenprozesse, S. 210—214, und den
ausführlichen Bericht im „Regierungsboten", 1879, S. 230, sowie
in den „Nowosti", 1889, S. 264.

3 Angeklagte wurden vom Gerichte zur Kirchenbuße verurteilt.

Im Sjuchumschen Kreise trug sich im Jahre 1889 ein nicht minder empörender Vorfall zu. In dem Dorfe Tamuschi[1]) starb einer alten Wittwe plötzlich der jüngere Sohn, und nach einiger Zeit erkrankte auch der ältere gefährlich. Der Kranke wandte sich auf den Rat der Nachbarn an eine Wahrsagerin, und diese letztere wies auf seine Mutter, als die Schuldige an seiner Krankheit und dem Tode seines Bruders, hin; dabei verlangte die Wahrsagerin, daß die Hexe, seine Mutter, vor das Volk ins Freie geführt und gezwungen werde, entweder laut und öffentlich ihre Sünden zu bereuen oder sich mit einer peinlichen Befragung durch glühendes Eisen einverstanden zu erklären. Als der kranke Sohn von dieser Beschuldigung seiner Mutter erfuhr, gab er seine Zustimmung, daß die Nachbarn sie nicht nur öffentlich verhören, sondern sogar der Folter unterziehen sollten. Die Bauern errichteten einen Scheiterhaufen und begannen in die alte Frau zu bringen, daß sie ihre Sünden bekennen oder sich gutwillig der Verbrennung überliefern sollte. Das unglückliche Weib erschrak dermaßen, daß es die Fähigkeit der Sprache verlor. Die Bauern hielten ihr Schweigen für das Eingeständnis ihrer Schuld und begannen, ihren Körper mit glühendem Eisen zu zwicken. Als die Greisin immer noch schwieg, banden sie sie an eine Stange und rösteten sie wie an einem Bratspieße über dem Feuer. Endlich schrie sie auf und starb.

---

[1]) Vgl. Jakuschkin, II, Nr. 2237. — „Minsker Gouvernements-Nachrichten", 1889, Nr. 82 (aus der Zeitung „Kawkas").

In dem benachbarten Terschen Gebiete¹) hat sich ein Fall ebensolchen tierischen Mordes ereignet. Am Abende des 9. Dezember 1874 folterte der Älteste des Natyrbschen Auls Weiber, die der Zauberei beschuldigt waren, mit Feuer. Einige dieser Weiber bekannten sich, als sie die Pfähle und die Scheiterhaufen erblickten, für schuldig und klagten wieder andere Weiber an. An diesen Foltern und Martern starben einige Weiber im Krankenhause, und die anderen hatten schwere Leiden zu überstehen. Das Kreisgericht von Jekaterinodar verurteilte in diesem Falle 9 Angeklagte zur Ablieferung in die Korrektions=Arrestanten=Abteilung und die übrigen zu Gefängnis auf verschiedene Zeit. Gleichzeitig beschloß das Gericht, beim Kaiser eine Milderung des Schicksals der Verurteilten zu befürworten.

Die Ermordung einer Mutter durch ihren Sohn, weil er sie für eine Zauberin hielt, hat sich auch im Myschkinschen Kreise im Gouvernement Twerj¹) zugetragen. Gegen Ende November 1893 erkrankte die Bäuerin Olga Brjuchanow plötzlich; sie begann an Anfällen starker Schwermut und an konvulsivischen Zuckungen zu leiden und weinte bald unvermittelt, bald lachte sie wieder. Ihre Krankheit erklärte sie selbst dadurch, daß ihre Schwiegermutter Marja Markow, mit der sie in Feindschaft lebte, sie behext habe. Zuerst sprach sie hierüber nur zu ihrem Manne, dann aber auch zu den Nachbarn. Am 17. April 1894, am ersten Osterfeiertage, begoß ihr Mann Peter Brjuchanow die Kirchenglocke mit geweihtem Wasser, fing die herabfallenden

---

¹) „Nowosti", 1878, Nr. 92.
²) Vgl. den Bericht in der „Nowoje Wremja", 1895, Dezember.

Tropfen in einem Gläschen auf, gab seiner Frau dieses
Wasser während eines Anfalles zu trinken und legte ihr da=
bei die Frage vor, wer sie behext habe. Olga nannte wieder
ihre Schwiegermutter. Nun lud der Mann die Nachbarn
zu sich ein und befragte sein Weib vor ihnen zum zweiten=
male; dieses erklärte in der kategorischsten Weise, daß
Marja sie am Feste der Darstellung Mariä im Tempel
(den 21. November 1893) behext habe. Nun sandte man
nach der alten Frau. Sie erschien bald in Begleitung ihres
Mannes; aber sie war kaum ins Zimmer getreten, als
Olga einen Anfall bekam, sich auf die Schwiegermutter
stürzte und sie zu schlagen begann. Peter Brjuchanow trat
an seine Mutter heran, die auf den Fußboden gefallen war,
und begann sie mit den Füßen zu stoßen und auf sie mit
dem, was ihm gerade in die Hand geriet, einzuschlagen.
Darauf warfen sie der Greisin einen Strick um den Hals
und schleppten sie in den Keller; während dessen wurde auf
dem Hofe ein Scheiterhaufen errichtet, um die angebliche
Hexe einer Folterung zu unterziehen. Aber soweit kam es
nicht, denn die alte Frau hatte durch die Schläge solche
Verletzungen erlitten, daß sie am Eingang des Kellers ihren
Geist aushauchte. Diese Sache wurde am 15. Dezember 1895
vor dem Kreisgerichte von Kaschinsk verhandelt; die Ge=
schworenen erkannten den Peter Brjuchanow und zwei seiner
Nachbarn, die Bauern Winogradow und Grjäsnow, die sich
dabei beteiligt hatten, auf die Ermordete einzuschlagen, für
schuldig. Auf Grund dieses Verdikts verurteilte das Ge=
richt den Brjuchanow und Winogradow zur Verschickung
und Zwangsarbeit, ersteren auf 6 Jahre und letzteren auf
4 Jahre; Grjäsnow wurde nach Sibirien zur Ansiedelung

verschickt. Die Olga Brjuchanow war dem Gerichte gar nicht übergeben worden, weil in Bezug auf sie angenommen worden war, daß sie das Verbrechen während eines Krank=
heitsanfalles verübt habe ¹).

Wie häufig die Fälle von Morden dieser Art sich wieder=
holen, kann man aus der Thatsache ersehen, daß im Jahre 1880 in dem Gouvernement Pensa allein drei Hexen ermordet worden sind (im Dorfe Mordowskije Parki, im Mishnelomowschen und im Krasnoslobodschen Kreise).

Die Unbarmherzigkeit gegenüber den Hexen, die in allen diesen Prozessen konstatiert werden mußte, wurzelt durchaus nicht in der Rohheit und Grausamkeit des russischen Volkes. Bei unseren westeuropäischen Nachbarn werden nicht weniger schreckliche Verbrechen verübt. Im Jahre 1850 verhandelte das Kreisgericht in Tarbes (in den Pyrenäen) ²) den Pro=
zeß der Ehegatten Subervis, die beschuldigt waren, die Frau Bebouret ermordet zu haben. Die Angeklagten waren über=
zeugt gewesen, daß die Bebouret eine Zauberin sei, weil der Ortsgeistliche ihnen gesagt hatte, daß eine Krankheit der Frau Subervis von der Behexung herrühre, welche die Bebouret an ihr verübt habe. Infolgedessen hatten sie die Bebouret in ein hinteres Zimmer ihrer Wohnung geschleift, sie dort über brennendes Stroh gehalten und ihr ein glühen=
des Eisen in den Mund gesteckt. An diesen schrecklichen Martern war die unglückliche Frau gestorben. Das Urteil

---

¹) Vgl. den Artikel Wessins im „Nordischen Boten" (Ssjewerny Wjestnik), 1892, Nr. 9.
²) Nippold: Die Wiederbelebung des Hexenglaubens, 1875, S. 31.

des Gerichts war sehr milde: die Angeklagten wurden zu einer Gefängnisstrafe von je vier Monaten verurteilt.

Wenn wir einen flüchtigen Blick auf die soeben geschilderten Prozesse werfen, so fallen uns vor Allem die schreckliche Grausamkeit, mit der diese Verbrechen verübt werden, und ferner das völlige Ignorieren aller verwandtschaftlichen Bande auf, d. h. solche Umstände, die unser geltendes Gesetz und der Entwurf des Strafgesetzbuches als erschwerend für die Schuld des Angeklagten ansehen. Die Grausamkeit ist teilweise auf die mittelalterliche Anschauung zurückzuführen, daß Hexen und Zauberer unempfindlich für Schmerz sind. Die Abwesenheit der verwandtschaftlichen Anhänglichkeit aber ist dadurch zu erklären, daß ein Mensch, der mit dem Teufel in Verbindung getreten ist, nach den Volksanschauungen das Recht auf die Liebe der ihm am nächsten Stehenden verloren hat; deshalb müssen die verwandtschaftlichen Bande zwischen ihm und den Familienangehörigen zerrissen werden. Aus den angeführten Prozessen haben wir gesehen, daß die Söhne ihre Mütter folterten; aber wir können außerdem noch zwei Fälle anführen, in denen Männer ihre, der Zauberei verdächtigten Frauen ermordet haben. Im Jahre 1884 folterte im Dorfe Wodjānaja im Gouvernement Taurien[1]) ein örtlicher Bauer gemeinsam mit seinem Vater und seiner Mutter seine eigene Frau; man hing sie an den Haaren auf und zwickte den nackten Körper mit glühenden Bratpfannen. Und im Karatschewschen Kreise im Gouvernement Orlow erschlug der Bauer Elynew im Jahre 1890 sein

---

[1]) Vgl. den Artikel von Wessin.

Weib deshalb, weil sie ihn behext habe: er litt an geschlechtlicher Impotenz [1]).

Wenn man diese Prozesse durchblättert, so ergreift die Seele des Forschers Entsetzen. Was für Anschauungen existieren im Volke und welche Unwissenheit! Welche Abrechnungen werden von den Menschen auf diesem Boden unter einander gehalten! Die Beschuldigung der Zauberei ist nicht nur das bequemste Mittel, sich am Feinde zu rächen, sondern auch die bequemste Art und Weise, um sich endgiltig von ihm zu befreien. Deshalb erscheint auch die Anschuldigung der Zauberei im bäuerlichen Leben als eines der Mittel, welches die Weiber (Schwiegertöchter und Schwiegermütter), die in gegenseitigem Kampfe ihre Herzen verhärtet haben, gegen einander ausspielen.

Die Fälle von roher und tierischer Vergewaltigung unter dem Einflusse des Hexenglaubens kommen nicht nur in den öden und finsteren Winkeln der Unkultur, sondern sogar auch in den Hauptstädten vor, unter deren Bewohnern es nicht wenig abergläubiger Leute giebt. Als bester Beweis für diese traurige Wahrheit kann folgender Vorfall dienen, der sich in Moskau, direkt im Zentrum der Stadt, auf der Nikolsskaja, in der Nähe der Kapelle des Heiligen Panteleimon, zugetragen hat [2]). Vor dieser Kapelle drängt sich stets eine Menge kranker Leute zusammen. Am 25. September 1895 standen früh morgens in dem Haufen der Knabe Wassilij Alexejew und irgend eine Frauensperson, die von halb hysterischen, halb epileptischen Anfällen heim-

---
[1]) Ebenda.
[2]) Kantorowitsch, S. 219—221. „Nowoje Wremjä", 1895, Nr. 7036.

gesucht wurde. Neben diesem Paare stand die Bäuerin Natalja Nowikow; sie unterhielt sich mit dem Knaben und schenkte ihm einen Apfel. Der Knabe biß in den Apfel und bekam bald darauf einen epileptischen Anfall. Auf das Geschrei des Alexejew lief ein Schutzmann vom nächsten Wachtposten herbei und führte den Kranken in das Empfangszimmer der städtischen Polizeiwache. Aber der Haufe beruhigte sich damit nicht. In der Annahme, daß der Apfel verhext gewesen sei, und daß die Nowikow keine einfache Bäuerin, sondern eine Hexe wäre, die das Kind bezaubert habe, stürzte sich der Haufe auf die Frau und prügelte sie, bis sie halbtot liegen blieb. Als die Polizei zur Stelle erschien, war die Nowikow schon so zerschlagen und verunstaltet, daß man sie sofort ins Krankenhaus tragen mußte.

Bis hierher haben wir gesehen, daß die Volkswut sich gegen Leute richtet, die für Zauberer gehalten und deshalb beschuldigt werden, andere behext und ihrem Nächsten Schaden zugefügt zu haben. Dieser unverantwortliche und unkontrollierbare Haß verfolgt aber nicht nur die Personen, die allgemein für Zauberer gehalten werden, sondern auch **alle Leute, die das Unglück haben, durch ihre Mißgestalt die allgemeine Aufmerksamkeit auf sich zu ziehen.** Das Volk fürchtet alle Mißgeburten und verfährt mit ihnen durchaus nicht freundschaftlich. Als Beispiel für die Wirkung des Aberglaubens in dieser Richtung kann folgender Vorfall dienen: Im Jahre 1878 brach im Ustj-Ssyssolskischen Kreise im Gouvernement Wologda[1]) eine

---

[1]) Vgl. den Artikel Wessins im „Nordischen Boten" (Sjewernyj Bjessnik), 1892, Nr. 9.

Viehseuche aus. Es entstand das Gerücht, daß diese Krankheit durch stumme Menschen mit Hilfe „von todbringenden Gewürzen, Gift und Beschwörungen" verbreitet würde. Am 20. Juni kam ein stummer Greis, ein Bettler, mit einem Quersäckchen über den Schultern, in das Dorf Taratschewskaja. Die Bauern ergriffen ihn, führten ihn aus dem Dorfe und erschlugen ihn mit Stangen, wobei sie riefen: „Der Cholera auch ein Cholera-Tod!"... Das Gericht in Wologda verurteilte zwei in diesem Falle Angeklagte, gestützt auf T. 1, Art. 1455 des Strafgesetzbuches, zur Verschickung und Zwangsarbeit, und einen Angeklagten zu Gefängnis, weil er ein von Anderen verübtes Verbrechen nicht verhindert hatte.

Zum Schlusse dieser Abteilung über die Ermordung von Leuten wegen Zauberei, Behexung und Verbindung mit der unreinen Macht erlauben wir uns, noch den Prozeß wegen Ermordung des Ostjaken Nikolai Kussamin ausführlich darzustellen, weil er unseres Erachtens durch alle Umstände, unter denen das Verbrechen verübt worden ist, ein bedeutendes Interesse darbietet:

Im Turuchanschen Kreise im Gouvernement Jenissei[1]) nomadisieren die Ostjaken von der Bapchinschen Horde. Dem Namen nach sind sie Christen mit russischen Familiennamen in den offiziellen Papieren, nach ihren Sitten und Anschauungen aber sind sie echte Heiden. In dem Filzzelte, in dem das Geschlecht der Kussamin hauste, starb der Großschaman Iwan Kussamin. Seine Verwandten, elf Männer und Weiber an der Zahl, vollzogen mit seinem Leichnam

---

[1]) „Journal des Justizministeriums", 1861, VII, S. 625—680.

eine feierliche Beerdigung und legten ihn in einen sogenannten „Labas" ¹), d. h. in eine Grabstelle aus Balken, die in der Luft hing und von vier Säulen getragen wurde. Am Abend desselben Tages spielte sich innerhalb des Zeltes folgende Szene ab: Der Sohn des verstorbenen Schaman, Nikolai Kussamin, der sich stark um den Vater grämte, riß plötzlich, nachdem er sich bis zur Nacktheit entkleidet hatte, die Augen weit auf, sperrte den Mund auf und stürzte sich mit Geschrei und mit der Drohung auf seine Zeltgenossen, daß er sie alle auffressen würde. Die erschreckten Verwandten warfen ihn auf den Fußboden und banden ihn mit Stricken, wobei er vor Wut schäumte und heulte, daß ihm die Zähne herauswachsen würden und daß er alle Ostjaken auffressen werde; darauf begann er in schrecklicher Weise zu brüllen und lag endlich wie tot da; indes er lebte nochmals wieder auf und stürzte sich aufs Neue mit Gebrüll und mit Drohungen auf die ihn Umstehenden, sobaß sie wieder mit ihm kämpfen und ihn binden mußten; so fuhr er fort, bald wie tot dazuliegen, bald wieder lebendig zu werden, und zwar viermal, wobei er immer wütender und rasender wurde; schließlich geriet er in eine so tierische Wut, daß er über seine eigene Mutter, die Greisin Anna Kussamin, herfiel, ihr auf der linken Schulter die Jacke aus Renntierfell durchbiß und ein mit den Zähnen herausgerissenes Stück der Jacke mit der Wolle verschluckte. Zu ihrem unbeschreiblichen Schrecken sahen die Ostjaken, daß ihm in der That zwei große Zähne in der Art der Hauer aus dem Munde wuchsen, und sie hielten sich davon überzeugt, daß er ein

---

¹) Ballengerüst, auch Speicher (Anmerkung des Uebersetzers).

Zauberer, ein Schaman, geworden sei. Die achtzigjährige Mutter des Besessenen, Anna, nahm seinen leiblichen Bruder Fedor und den Geschlechtsältesten, seinen Vetter Leontij, bei Seite und teilte ihnen zitternd mit, daß, wie sie von ihrem Vater in der Jugend gehört habe, ein Mensch, dem die Zähne gleich Hauern herauswüchsen, ein Zauberer geworden sei und die Menschen auffräße; man könne sich von ihm nur befreien, wenn man ihn auf einen Espenpfahl aufspieße und seinen Körper verbrenne. Durch diese Mitteilung dazu bewogen und die Unmöglichkeit einsehend, mit Nikolai bei einem neuem Anfalle weiter zu kämpfen, beschlossen die Ostjaken, ihn zu töten. Sie zerschlugen einen kleinen Kahn aus Espenholz und fertigten eine Menge langer und spitzer Pfähle an. Und sobald Nikolai nach kurzem Schlafe aufs Neue aufsprang, die Stricke, mit denen er gebunden war, zerriß und sich auf die Leute stürzte, warfen sie ihn zu Boden und durchbohrten ihn mit den angefertigten Pfählen, indem sie dieselben zwischen den Rippen in den Körper stießen und das Herz zu treffen suchten. Als Nikolai auf diese Weise umgebracht war, schleppten sie ihn aus dem Filzzelle und verbrannten ihn auf einem Scheiterhaufen. Darauf verließen die Ostjaken ihr Zelt und siedelten zum Bauern Gorochow über, um bei diesem zu überwintern. Den Körper des Großschaman Iwan Kussamin aber übergaben sie nach ihren Gebräuchen der Erde.

Alle diese Thatsachen wurden von den Ostjaken dem Gorochow mitgeteilt und später auch dem Untersuchungsrichter. Beim Verhör sprachen sie sich ganz naiv dahin aus, daß sie gehofft hätten, für ihre That die Zustimmung und das Lob der Obrigkeit zu erhalten, denn sie hätten doch

durch die kühne Vernichtung des Zauberers diesen verhin=
dert, die Leute aufzufressen. Auf Grund aller ihrer An=
gaben wurden neun Menschen im Alter von 17—80 Jahren
dem Gerichte übergeben. Nach Durchsicht dieser Angelegen=
heit beschloß das Minister=Komitee laut Journal=Verfügung
vom 7. August 1851, in Erwägung, daß die Ermordung
des Kussamin aus abergläubiger, der Unwissenheit der Thäter
entsprungener Furcht verübt worden wäre: die Männer mit
je 50 Rutenhieben zu bestrafen und sie sowohl, wie auch die
an dieser That beteiligten Weiber der Kirchenbuße zu
überliefern; einer Geldstrafe wurden die Angeklagten nicht
unterworfen, weil die Einziehung einer solchen bei der
Armut der Ostjaken kaum ausführbar erschien...

Die Gewaltthaten, die an Zauberern verübt werden,
werden nicht immer durch das Gefühl der Rache und des
Hasses gegen das böse Zauberwesen, das die Leute verdirbt
und zu Grunde richtet, hervorgerufen —: oft ist die Ur=
sache der todbringenden Schläge in der Über=
zeugung zu suchen, daß ein behexter Mensch
wieder gesund wird, wenn man den Zauberer
völlig totschlägt (dieser Aberglaube ist selten), oder
wenn man ihm Schläge und Wunden zufügt, um
mit seinem Blute den Körper eines Kranken zu
beschmieren.

Im Gouvernement Mohilew wurde im Jahre 1889[1])
ein Hexenmeister totgeschlagen, der eine kranke Frau lange
ohne Erfolg kurierte und ihr verschiedene Arzeneien gab.
Da die Kranke trotzdem nicht genas, so erschlug ihr Mann

---

[1]) „Mohilewer Gouvernements-Nachrichten", 1889, Nr. 88.

den Hexenmeister, weil er hoffte, daß sein Weib nach dem Tode desselben wieder gesund werden müsse.

Im Hanenburgschen Kreise¹) erkrankte die Frau eines Dorfältesten und erklärte, daß ihre alte Tante sie behext habe. Die Bauern schleppten die Greisin zu der Kranken, streckten sie durch einen Hieb mit einem Zaunpfahle zu Boden, bogen ihre Hände zurecht, schnitten die Finger an und sammelten das herausfließende Blut in ein Gefäß.

Ein ebensolcher Vorfall trug sich im Terschen Gebiete zu. Auf der Station Jumachauj-Jurta²) betrank sich das Weib des Atamans und erkrankte. Die Verwandten hatten einen unbekannten zugereisten Greis im Verdachte, daß er die Frau des Atamans behext habe, und prügelten denselben bis aufs Blut...

In Westeuropa ist dieser Aberglaube sehr weit verbreitet, da einzelne Beispiele seiner Existenz in den verschiedenen Staaten sehr zahlreich konstatiert worden sind.

Am 13. April 1862 fügte Karl Tolborough, der in London lebte³), seiner Großmutter schwere Wunden zu. Beim Verhör erklärte er, daß er sie habe durchprügeln wollen, weil sie eine Zauberin sei und ihm viel Böses gethan habe; er habe ihr Blut vergossen, um sich von der Zauberkraft zu befreien. Der Richter schlug den Geschworenen vor, zunächst den Geisteszustand des Angeklagten untersuchen zu lassen, aber die Geschworenen thaten dies

---

¹) „Nordischer Bote" (Ssjewernyj Wjestnik), 1892, Nr. 9, der Artikel von Wessin.
²) Ebenda.
³) „Journal des Justizministeriums", 1863. Bd. XV, S. 476.

nicht, sondern erklärten den Tolborough für schuldig, die alte Frau in der Absicht, sie zu ermorden, verwundet zu haben. Auf Grund dieses Erkenntnisses verurteilte der Richter den Angeklagten zu lebenslänglicher Zwangsarbeit.

Herr Fischer hat in der Zeitschrift „Der Gerichtssaal"[1]) einige interessante Arten von Aberglauben mitgeteilt, die sich in der österreichischen Provinz Steiermark erhalten haben. Unter den Bewohnern dieser Provinz ist der schreckliche Volksaberglaube lebendig, daß ein Mensch, der von einer Hexe bezaubert sei, dieselbe am Kreuzwege fangen, ihr die Zunge abschneiden und sie unter der Schwelle seines Hauses vergraben müsse; sobald die Zunge vertrocknet sei, verschwinde auch die Krankheit. Einer der dortigen Bauern hat diese Vorschrift befolgen wollen und sich an einen Zauberer gewandt, um zu erfahren, ob es sich lohne, eine solche Unthat zu verüben; der Zauberer war ein gescheidter Mann und überredete den Burschen, daß er zu einem unschuldigeren Mittel seine Zuflucht nähme —: er solle die Hexe an den Kreuzweg locken, sie zum Schwure zwingen, daß sie ihn in Ruhe lassen wolle, und sie nötigen, einige Kräuter zu verschlucken. Das that der Bursche denn auch. Aber die Sache verläuft nicht immer so glücklich. Vor dem Kreisgerichte der Stadt Leoben in derselben Provinz Steiermark wurde ein Prozeß wegen Ermordung einer Hexe verhandelt[2]). Der Bauer Leberer litt an verschiedenen Krankheiten und hatte die Bäuerin Katljä im Verdachte, daß sie ihn behext habe. Um diese Frage zu klären, ging er zu

---

[1]) Vgl. „Journal des Justizministeriums", 1862, Nr. 8, S. 453.
[2]) Ebenda.

einem Wahrsager, der ihm, nachdem er die Karten gelegt hatte, folgendes mitteilte: „Dir droht ein Unglück. Deine Schwiegermutter ist zur Katljä gegangen, und diese hat dich behext. Aber sie kann dir auch Heilung bringen. Schüttele und schlage sie so lange, bis sie dich von deiner Krankheit befreit. Ein anderes Mittel giebt es nicht!"..... Lederer folgte seinem Ratgeber und begab sich zur Katljä; und als diese sagte, daß sie ihm gegenüber sich keiner Schuld bewußt sei, da begann er auf sie einzuschlagen und fuhr so lange im Schlagen fort, bis sie starb.

Eine ganze Reihe gleichartiger Vorfälle sind von Manhardt[1]) mitgeteilt worden, dem wir in Folgendem einige sehr charakteristische Thatsachen entnehmen.

Im November 1866 erkrankte im Flecken Schönsee bei Thorn ein gewisser Paul Kulm, der in der Ortskirche als Maler und Vergolder arbeitete. Da sein Gesicht unerwarteterweise anzuschwellen begann, bildete er sich ein, jdaß die Frau des Ortszimmermannes ihn behext habe. Von dem Wunsche getrieben, seine Krankheit zu heilen, lockte er die unglückliche Frau in seine Wohnung und begann, auf sie mit einer Eisenstange loszuschlagen, wobei er fortwährend rief: „Hexe, mach' mich gesund!" Die Hiebe, die er führte, waren indes so ernst gemeint, daß das arme Weib, das seinem Aberglauben zum Opfer gefallen war, blutüberströmt zur Erde stürzte.

Im Januar 1874 wurde ein ebensolches Verbrechen von einem Schullehrer im Städtchen Strasburg in der Provinz Westpreußen verübt. Auf den Rat einer Hellseherin be-

---

[1]) S. 57—59.

gannen dieser Schullehrer und seine Frau ihre greise Tante zu schlagen und hieben so lange auf sie ein, bis das Blut aus den ihr zugefügten Wunden zu strömen anfing. Dieses Blut benutzten dann die Angeklagten, um mit ihm den Körper ihres kranken Kindes zu benetzen.

In demselben Jahre und in demselben Kreise trugen sich noch zwei Fälle ebensolcher roher Gewaltthat zu: ein Maurer fügte seiner Nachbarin auf der Hauptstraße des Fleckens Wunden zu; ein anderes mal lockte eine Frau eine Greisin und ein junges Mädchen in ihre Wohnung und schlug ihnen hier mit einem Stocke Wunden. Die Schuldigen wurden vor dem örtlichen Gerichte prozessiert und zu Gefängnisstrafen von je vier Monaten verurteilt.

Am 3. November 1873 schlugen zwei junge Mädchen, Marie und Karoline Hildebrand, in dem Flecken Christburg in Westpreußen die sechzigjährige Arbeiterin Gajewski bis aufs Blut, um ihre kranke Mutter vom Tode zu erretten. Das Gericht in Christburg verurteilte die Angeklagten zu Gefängnis, und zwar die eine auf sechs und die andere auf drei Monate.

In der Nacht auf den 1. Januar 1870 versetzten die Brüder Bischof in der Gegend von Dirschau in Westpreußen der 69jährigen Greisin Krause mit Messern und Stöcken so schwere Schläge, daß sie drei Wochen das Bett hüten mußte. Das Gericht verurteilte die Schuldigen zu einer Gefängnisstrafe von je sechs Wochen .....

Damit sind wir mit den Verbrechen zu Ende, die mit Vorbedacht und Überlegung oder im Jähzorn verübt werden, und wir gehen jetzt zu den Morden über, die aus Unvorsichtigkeit begangen werden. Die Beweggründe für diese Verbrechen sind gleichfalls im Aberglauben zu suchen, und zwar hauptsächlich in der unsinnigen Volksanschauung, daß der Teufel existiere und daß er in den Menschen eindringen könne, um ihm Leiden zu bereiten. Wenn man an die Möglichkeit einer solchen Einwirkung seitens des Teufels auf die Menschen glaubt, so entsteht auch ganz natürlich die Annahme, daß es möglich sei, ihn aus dem Körper wieder herauszutreiben, und diese Austreibungsversuche endigen leider sehr oft mit einem Morde.

In seinem interessanten Artikel: „Im Reiche des Aberglaubens und der Vorurteile" [1] erzählt P. N. Obninstij folgenden Vorfall: In einem Dorfe inmitten eines belebten und civilisierten Gebietes [2] lebte eine Bauernfamilie von mittlerem Wohlstande; sie bestand aus dem Manne, der Frau im Alter von etwa 40 Jahren und der Mutter der letzteren. Die Familie lebte friedlich, ohne Streitigkeiten, und nur der Teufel, der nacheinander zuerst vom Manne und dann von der Frau Besitz nahm, trübte von Zeit zu Zeit ihr Familienglück. Beide Gatten befreiten sich endlich von der sie beherrschenden unreinen Macht, aber sie hegten den Verdacht, daß dieselbe auch in der greisen Mutter stecke. Glücklich, selbst vom Teufel befreit zu sein, ermahnte die

---

[1] „Der Juristische Bote" (Juriditscheskij Wjestnik), 1890, XI, 359—381.
[2] Der Verfasser giebt das Gouvernement nicht an, aber dieser Vorfall geschah wahrscheinlich in Mittelrußland.

Hausfrau ihre Mutter, sich doch der üblichen Operation zu unterwerfen, die im Lesen gewisser Gebete, im Umthun eines Kummets, wie sie beim Pflügen gebraucht werden, u. s. w. bestand. Aber die Mutter, die keinerlei Teufel in sich fühlte, gab hierzu freiwillig nicht ihre Zustimmung. Die Eheleute schrieben diesen hartnäckigen Widerstand nicht dem Willen der Mutter, sondern dem in ihr sitzenden Satan zu und beschlossen, in dieser Sache nun zur Gewalt zu schreiten. Als die Verwandten sich in der Hütte zu versammeln begannen, saß die alte Frau auf der Ofenbank; ihre Tochter setzte sich neben sie und sprach dabei wiederholt: „Gehe hinaus, unreine Macht, aus der Dienerin Gottes Marja!" Die Greisin aber begann zu schelten: „Was treibst Du mit mir für Allotria? In mir ist keine unreine Macht." Während dessen beteten alle übrigen Anwesenden. Darauf wurde die Greisin auf die Straße geführt, und hier warf man sie auf die Erde und begann sie zu würgen, um den Teufel auszutreiben. Die Tochter saß auf ihr rittlings und drückte ihr die Kehle zu, wobei sie fortwährend rief: „Gehe hinaus, unreine Macht!", und der Mann stand ihr zu Häupten und las in der heiligen Schrift. Bald ertönte das Todesröcheln der armen Gewürgten, und alle freuten sich: „Der Teufel geht aus ihr heraus!" hieß es mit Genugthuung. Endlich verstummte auch das Röcheln, und das Opfer war tot .... Zn Anlaß dieses Falles wird sicherlich jeder Richter nachdenklich werden: die Leute hatten die besten Absichten, alle Nachbarn billigten die von ihnen angewandten Mittel, das Resultat aber war — der Tod eines geliebten Menschen infolge der ihm zugefügten Vergewaltigung!

In der Stadt Tambow¹) unternahm es ein „weiser Mann", eine behexte alte Frau zu kurieren. Er streckte sie auf eine Bank hin und begann, indem er ihr den Mund und die Ohren zusammendrückte, ihr in die Nase zu blasen. Die alte Frau fühlte bald einen Schmerz im Leibe und sagte dies dem Heilkünstler, aber dieser erwiderte freudestrahlend: „Das brauche ich gerade, — das ist der Teufel, der sich krümmt!" Nach einigen Minuten weigerte die Alte sich, die Operation fortsetzen zu lassen, weil sie Schmerzen in der Brust fühlte; darauf bekam sie einen Blutfluß und starb noch an demselben Tage.

In dieser Sache sind die Umstände, unter denen das Verbrechen begonnen ward, weniger tragisch, aber der Aberglaube ist genau derselbe —: man glaubt an die Möglichkeit, den Teufel aus dem Körper austreiben zu können. Dieser Aberglaube ist sehr weit in Westeuropa verbreitet, und in den Büchern, die von der katholischen Geistlichkeit beständig benutzt werden, ist nicht ohne Grund eine Reihe von Gebeten (Exorzismen) für die Austreibung des Satans enthalten. Es ist begreiflich, daß unter solchen Umständen dieser Aberglaube im Volke erhalten bleibt und jährlich neue Opfer fordert.

In einem Dorfe in Mecklenburg²) litt im Jahre 1885 eine Frau an Asthma, was sie sich dadurch erklärte, daß eine Hexe durch den Mund in sie gefahren sei. Eines

---

¹) Vgl. den Artikel von K. J. Kirpitschnikow in der Zeitschrift „Rowj" und in den „Zeitgenössischen Nachrichten" (Sjowremennyja Jswjestija), 1883, Nr. 333.

²) Manhardt, S. 54—55. Dieser Fall ist auch in Kaspars „Zeitschrift für gerichtliche Medizin" veröffentlicht worden.

Abends wandte sie sich an ihre Tochter und an den Mann derselben und rief: „Die Hexe ist wieder in mir; ich habe sie mit den Zähnen eingeklemmt, schlagt sie!" Als das Ehepaar diese Bitte der Mutter hörte, wollte es ihr helfen und begann zunächst, der alten Frau mit den Holzschuhen auf die Zähne zu schlagen. „Jetzt sitzt sie mir in der Brust, schlagt sie auch da!" fuhr die Kranke fort zu schreien, obgleich ihr das Gesicht bereits blutete. Und die Kinder schlugen so lange auf sie ein, bis sie das Leben einbüßte.

Am 1. Mai 1877 trug sich beinahe ein ebensolcher Totschlag zu. In dem Flecken Sandhof bei Marienburg in Westpreußen wurde die Frau eines Arbeiters deshalb verhaftet, weil sie ihr krankes Söhnchen, in der Hoffnung, dadurch aus ihm den Teufel auszutreiben, auf der Straße in schrecklicher Weise mißhandelte. Zum Glück hatte ein Polizist diese Scene bemerkt und rettete das Kind, indem er die sinnlose Frau an der Fortsetzung der Mißhandlungen verhinderte.

Aber der traurigste Vorfall dieser Art, bei dem einige Menschenleben zugrunde gingen, fand im Jahre 1873 in dem Dorfe Mordzyn beim Städtchen Bütow in Pommern statt. Die äußeren Vorgänge erinnern in diesem Falle an die Erzählung Obninskijs, aber der fragliche Mord ist in seinen Folgen noch viel ernster. Eine Frau erklärte ihren Hausgenossen, daß der Teufel in sie gefahren sei. Ihre Schwiegertochter lud nun die Nachbarn zu einem gemeinsamen Gebete zu sich ein, um die Behexte von dem ungerufenen Gaste zu befreien. Während des Psalmensingens warf die Schwiegertochter sich auf ihre Schwiegermutter und würgte sie mit solcher Kraft, daß diese tot zur Erde fiel. Die Anwesenden stellten feierlich fest, daß sie den Teufel aus der alten Frau ausgetrieben hätten. Aber da erklärte plötzlich die Tochter der Hausfrau, daß der Teufel nun in sie gefahren sei und ihre Brust bedrücke. Aufs Neue begannen der Gesang und das Gebet, und die Mutter brachte, um ihre Tochter vom Satan zu befreien, dieselbe in derselben Art und Weise, d. h. durch Erwürgung, ums Leben .... Damit war indes die Sache noch nicht zu Ende. Am folgenden Morgen erklärte der Mann, daß der Teufel nun bei ihm eingekehrt sei. Als die Frau diese Botschaft vernahm, fing sie sofort unter Beihilfe der Nachbarn auch bei ihm die Heilung an. Aber da der böse Geist im Manne fester saß, als in der greisen Mutter und im schwachen Kinde, so wurden besonders energische Maßnahmen getroffen. Zuerst wurde der Kranke unbarmherzig geprügelt, und es wurden ihm dabei einige Wunden zugefügt. Darauf vergrößerte die Frau ihm den Mund, indem sie die Wangen bis zu den Ohren aufschlitzte, damit der Satan bequemer aus dem Körper fahren könnte. Zum Glücke war inzwischen die Kunde von diesen Unthaten bis zum Ortsältesten gedrungen; er befahl, die Thür des Hauses aufzubrechen, und befreite den unglücklichen Hauswirt, der dank der Behandlung seiner nächsten Verwandten für immer ein verunstaltetes Gesicht behielt. So kamen infolge des rohesten Aberglaubens zwei Menschen ums Leben, und der Ernährer der Familie war zum Krüppel verunstaltet!

Wenn wir von den Morden aus Unvorsichtigkeit oder Unbedacht sprechen, müssen wir auch einen anderen Aberglauben erwähnen, nämlich den Glauben daran, daß die **Zauberer und Hexen nach ihrem Tode wieder** aufleben und des Nachts, zwischen Mitternacht und dem ersten Hahnenschrei, über die helle Welt schweifen.

Der Geistliche Konstantinow erzählt in der Zeitschrift „Strannik" ein interessantes Faktum [1]). Als er einst seine Eingepfarrten ermahnte, den Zauberer- und Hexenglauben aufzugeben, erfuhr er von einer alten Frau folgendes: Einst war sie gemeinsam mit einem anderen Weibe eingeladen worden, bei der Leiche einer Greisin Wache zu halten. Die übrigen Nachbarinnen hatten sich geweigert, der Entschlafenen diese Ehre zu erweisen, denn man habe die Tote für eine Zauberin gehalten. Als sie in die Hütte gekommen waren, vollzogen die beiden Weiber alles, was nach den örtlichen Gebräuchen zu einer Totenfeier erforderlich war: sie beutelten das Mehl, stellten die Hefe auf, rührten den Teig an u. s. w. Die Entschlafene lag unter den Heiligenbildern in voller Kleidung; auf dem Tische stand bald das Geschirr mit dem Teige und hier brannte auch ein Wachslicht, während vor den Heiligenbildern die Lampe glimmte. Nach Mitternacht, aber noch vor dem ersten Hahnenschrei, stand die Tote auf, löschte das Wachslicht aus und faßte ihren Schwiegersohn, der gleichfalls anwesend war, so stark und so schnell an den Haaren, daß dieser dem Angriffe nicht zu entgehen vermochte. Es begann ein Kampf, bei dem der Tisch umgestoßen und der Teig ausgeschüttet wurde, sodaß die Kämpfenden sich mit ihm die Kleider beschmierten. Der Kampf endete jedoch damit, daß der Schwiegersohn die

---

[1]) „Strannik" (Der Wanderer), 1871, II, S. 282, der Artikel: „Aberglaube und Vorurteile sind die Ursachen schrecklicher Unthaten".

Gegnerin überwältigte und sie aus aller Kraft derartig zu Boden schleuderte, daß die Tote aufheulte. „Verfluchte Hexe," schrie der Schwiegersohn, „ich werde Dich zur Raison bringen!" Die beiden Zeuginnen saßen die ganze Zeit wie versteinert da und atmeten erleichtert auf, als der Hauswirt die Tote wieder auf die Bank legte. Er wechselte hierauf sein Hemd, die alte Frau aber wurde in dem mit Teig beschmutzten Kleide begraben. Bei der Beerdigung wurde der Priester um die Genehmigung gebeten, den Sarg mit dem Leichnam der Verstorbenen umwenden und ihn mit einem Pfahle aus Eschenholz durchstoßen zu dürfen, damit die Zauberin des Nachts nicht umginge, und der Priester segnete dies Beginnen.

Wenn Jemand bei der Lektüre dieser einfachen, klaren und wahren Zeilen den geringsten Zweifel daran hegen sollte, daß die Bauern ein scheintotes Weib gefühllos totgeschlagen oder ermordet haben, so wird dieser Zweifel beim Lesen der Schlußsätze des von uns citierten Artikels verschwinden. Nachdem der Geistliche Konstantinow diese Erzählung des alten Weibes angehört hatte, begann er sie eingehend auszufragen und erfuhr von ihr, daß man die vermeintliche Hexe am zweiten Tage beerdigt habe, daß sie vor dem Tode an einem Fieber erkrankt war, und daß sie bei Lebzeiten beständig mit ihrem Schwiegersohne in Haber gelebt hatte.

Dieser Fall kann als ausgezeichneter Beweis dafür dienen, daß der Aberglaube im Leben der Bauern beständig zum Durchbruche kommt, und daß eine Menge von Dingen nicht bis zur Kenntnis des Gerichts gelangen. Andererseits steigen einem dabei unwillkürlich Zweifel darüber auf, ob

bei uns in Rußland die Frage von der Bestrafung solcher
Leute, die nicht wissen, was sie thun, überhaupt richtig ge=
stellt und beantwortet ist?

Zum Schlusse dieses Kapitels wollen wir noch einige
Falla besprechen, welche den Stand der Frage vom
Zauber- und Hexenwesen im zeitgenössischen
Gerichtsverfahren beleuchten. Es ist bekannt, daß das
bei uns gellende Strafgesetzbuch ebenso, wie die Codices in
den westeuropäischen Staaten, die Zauberei nur als eine
Art des Betruges kennen. Aber in den Gesetzbüchern des
16. und 17. Jahrhunderts verstand man, wie wir gesehen
haben, unter Zauberei die Aneignung übernatürlicher Kräfte
durch eine Verbindung mit dem Teufel. Und mit diesem
vermeintlichen Verbrechen müssen auch die Gerichte des
19. Jahrhunderts bisweilen rechnen. Wir haben gesagt,
daß dieses Verbrechen aus den zeitgenössischen Strafgesetz=
büchern vollständig ausgeschlossen resp. verschwunden ist.
Aber hierbei muß eine Einschränkung gemacht werden: es
giebt ein Land in der Welt, in dem die Scheiterhaufen, auf
denen Zauberer und Hexen verbrannt werden, noch nicht
verlöscht sind. Taylor[1]) und Peschel[2]) teilen mit, daß in
Mexiko in der Stadt Camargo im Jahre 1860 eine Hexe
verbrannt worden ist. Genauere Nachrichten haben wir über
einen Prozeß, der gleichfalls in Mexiko in der Stadt St.
Juan de Jacobo, im Staate Sinaloa, verhandelt worden
ist. Dieser Prozeß endigte damit, daß am 7. Mai 1874
gemäß dem Urteile des Richters J. Moreno die Greisin

---

[1]) Anfänge der Kultur.
[2]) Völkerkunde.

Diega Lugo und ihr Sohn Geronimo Porres als Zauberer öffentlich verbrannt wurden. Der Richter schließt seinen Bericht über diesen Prozeß mit folgenden Worten: „Es ist dies, Herr Präfekt, eine sehr traurige Angelegenheit, aber das strenge Urteil war notwendig, um den Unthaten ein Ende zu bereiten, die hier zu verschiedenen Zeiten stattgefunden haben. Ungeachtet der Hinrichtung, die inmitten der Stadt vollzogen worden ist, hat man mir gemeldet, daß ein gewisser J. M. Mendoza öffentlich erklärt habe, daß man früher oder später auf diesen Mord antworten werde. Sie sehen daraus, wie wenig abgeschreckt die Leute sind. Aber ich wache aufmerksam über Allem." Darauf folgt die traditionelle Phrase, mit der die dortigen Beamten ihre Papiere und Briefe abzuschließen pflegen: Libertad e independentia.

Dieses eigenartige Dokument wurde in dem Journal „Deutsche Blätter" (Nr. 32, vom 8. August 1876) von dem bekannten Gelehrten Fr. Hellwald veröffentlicht. Es unterliegt also keinem Zweifel, daß das Verbrennen von Menschen aufgrund richterlichen Urteils in Mexiko auch am Ende des 19. Jahrhunderts geübt wird. Der von uns angeführte Prozeß ist, wie es scheint, nicht der einzige. Der „New York Herald" teilt mit, daß in demselben Orte St. Juan de Jacobo am 18. Mai 1874 J. M. Bonitta und seine Frau wegen Zauberei verbrannt worden seien. Ein ebensolcher Prozeß wurde in dem mexikanischen Staate Columbia verhandelt. Aber über diese beiden Prozesse sind offizielle Dokumente nicht veröffentlicht worden, und die Einzelheiten sind unbekannt geblieben [1]).

---

[1]) Ueber diese Prozesse vgl. Nippold S. 11.

Ferner wurden in dem bereits erwähnten Orte St. Juan de Jacobo am 20. August 1877 fünf Hexen verbrannt¹). Endlich wurde, wie die „Vossische Zeitung" in einer Korrespondenz aus Lima vom 28. April 1888 mitteilt, in der Stadt Bambamarca in der Republik Peru eine Frau, die der Zauberei beschuldigt war, auf dem Hauptplatze der Stadt zuerst ausgepeitscht und dann auf einem Scheiterhaufen verbrannt²).

Wir unsererseits können angesichts dieser Thatsachen bemerken, daß es eine schöne Freiheit des Menschen ist („libertad e independentia"), wenn jeder Kranke, sei es ein Neider oder ein Schuft, jeden beliebigen Bürger auf den Scheiterhaufen bringen kann!

Aber wenn wir Mexiko und Peru beiseite lassen und nach Europa zurückkehren, so müssen wir sagen, daß auch unsere Gerichte noch immer mit der Frage von dem Zauber- und Hexenwesen sich abfinden müssen.

Die Anschuldigung der Zauberei war immer ein gutes Mittel, um sich eines Feindes zu entledigen. Man hatte nur nötig, dem Ortsmagistrate eine Denunziation einzureichen, und die Person, die der Zauberei angeschuldigt ward, wurde ins Gefängnis geworfen. Jetzt herrschen nicht mehr derartige Zustände, aber der Ruf, ein Zauberer zu sein, kostet, wie wir gesehen haben, auch heute noch häufig das Leben oder bringt den vermeintlichen Zauberer in die Gefahr, zum Krüppel gemacht zu werden. Aber auch dann,

---

¹) Vgl. Soldans: Geschichte der Hexenprozesse. Neu bearbeitet von Heppe, 1880, Bd. II, S. 337.
²) Snell: Hexenprozesse und Geistesstörung, 1891, S. 60.

wenn die Sache nicht bis zu einer so tragischen Katastrophe
führt, ist es immerhin nicht besonders angenehm, für einen
Zauberer, den alle verfluchen und hassen, gehalten zu werden.
Deshalb sind viele Leute, die sich vor einem ähnlichen
Schicksale schützen wollen, über die Verleumdungen empört,
die auf ihre Kosten verbreitet werden. Mit dem Feuer soll
man nicht spielen; es ist deshalb nicht verwunderlich, daß
es Menschen giebt, die sich ans Gericht wenden und bitten,
man solle diejenigen, die an der Verbreitung von Ver=
leumdungen schuldig sind, bestrafen. Ein Prozeß dieser Art
wurde am 7. August 1874 in der Stadt Zweibrücken in
der Pfalz vor dem örtlichen Gerichte verhandelt. Marga=
rethe Klein klagte die Frau von Trulben der Verleumdung
an, weil diese letztere sie beschimpfende Gerüchte verbreitet
und gesagt habe, sie, die Klein, sei eine Hexe und habe sie
und ihr kleines Kind behext [1]).

Nicht weniger interessant ist ein anderer Prozeß, als
dessen Ursache der Aberglaube diente, daß die Hexen nicht
nur Menschen, sondern auch Tiere behexen könnten. Dieser Pro=
zeß wurde am 23. März 1875 vor dem Gerichte zu Aachen
verhandelt [2]).

Aeußerst originell vom Standpunkte der Volkskunde aus
erscheint ein Prozeß, der zu Anfang Oktober 1896 (n. St.)
in der Stadt Tübingen [3]) vor dem Kreisgerichte unter Hin=

---

[1]) Nippold, S. 13. — „Kölnische Zeitung" vom 18. Aug. 1874.
[2]) Nippold, S. 13. — „Kölnische Zeitung" vom 4. April
1875, II.
[3]) Vgl. die „Vossische Zeitung", 1896, Nr. 478, vom
10. Oktober.

zuziehung von Geschworenen verhandelt worden ist. Auf der Anklagebank saß der Zauberer Jegor (Georg) Speidel, der beschuldigt war, vor dem Schöffengerichte in der Stadt Urach in Württemberg unter dem Eide eine falsche Aussage gemacht zu haben. In der Voruntersuchung und durch die richterlichen Vernehmungen war festgestellt worden, daß in dem Dorfe Wurtingen unter Beteiligung des Angeklagten ein geheimes Tribunal errichtet worden war, das darüber entschied, wer von den Bewohnern der benachbarten Dörfer für eine Hexe oder für einen Zauberer gehalten werden müßte. Es liegt auf der Hand, daß ein derartiges Institut die Beziehungen der Bauern zu einander zuspitzen und eine Reihe von Verleumdungsprozessen hervorrufen mußte. Zur Verhandlung eines dieser Prozesse war Speidel als Zeuge geladen worden und hatte unter dem Eide erklärt, daß die bezeichnete Gesellschaft nicht existiert und daß er niemals an den erwähnten Beratungen teilgenommen habe. In der Folge wurde die Lügenhaftigkeit dieser Erklärung nachgewiesen, und Speidel wurde dem Schwurgerichte übergeben, das ihn auch schuldig sprach. Aufgrund dieses Verdiktes verurteilte das Gericht den Speidel wegen Meineids zu 2 Jahren Zuchthaus.

Während der Untersuchung in dieser Angelegenheit stellte es sich heraus, daß Speidel unter den Bauern die Rolle eines Zauberers gespielt, die Krankheit behexter Leute und Tiere beschworen, Vampyre aus dem Hause vertrieben, mit Hilfe einer Rute Schätze aufgespürt und einst auf die Bitte eines Bauern eine Zauberei vollführt habe, um eine Hexe umzubringen. Zu letzterem Zwecke holte der bezeichnete Bauer auf seinen Befehl aus einem frischen Grabe die

Sargbretter herausholen müssen; auf diese Bretter hatte Speidel eine Figur aus Lehm aufgeklebt und darauf dem Bauern erklärt, daß er nunmehr die Hexe nicht mehr zu fürchten brauche. Alle diese Gaunerstreiche charakterisierten die Persönlichkeit des Angeklagten so deutlich, daß das Gericht und die Geschworenen es für nötig fanden, ihn der Möglichkeit, die unwissenden Bauern weiter zu exploitieren, zu berauben.

Derartige Prozesse beweisen natürlich die niedrige geistige Entwickelung der Masse der Bevölkerung; aber es ist zweifellos besser, daß derartige Sachen durch das Gericht und nicht durch den rohen Haufen, der immer zu Gewaltthätigkeiten bereit ist, entschieden werden.

Nach diesen Beispielen, die wir der Praxis ausländischer Staaten entnommen haben, wollen wir noch einige Urteile russischer Gemeindegerichte anführen, aus denen ersichtlich ist, daß die Richter, die in unseren Gemeindeverwaltungen sitzen, auf derselben Stufe der Entwickelung stehen, wie das bäuerliche Milieu, das sie gewählt hat. Es ist deshalb nicht verwunderlich, daß sie die Existenz der Zauberei für ein unbestreitbares Faktum halten.

Im Dezember 1887 wurde die Gemeindeverwaltung von Alexandrowo im Choperschen Kreise [1]) beim Bauern=Gerichte wegen Bestätigung eines Urteils vorstellig, laut welchem die Fedorowsche Dorfgemeinde den Bauern Robinin [2]) zur An=

---

[1]) „Porjadok" (Die Ordnung), 1881, Nr. 26.
[2]) Die russische Bauerngemeinde hat das Recht, ihre Mitglieder für lasterhaftes Leben nach Sibirien zu verschicken. Damit dieses Urteil in Kraft trete, sind zwei Bedingungen notwendig: 1) ⅔ der Mitglieder der Gemeinde müssen dieser Maßregel beistimmen, und

siedelung in Sibirien verurteilt hatte, weil er die Kunst der Zauberei kenne und den Satan in die Leute hineintreibe. „Sobald Robinin," so hieß es im Urteil, „irgend jemandem ein Glas Wasser reicht, so beginnt dieser Mensch auf der Stelle zu schimpfen und seine Kleidung zu zerreißen, klagend, daß der in ihn hineingehexte Teufel ihn im Innern fortwährend schlage und ihm keine Ruhe gebe; infolge der Zauberei Robinins giebt es im Dorfe nicht wenig solcher Kranken."... Es ist gut, daß die Verurteilungen zur Verschickung nach Sibirien der Prüfung und Bestätigung der Bauern-Gerichte unterliegen!

Ein originelles Urteil wurde am 3. Oktober 1884 von dem Schetinschen Gemeindegerichte, im Poschechonschen Kreise des Gouvernements Jaroslaw, gefällt: es ordnete an, daß der Bauer Denib Charitonow wegen Zufügung eines Bruchschadens mit 20 Rutenschlägen zu bestrafen sei [1]).

Noch charakteristischer sind die Prozesse wegen Bezauberung des Gemeindegerichtes selbst:

Im Jahre 1886 wurde vor dem Taljanschen Gemeindegerichte, im Umanschen Kreise des Gouvernements Kijew [2]), ein Prozeß des Bauern B. gegen den Bauern Ch. verhandelt. Der letztere erklärte dem Gerichte, daß die gegnerische Partei beschlossen habe, um den Prozeß zu gewinnen, auf das Gericht durch Zauberkraft einzuwirken;

---

2) das Urteil muß von der Gouvernements-Behörde, welcher die Revision der Bauerngerichte übertragen ist, bestätigt werden.

1) „Jaroslawer Gouvernements-Nachrichten" 1889, Nr. 67: S. R. Deranow: Das Dorf Kosjmo-Demjanskoje.

2) Vgl. Jakulchin II, Nr. 2201. — „Pensaer Gouvernements-Nachrichten" 1886, Nr. 173 (Aus der „Gerichts-Zeitung").

deshalb bäte er, Ch., seinen Gegner durchsuchen lassen zu wollen. Man unterzog B. einer genauen Visitation und fand bei ihm einige Kräuter und Fruchtkeime, sowie irgend eine Giftpflanze in seiner Mütze versteckt. Diese Sachen wurden für Zaubermittel erklärt, und das Gericht beschloß: die Klagesache nicht zu verhandeln, sondern B. mit 20 Rutenhieben zu bestrafen!

Ein anderes eigenartiges Gerichtserkenntnis hat den folgenden Aberglauben zu seiner Quelle: Im Süden Rußlands dient der wilde Mohn nicht nur als Mittel zur Behexung, sondern auch als Mittel gegen dieselbe. Wenn man fürchtet, daß ein Verstorbener aus dem Grabe auferstehen werde, so legt man ihm ein Bündchen Mohn unter das Kissen und streut Mohnsamen auf dem Wege zum Grabe aus. Das bedeutet, daß der Tote alle Tautropfen sammeln muß, bevor er ins Haus hineingehen darf [1]). Wenn ein Entschlafener umherschweift, so schüttet man Mohn rings um das Haus aus ... Im Jahre 1883 untersuchte das Junakowsche Gemeindegericht, im Sjumschen Kreise des Gouvernements Charkow [2]), eine Sache, betreffend eine Schlägerei zwischen Weibern, stellte die Gegenseitigkeit der Beleidigungen fest und bestrafte jede mit drei Rubeln. Dabei gewahrte das Gericht, daß eine der Angeklagten während der Verhandlung dieser Sache neben dem Gerichtstische Mohn auf den Boden streute; es wurde erkannt, daß dieses Weib sich

---

[1]) Derselbe Aberglaube kommt auch in Westpreußen vor; vgl. Wuttke, S. 460, § 766.
[2]) „Kijewskaja Starina" (Kijewsches Altertum) 1884, Nr. 3, S. 509: P. Jeßmenko: „Ein Versuch, das Gemeindegericht zu verzaubern".

mit Zauberei beschäftige, und das Gericht verurteilte es zu einer Zusatzstrafe von noch einmal drei Rubeln zugunsten der Gemeindekasse.

Als interessantester Prozeß im Hinblick auf das Studium des Volkslebens erscheint der folgende: Die Zeitung „Donskoi Golos" (Die Donische Stimme) teilt mit [1]), daß die Soldatenwitwe Tatjana Timoschtschenkow auf Veranlassung und unter Zustimmung der Dorfgemeinde im Tscherkaßschen Kreise am 4. Mai 1880 wegen Kuppelei und Verübung kleiner Diebstähle ausgepeitscht worden sei. Als die Gemeinde ihr mit der Verschickung nach Sibirien gedroht habe, sei das listige Weib auf den Gedanken geraten, den Richtern eine Neigung zu sich anzuhexen. Nachdem sie sich mit Wasser abgewaschen habe, habe sie dieses Wasser in ein Fäßchen gegossen, es in die Gemeindehütte getragen und sich dann unbemerkt entfernt, nachdem sie das Fäßchen in dem Zimmer hingestellt, wo das Gericht sich versammelte. Die Richter, die natürlich keinerlei Verdacht hegten, hätten das Fäßchen bis auf den letzten Tropfen geleert. Aber am folgenden Tage sei dieser Streich zu den Ohren der Richter gedrungen, und das Gemeindegericht habe beschlossen, die Timoschtschenkow nochmals auszupeitschen zu lassen; dieses Urteil sei unverzüglich vollstreckt worden.

In dieser Angelegenheit mußte auch das Kreisgericht zu Nowotscherkask [2]) ein Urteil fällen —: die Gemeinderichter

---

[1]) „Ruskija Wjedomosti" (Russische Nachrichten) 1880, Nr. 171; „Donskoi Golos" Nr. 78.

[2]) In Rußland ist die Leibesstrafe nur in folgenden Fällen zulässig: a) die Bauerngerichte haben das Recht, dem Angeklagten als Strafe für begangene Uebertretungen 20 Rutenhiebe geben zu

und die Bauern, die das Urteil an der Timoschtschenkow vollstreckt hatten, insgesamt 26 Mann, wurden wegen Mißhandlung des Weibes vor Gericht gestellt; aber die Geschworenen sprachen alle diese Angeklagten frei [1]).

---

lassen; b) das Landesgericht kann Landstreicher, welche ihren Namen verbergen und über ihre Person falsche Daten angegeben haben, außer der ihnen zukommenden Strafe (Deportation nach Sibirien) zu 40 Rutenhieben verurteilen; c) nach dem Strafgesetzbuch für Deportirte (Ustav o Ssylnych) wird der rückfällige Verbrecher für neue strafbare Handlungen außer der ihm zukommenden Strafe zu Peitschenhieben verurteilt. — Frauen können unter keiner Bedingung zu einer Leibesstrafe verurteilt werden. Für Verletzung dieser Regel im angeführten Prozeß wurden die Bauernrichter von Tscherlaßl zur Verantwortung gezogen.

[1]) Vgl. den „Donskoi Golos" (Die Donische Stimme) 1881, Nr. 78.

V.

Die peinliche Befragung des Verbrechers.

Das zeitgenössische Gerichtsverfahren, das von allen möglichen Garantieen umgeben ist, muß natürlich als eines der wertvollsten Ergebnisse der Kultur anerkannt werden, denn dieses Gerichtsverfahren, das mit allen Mitteln zur Ergründung der Wahrheit ausgerüstet ist, erscheint als die beste Gewähr für die Freiheit und Sicherheit der Person. Im Gegensatz hierzu bildet das eigenmächtige Gericht des Volkes ein furchtbares Übel, gegen welches mit allen Kräften angekämpft werden muß. Häufig sind Richter, welche Prozesse wegen Ermordung von Pferdedieben oder Zauberern zu verhandeln hatten, nicht nur durch die Hartherzigkeit der Bauern überrascht worden, sondern auch durch den völligen Mangel an Angaben und Thatsachen für die Beschuldigung der ermordeten Person, das Verbrechen auch wirklich verübt zu haben, für welches die Bauern sie ohne Erbarmen gerichtet hatten. Wie oft haben die Untersuchungsrichter sich vergeblich den Kopf zerbrochen, wenn sie die Ursache der Hartnäckigkeit ergründen wollten, mit der der Geschädigte

darauf bestand, eine bestimmte Person zu beschuldigen, gegen
die auch nicht die geringsten Indizien vorlagen! Diese Fälle
beweisen, daß zwischen den Ansichten eines staatlichen
Richters und denen der blöden Volksmassen über die Beweis=
kraft von Indizien eine unüberbrückbare Kluft liegt. Das
Volk stellt eben gewisse Thatsachen häufig aufgrund von
abergläubigen Vorstellungen oder von Gebräuchen und
Methoden fest, die allein auf dem rohesten Aberglauben be=
ruhen. Nicht umsonst versichern alle Männer, die sich mit
der Erforschung des Aberglaubens als Quelle von Verbrechen
beschäftigt haben, wie z. B. Manhardt und Groß, daß die
grobe Vergewaltigung von Leuten, die völlig unschuldig
sind, oft einem Verdachte entspringt, der lediglich auf aber=
gläubige Anschauungen und Annahmen begründet ist. Da
wir diesem Gedanken vollkommen zustimmen, haben wir uns
entschlossen, auch der Frage von der „peinlichen Be=
fragung" des Verbrechers, wie sie vom Volke bei
seinen Verhören vorgenommen wird, ein kurzes Kapitel zu
widmen.

Dieses Kapitel ist äußerst arm an Thatsachen, aber wir
wollen nur die Frage als solche anregen und hoffen, daß es
anderen Forschern gelingen werde, ein umfangreicheres
Material zu sammeln.

In der russischen und ausländischen Litteratur haben
wir indes doch einige interessante Prozesse gefunden, aus
deren Verhandlungen man sich ein Bild machen kann, wie
die peinliche Befragung von Zauberern, Hexen, Dieben und
Mördern im Volke geübt resp. gehandhabt wird.

In Betreff der Zauberer und Hexen haben wir schon
angegeben, daß wegen dieses Verbrechens, d. h. der Ver=

bindung mit dem Teufel, Leute sogar auf Grund ihrer
äußeren Erscheinung allein schon verdächtigt werden können.
Aber daneben giebt es auch noch einige Methoden der pein=
lichen Befragung. Als verbreitetste dieser Methoden erscheint
die Wasserprobe oder, einfacher gesagt, das Baden der
Hexen.

Der Gebrauch, Weiber, die der Zauberei verdächtig
sind, in einem See oder Teiche oder Flusse zu baden,
gründet sich auf den Aberglauben, daß eine Hexe infolge
ihrer Verbindung mit dem Teufel leichter als andere Leute
wird und deshalb im Wasser nicht untergeht. Dieser Aber=
glaube stammt aus dem Mittelalter; mittels Wassers folterten
die Inquisitoren und Richter in Deutschland die Weiber.
Wenn eine Frau, der man die Hände fesselte und einen
Stein um den Hals band, im Wasser unterging, so ertrank
sie meist, weil die Hilfe häufig zu spät kam; wenn sie sich
aber auf der Oberfläche des Wassers hielt, so wurde sie als
Hexe verbrannt. Diese Art, die Untersuchung zu führen,
kann als einer der Beweise für die Schutzlosigkeit der
Frauen dienen, die der Zauberei beschuldigt wurden. Leider
ist dieser alte Aberglaube bis zum heutigen Tage in allen
Ecken und Enden Rußlands lebendig geblieben; er hat sich
nur ein wenig verändert: heute glauben die Bauern, daß
man auf diesem Wege nicht nur die Frau hinsichtlich ihrer
Verbindung mit dem Teufel überführen, sondern auch
die Dürre beseitigen könne. Auf diese Weise erscheint
das Baden sowohl als Art der peinlichen Befragung,
wie als Mittel, den Fall von Regen herbeizu=
führen. Beispiele für ein solches Verfahren sind nicht
selten.

In den Akten der Kaukasischen Archäographischen Kommission¹) wird folgender Fall angeführt: Zu dem Aufseher der Angesiedelten kamen 13 alte Weiber aus dem Dorfe Nowo-Alexandrowska mit der Klage gegen ihre männlichen Dorfbewohner, daß diese ihnen wegen der herrschenden Dürre die Hände gefesselt und sie ins Wasser versenkt hätten, um zu erfahren, welche von ihnen eine Hexe sei.

Im Jahre 1875 wollten die Bauern eines Dorfes im Poljessje²) ihre Weiber daraufhin prüfen, welche von ihnen Hexen wären. Zuerst gingen sie zum Gutsbesitzer und baten ihn um die Genehmigung, die Weiber im Teiche baden zu dürfen; aber da der Gutsbesitzer ihnen nicht erlaubte, dieses Experiment vorzunehmen, so begannen sie ihre Weiber durch die Hebeamme untersuchen zu lassen, um zu erfahren, ob nicht irgend eine derselben einen Schwanz hätte.

Im Jahre 1879 hegten die Bauern im Slawjanoserbschen Kreise³) während einer Dürre gegen eine Frau den Verdacht der Zauberei und warfen sie ins Wasser; wie sie wieder aufs Trockene kam, ist unbekannt, aber gleich darauf wurde sie wahnsinnig.

Im Jahre 1885 trug sich im Dorfe Peressadowka im Gouvernement Cherson ein ebensolcher Fall von Wasserprobe zu, doch wollen wir ihn hier übergehen, weil wir von ihm bereits oben gesprochen haben⁴).

---

¹) Tiflis, 1870, Bd. IV, S. 958—959, Nr. 146. — „Das lebendige Altertum" (Shiwaja Starina), 1894, 1—4, S. 122.
²) Kantorowitsch, S. 208. — „Nedelja", 1875, Nr. 46.
³) „Golos", 1879, vom 20. August.
⁴) Siehe oben S. 41.

Neben dem Baden haben die Bauern auch noch ein anderes Mittel, um die Hexen zu erkennen. In dem Kama- und Wolga-Gebiete¹) wurde kürzlich eine Mitteilung über ein eigenartiges Verhör gedruckt, das von den Bauern des Permschen Kreises am 16. März 1896 abgehalten worden ist. In dem Dorfe Uslj-Mulljanka, das sich etwa 9 Werst von Perm befindet, erkrankte einem Bauern ein Stier. Der Bauer erklärte, daß sein Stier durch eine Hexe verdorben worden sei, und verlangte, daß alle Weiber im Dorfe durch ein Kummet kriechen sollten, denn man könnte auf diesem Wege erfahren, welche von ihnen sich mit Zauberei befasse. Wie sehr die Weiber auch weinten — es half nichts: sie mußten sich dieser wilden Forderung unterwerfen. Obgleich diese Turnübung besonders für die schwangeren Frauen nicht ungefährlich und qualvoll war, entschlossen sie sich schließlich doch alle, sich dieser Probe zu unterziehen.

Zu derartigen willkürlichen und unsinnigen Verfahren nimmt das Volk nicht nur bei der Erkundung vermeintlicher Verbrechen, wie z. B. der Zauberei, sondern auch zur Entlarvung des Schuldigen in den allerernstesten Sachen seine Zuflucht.

In Bezug auf die peinliche Befragung eines Mörders haben wir in der russischen Litteratur nicht die geringste Angabe gefunden. Aber in Deutschland ist der Aberglaube noch lebendig, daß die Wunden des Ermordeten sich öffnen und das Blut dem Körper entströmt, wenn der Mörder an den Leichnam herantritt²). Dies ist ein sehr

---
¹) Vgl. „Nowoje Wremja", März 1896.
²) Wuttke, S. 193, § 289.

alter Aberglaube; er erinnert uns an eine Szene in den
Nibelungen: Chriemhild klagt auf dem Platze zu Worms
über dem Körper des erschlagenen Siegfried und beschuldigt
Hagen vor allem Volke, den Mord begangen zu haben;
denn das Blut habe sich aufs Neue aus der Wunde er=
gossen, als er an den Körper des Helden herangetreten sei.
Diese Sage ist ein Überbleibsel des grauen Altertums, aber
aus dem folgenden Beispiele kann man sich überzeugen, daß
sie im Volke noch nicht vergessen ist: im Jahre 1862 wurde
in der Gegend der Stadt Danzig[1]) ein Mädchen erwürgt,
dem der Hals mit einem Tuche zugeschnürt worden war.
Als man seinen Leichnam fand, machten die Anwesenden
sich daran, ihn auszukleiden, und banden, in der Hoffnung,
das arme Kind vielleicht noch zu retten, auch das Tuch
los, welches die Gurgel zusammenpreßte. Als man das
Tuch weggenommen hatte, begann aus Nase und Mund
Blut zu fließen. In demselben Augenblicke trat ein gewisser
Klemm, der in der Umgegend durch seinen schlechten Lebens=
wandel bekannt war, an die Leiche heran. Die ringsum
stehenden Bauern erblickten in diesem Vorkommnisse einen
Beweis seiner Schuld und prügelten ihn fürchterlich;
nur das Erscheinen der Polizei rettete Klemm vor dem Tode.

Die abergläubigen Mittel und Verfahren zur
peinlichen Befragung von Dieben sind viel ver=
schiedenartiger und zahlreicher, denn Morde werden verhält=
nismäßig selten verübt, während Diebstähle fast jeden Tag
vorkommen. Bei diesen peinlichen Befragungen spielten ehe=
mals und spielen noch heute verschiedene Hellseherinnen,

---

[1]) Manhardt, S. 24.

Zauberinnen und Wahrsagerinnen eine große Rolle. Die abergläubigen Leute haben sich daran gewöhnt, sich in allen schweren Augenblicken ihres Lebens an solche Wahrsagerinnen zu wenden, und sie suchen natürlich auch den Rat derselben und bedürfen seiner, wenn ein Unglück geschehen ist und Diebe das Haus ausgeräumt haben. Durch diesen Einfluß der Wahrsagerinnen kann man häufig das eigenartige Betragen der Geschädigten erklären, die ohne jeden Grund bald den einen Menschen ertränken, bald den anderen zu entschuldigen suchen und mit Hartnäckigkeit auf die Vornahme von Durchsuchungen und die Heranziehung verschiedener Personen bestehen. Die Rolle der Wahrsagerin ist dabei nicht leicht zu entlarven, denn der Geschädigte erwähnt die ihm erteilten Ratschläge nicht, sondern handelt nunmehr schon auf seine eigene Gefahr und Rechnung nach ihren Angaben. Die Wahrsagerinnen fragen bei ihren Operationen zuerst den Geschädigten darüber aus, auf wen er Verdacht habe, und dann legen sie die Karten und geben ihm mehr oder weniger bestimmte Angaben und Anweisungen. Außer dem Kartenlegen giebt es noch eine ganze Reihe von abergläubigen Gebräuchen und Experimenten, die äußerst ergötzlich sind, aber in den Augen des Volkes eine große Bedeutung haben.

So wird z. B. bei Sabylin[1]) der folgende abergläubige Gebrauch angeführt: Wenn in einem Hause irgend etwas in Verlust geraten war und dabei jeglicher Anhalt für die Entdeckung des Schuldigen fehlte, so wurde eine Wahrsagerin oder ein Zauberer herbeigerufen, und diese Überführer be-

---

[1]) „Das russische Volk", S. 406.

obachteten aufmerkſam den Leib des Verdächtigen. Wie das ausgeführt wurde, iſt unbekannt, aber in jedem Falle iſt der Urſprung des Sprichwortes: „plocho leshit — brjucho bolit" (etwa: „wer ſchlecht liegt, dem thut der Leib weh") auf dieſes Wahrſagerverfahren zurückzuführen.

In Deutſchland[1]) gab man im Mittelalter, zur Zeit der Ordalien, dem Verdächtigen ein Stück in der Kirche ge= weihten Käſes, denn man glaubte, daß ein Dieb es nicht über ſich gewinnen könnte, dieſes Stück herunterzuſchlucken. Dieſer Aberglaube hat ſich nicht nur in der Redensart: „Das Stück bleibt im Halſe ſitzen", ſondern auch im Leben erhalten. In der preußiſchen Provinz Brandenburg zwingt man bis heute den Verdächtigen, ein Stück holländiſchen Käſes, auf das gewiſſe Buchſtaben und Zeichen eingeritzt ſind, zu verſchlucken.

Ferner iſt der Glaube an die Macht eines magiſchen Spiegels, den viele Wahrſagerinnen zeigen, ſehr verbreitet. Dieſer Spiegel wird drei Nächte nacheinander in das Grab eines Verſtorbenen hinabgelaſſen, wobei der Name Gottes ausgeſprochen wird; und wenn der Spiegel in der dritten Nacht aus dem Grabe herausgenommen wird, ſo ruft man den Namen des Teufels. Alsdann wird man in einem ſo präparierten Spiegel ſtets die Perſon erblicken, die einen Diebſtahl ausgeführt oder eine andere Perſon durch Zauberei· behert hat.

Im Volke ſind ferner verſchiedene Arten der Weisſagung (reſp. Befragung übernatürlicher Kräfte) ſehr populär. Zu ihnen nehmen nicht nur junge Mädchen, die

---

[1]) Wuttke, S. 227, § 350.

von Bräutigamen träumen, sondern auch alte Leute ihre Zuflucht, die einen Dieb ausfindig machen und ihr Eigentum wieder zurückgewinnen wollen. Zu solchen Weissagungen oder Hexereien und Befragungen werden die verschiedensten Sachen benutzt. In der bayerischen Pfalz z. B. wird ein Rad ins Rollen versetzt, und dabei werden die Namen verschiedener Personen ausgesprochen; wenn der Name des Diebes genannt wird, so bleibt das Rad nach dem Volksaberglauben stehen. Bei dieser Art Hexerei werden mit Vorliebe Sachen gebraucht, die aus einer Erbschaft herstammen, z. B. ein Sieb, ein altertümlicher Schlüssel, die Bibel oder ein anderes altertümliches Buch. Die Hexerei oder Weissagung wird folgendermaßen ausgeführt: An den Bart des Schlüssels wird das Sieb gehängt, und dann werden verschiedene Personen beim Namen gerufen; sobald der Name des Diebes ausgesprochen wird, fällt das Sieb zu Boden. Wenn die Hexerei mit mehreren Schlüsseln allein ausgeführt wird, so werden sie kreuzweise über einander gelegt; sobald der Dieb genannt wird, so neigen die Schlüssel sich abwärts oder rutschen auseinander. Man kann auch einen Schlüssel auf die Bibel legen, von der er herabfällt, sobald der Name des Diebes ausgesprochen wird. Bei dieser letzteren Hexerei, die über ganz Deutschland verbreitet ist, kommen noch verschiedene Varianten vor.

Endlich giebt es noch eine Hexerei, die mit einem Strohhalme ausgeführt wird und in Ostpreußen im Gebrauche ist, wenn man einen Hausgenossen wegen Diebstahls im Verdachte hat. Der Hauswirt ruft alle Hausbewohner zusammen und verteilt an sie Strohhalme von gleicher

Länge; nach einer Viertelstunde unterfucht er die Strohhalme wieder, und wenn einer derfelben fich in den Händen irgend eines der Hausgenoffen verlängert hat, fo wird diefer für den Dieb gehalten[1]).

In Bezug auf derartige Hexereien, die in Rußland im Schwange find, erzählt Terefchifchenko[2]) folgendes: Die Wahrfagerin nimmt einen Pfalter, durchblättert ihn und fchlägt mit dem Meffer in die Mitte jeden Blattes, als ob fie Hinweife oder Angaben für die Überführung des Verdächtigen fuche. Darauf hält fie inne, betrachtet die verhängnisvolle Seite und giebt dann an: „Da ift er, und da ift noch ein anderer! Er ift hier und hat fich verfteckt!" Wenn die Wahrfagerin, nachdem fie alfo verfahren, einen Menfchen angiebt, und wenn diefer nicht gefteht, fo ift er verpflichtet, für feine Unfchuld vor dem Bilde des Heiligen Iwan des Kriegers einen Eid abzulegen.

Wir haben alle diefe abergläubigen Gebräuche angeführt, um zu zeigen, auf welchen bedenklichen Bahnen das abergläubige Volk fich bei der Suche nach dem Verbrecher bewegt. Und wir haben diefe Hexereien und Volksanfchauungen deshalb fo ausführlich wiedergegeben, weil wir der Anficht find, daß ihre Kenntnis bisweilen als Schlüffel zur Würdigung von Zeugenaussagen dienen kann. Aber für den Forfcher gewinnen fie noch eine befondere Bedeutung, wenn es gelingt, aus Criminalprozeffen nachzuweifen, daß fie im Volke noch lebendig find.

---

[1]) Buttle, S. 238—239, § 868—370.
[2]) „Das ruffifche Volksleben".

Zur Feststellung des Einflusses der Wahrsagerin finden wir im Handbuche von Groß¹) ein sehr charakteristisches Beispiel: Einer jungen Dame der höheren Gesellschaftskreise wurden Brillanten von bedeutendem Werte gestohlen. Bei ihrer Vernehmung trat sie mit solcher Überzeugung für die Unschuld ihrer Bedienung und insbesondere eines jungen Lakaien ein, daß der Untersuchungsrichter genötigt war, den letzteren in Freiheit zu belassen, obgleich gegen ihn ziemlich gewichtige Verdachtsmomente vorlagen. In der Folge wurde er jedoch wieder verhaftet, als er bereits einen großen Teil des gestohlenen Vermögens durchgebracht hatte. Nun erst bekannte die Geschädigte dem Untersuchungsrichter, daß sie ihre Leute auf den Rat einer Wahrsagerin herausgeredet habe, welche ihr gesagt hätte, daß der Diebstahl von einem fremden Manne, nicht aber von ihrer Dienerschaft ausgeführt worden sei. Bei der weiteren Untersuchung wurde enthüllt, daß die in Frage kommende Wahrsagerin eine leibliche Tante des Angeklagten gewesen sei und daß dieser letztere selbst seiner Herrin diese Pythia empfohlen habe!

Indes, die Ratschläge der Wahrsagerinnen sind nicht immer so unschädlich. Manchmal können ihre unvernünftigen Worte schwere Leiden und das Verderben eines unschuldigen Menschen nach sich ziehen. Im Jahre 1874 trug sich gegen Ende Dezember auf einem Beigute in der Nähe der Vororte von Cherson, wie der „Noworossijskij Telegraph" mitteilte²), der folgende Vorfall zu: Einem Bauern gingen

---

¹) „Handbuch für Untersuchungsrichter", S. 356. — Vgl. unseren Artikel im „Journal des Justizministeriums", 1895, Nr. 5.
²) Vgl. die „Petersburger Zeitung" (Peterburgskaja Gaseta), 1884, Nr. 4, und „Nowj", 1885, Nr. 1 (ein Artikel von Kirpitschnikow).

100 Rubel verloren, und da er auf Niemand Verdacht hatte, so wandte er sich an eine Wahrsagerin. Diese legte die Karten und erklärte schließlich, daß eine gewisse Marfa Artynow den Diebstahl begangen habe. Der Geschädigte war zwar über diese Antwort sehr erstaunt, denn Marfa war als ehrliche Frau bekannt, die sich ihr Brot dadurch erwarb, daß sie die Kinder lesen und schreiben lehrte, aber die Worte der Wahrsagerin siegten schließlich doch über alle Bedenken. Mit Hilfe der Nachbarn führte der Bauer Marfa auf den Friedhof und begann, nachdem er sie an ein Kreuz gebunden hatte, die Arme zu foltern. Zuerst wurde sie mit einer Knute geschlagen, dann hing man sie an den Händen an einem Querbalken auf und begann, sie am Halse und an der Zunge mit einer Zange zu zwicken und zu ziehen. Auf alle ihre Bitten erhielt die unglückliche Frau stets die Antwort: „Wenn du am Diebstahle des Geldes unschuldig bist, so thut dirs auch nicht weh!"

Wenn man diese Zeilen liest, so muß man sich unwillkürlich fragen, ob diese Scene sich denn wirklich bei einem christlichen Volke abgespielt hat?! Ist es möglich, daß im 19. Jahrhunderte das Kreuz, das als Symbol der Leiden des Heilands verehrt wird, in ein Folterwerkzeug verwandelt werden konnte, und daß der Friedhof, diese Ruhestätte der Menschen, als Folterkammer für ein armes Weib dienen mußte, lediglich weil man eine nichtige Summe Geldes wiedererlangen wollte?! ....

Gehen wir zu einem anderen Mittel der peinlichen Befragung von Dieben über.

Die Hexerei mit Hilfe einer Bibel und eines großväterlichen Schlüssels wurde im Jahre 1862 in dem Städt-

chen Braunsberg in Ostpreußen¹) angewandt. Einem
Fleischer wurden 200 Thaler gestohlen. Der Verdacht, den
Diebstahl verübt zu haben, fiel auf einen Knaben, mit
Namen Sigmund, der als Lehrling in diesem Fleischerladen
diente. Obgleich der Ortsrichter ihn infolge gänzlichen
Mangels von Indizien und Schuldbeweisen freisprach, so
ließen der Geschädigte und seine Frau sich durch diesen
Urteilsspruch doch nicht überzeugen. Sie luden die Nach=
barn zu sich ein und machten sich daran, in deren Beisein
die Wahrheit durch Hexerei zu ergründen. Ein altertüm=
licher Schlüssel wurde hervorgesucht, in die Großvater=Bibel
zwischen Morgen= und Abendlied gelegt und an den Rücken
des Buches angebunden. Darauf begannen alle Teilnehmer
an diesem Verfahren die Namen verschiedener Personen auf=
zuzählen, indem sie gleichzeitig mit dem Zeigefinger den
Schlüssel berührten. Als nun der Name des verdächtigen
Knaben ausgesprochen wurde, fingen das Buch und der
Schlüssel an, sich auf dem Tische so heftig zu drehen, daß
sie zur Erde herabfielen. Nach diesem gewichtigen Beweis=
verfahren waren Alle von der Schuld des unglücklichen
Knaben überzeugt und begannen ihn zu mißhandeln: sie
hängten ihn an und versetzten ihm mit solcher Wut Hiebe
ins Gesicht, daß ihm alle Zähne ausgeschlagen wurden.

Wenn wir die Beispiele von Hexerei und peinlicher Be=
fragung, die in Deutschland vorgekommen sind, so ausführ=
lich mitgeteilt haben, so haben wir dies aus dem Grunde
gethan, daß viele derselben auch bei uns in Rußland exi=

---
¹) Manhardt S. 25; diese Thatsache hat er dem „Braunsberger
Kreisblatte" entnommen.

ftieren können. Aus der eigenen Praxis können wir einen Fall von Anwendung des Strohhalms zur Entdeckung eines Diebes erzählen. Im Wilnaschen Kreise verhaftete der Dorfpolizist P.[1]), der die Voruntersuchung in irgend einer kleinen Diebstahlsfache führte, drei Knaben, die vom Geschädigten als Thäter verdächtigt worden waren, und begann sie auszupeitschen. Unter der Einwirkung des Schmerzes bekannte einer der Knaben, bei dem der größte Strohhalm vorgefunden worden war, den Diebstahl und schnitt sich dann die Kehle durch. Glücklicherweise erwies die Wunde sich zwar tief, aber nicht lebensgefährlich. Damals, als wir diesen Prozeß lasen, waren wir über die Rohheit und tierische Grausamkeit der Leute empört; jetzt aber, nachdem wir den Aberglauben in seinen schrecklichen Wirkungen kennen gelernt haben, sind wir geneigt, zuzugeben, daß der Dorfpolizist unter dem Einflusse eines Aberglaubens gehandelt habe, der nicht nur in Ostpreußen, sondern auch in unserem, Preußen benachbarten Nordwest-Gebiete verbreitet ist.

Wir müssen übrigens hinzufügen, daß diese Hexereien, die auf die abergläubige Furcht der unwissenden Menge berechnet sind, zuweilen auch zu den erwünschten Ergebnissen führen. Wulke teilt mit, daß einmal beim Erforschen der Wahrheit durch Strohhalme der Schuldige entlarvt wurde, weil er, um der Gerechtigkeit ein Schnippchen zu schlagen, von dem Strohhalme, der ihm bei der Ausführung dieses Experiments zugeteilt worden war, ein Stück abgebissen hatte!

---

[1]) Vgl. unseren Artikel: „Die Voruntersuchung nach den Gerichtsstatuten, ihre Mängel und die Maßnahmen zu ihrer Verbesserung", im „Journal des Justizministeriums" 1895, Nr. XI.

VI.

Die Vampyre und das Offnen von Gräbern.

Nachdem wir die Kapitel über die Verbrechen gegen das Leben und die Gesundheit beendet haben, gehen wir zu Handlungen von anderem Charakter über, und zwar zunächst zu dem Offnen oder Aufwühlen von Gräbern. Dieses Verbrechen wird sehr oft aus Aberglauben verübt, und es ist uns gelungen, zahlreiche Beispiele aus verschiedenen Gouvernements des russischen Reiches und mehreren Provinzen Deutschlands zu sammeln.

Bevor wir zur Darlegung der einzelnen Fälle schreiten, erlauben wir uns, zwei Worte über das Verbrechen selbst und über die Stellung zu sagen, die es in unseren Strafgesetzbüchern einnimmt.

Das Offnen von Gräbern und die Leichenschändung aus Aberglauben werden in unserem russischen geltenden Strafgesetzbuche (Uloshenije o Nakasanijach) im Artikel 234 und im Entwurfe eines Strafgesetzbuches (Ugolownoje Uloshenije) im Artikel 333 vorgesehen. Beide Artikel sind in das Kapitel über die Verbrechen gegen den Glauben und über die Schutzbestimmungen für denselben aufgenommen

worden. Dieses Kapitel hat seinen Umfang im Laufe der
Zeit wiederholt geändert. Zu Beginn des Mittelalters
war die christliche Kirche, nachdem sie die herrschende ge=
worden war, natürlich bestrebt, den Kreis ihrer Wirksam=
keit in Fällen, die ihrer ausschließlichen Jurisdiktion unter=
worfen waren oder wenigstens unter Teilnahme ihrer Ver=
treter untersucht und verhandelt wurden, zu erweitern.
Alsdann ist der Kreis der Verbrechen gegen den Glauben
beständig enger geworden, aber das Öffnen von Gräbern
und die Leichenschändung sind bis zur Gegenwart zu den
religiösen Verbrechen gezählt worden. Der Grund hierfür
ist darin zu suchen, daß der Friedhof als Ruhestätte bei
allen christlichen Völkern eine gewisse Achtung und Ver=
ehrung genoß (campo santo, Gottesacker, Boshje pole).
Das ist um so natürlicher, als jedes Grab in Gegenwart
des Priesters, der den Verewigten mit dem Kreuze und
mit Gebet zur letzten Ruhe geleitete, zugeschüttet zu werden
pflegte. Andererseits durfte bei Christen, die an das jen=
seitige Leiden und die Auferstehung der Toten glauben, die
Schändung und Verletzung der Leichen nicht zugelassen werden.

Aus diesen Anschauungen und Rücksichten wird das
Öffnen von Gräbern bei uns für ein religiöses Verbrechen
gehalten — sowohl im geltenden Strafgesetzbuche als auch
im Entwurfe eines neuen Strafgesetzbuches. Aber in dem
letztgenannten Entwurfe ist die Strafe bedeutend herab=
gesetzt. Statt Zwangsarbeit und Verschickung zur Ansiede=
lung droht dem Schuldigen das Gefängnis und nur in
Ausnahmefällen das Korrektionshaus.

Der Grund für diese so tiefgehende und prinzipielle
Änderung der Strafbestimmungen ist darin zu suchen,

daß der Artikel 234 sich im Strafgesetzbuche seit dem 5. Oktober 1772, als die Regierung das Wiederaufleben der Pest befürchtete und auf das Öffnen von Gräbern besonders hohe Strafen setzte, unverändert erhalten hat.

Wenn wir nun nach diesen allgemeinen Bemerkungen zu den einzelnen Fällen übergehen, so werden wir die letzteren in zwei Gruppen zerlegen müssen, denn der Grund zum Öffnen der Gräber ist in zwei ganz verschiedenen Arten von Aberglauben zu suchen:

1. Leute, die unbußfertig und ohne letzte Ölung gestorben sind, z. B. Selbstmörder, an Trunksucht Verstorbene, plötzlich vom Schlage Gerührte oder sonst plötzlich Gestorbene, ja sogar Sektierer und ebenso Zauberer und Hexen verwandeln sich nach dem Tode in Vampyre und können die Quelle von Unheil und Elend für die Bevölkerung sein, indem sie Epidemieen, Krankheiten und Regenlosigkeit hervorrufen.

2. Der Leichnam und seine Teile werden für Talismane gehalten. Die Knochen und die inneren Organe dienen als Heilmittel, als Werkzeug für die Behexung, sowie als Mittel, um sich übernatürliche Eigenschaften anzueignen.

Nach diesen zwei Gruppen werden wir auch die von uns gesammelten Thatsachen einteilen.

Das Volk ist fest davon überzeugt, daß Leute, die ohne Abendmahl und ohne den Segen des Priesters oder mit einer Schuld auf dem Gewissen gestorben sind, im Grabe keine Ruhe finden können. Sie wenden sich im Sarge um und stöhnen, zerreißen das Leichentuch, mit dem sie bedeckt sind, mit den Zähnen, steigen des Nachts aus den Gräbern, schweifen durch die Welt, kehren an die Orte zurück, wo sie früher gelebt haben, und bringen Pest und Krankheiten mit sich. Sie quälen das Vieh und saugen den Menschen das Blut aus. Wenn ein Vampyr einem Menschen das warme Blut ausgesogen hat, so muß dieser sterben. Am Morgen findet man ihn tot im Bette, und nur eine kleine Wunde in der Herzgegend dient als Beweis dafür, daß der Mensch am Bisse des ungerufenen Gastes verschieden ist. In einigen Gegenden herrscht die Anschauung, daß der erste Mensch, der an einer Epidemie gestorben ist, zum Vampyr wird und die Anderen nach sich ins Grab zieht.

Dieser Glaube an die Existenz von Vampyren ist in Deutschland weit verbreitet, besonders aber hat er sich bei den slavischen Völkern erhalten. Um den Vampyr zu nötigen, daß er im Grabe liegen bleibe, haben die abergläubigen Leute verschiedene Mittel ausgedacht. **In Rußland dreht man den Verstorbenen mit dem Gesicht nach unten und treibt ihm einen Pfahl aus Eschenholz in den Rücken. In Deutschland wird der Leichnam in ein Fischnetz eingewickelt und mit Mohn überschüttet.** Dieser letztere abergläubige Gebrauch ist in den östlichen Provinzen Preußens, in Polen und in unseren Westgebieten stark verbreitet. In Deutschland pflegt das Öffnen von Gräbern besonders oft während starker Epidemieen vorzukommen, wenn das Volk den auf dem Friedhofe begrabenen Vampyren die Urheberschaft an seinem Unglück und seinen Leiden zuschreibt. Aber auch in Zeiten ohne Epidemieen sind solche Fälle häufig.

Im Jahre 1849 kam in der Gegend von Danzig eine Bäuerin zum katholischen Priester im Flecken Mariensee (in Westpreußen[1]) und erklärte ihm, daß eine alte Frau Welm, die kürzlich gestorben sei, in ihrem Hause erscheine und ihr Kind schlage und peinige. Der Priester befahl, nachdem er diese Mitteilung angehört, das Grab aufzugraben, der alten Welm den Kopf abzuschlagen und ihren Leichnam am Kreuzwege zu begraben, nachdem man Mohn ins Grab geschüttet hatte.

Im Jahre 1851 herrschte in dem Dorfe Possaby, im Berdilschewschen Kreise des Gouvernements Kijew[2]), eine starke Cholera-Epidemie. Da verbreitete sich plötzlich im Volke das Gerücht, daß der frühere Kirchendiener und seine Frau die Urheber dieser Krankheit seien, da sie Vampyre wären und den Leuten das Blut aussögen. Infolgedessen wurde das Grab des Ehepaars geöffnet und dem Kirchendiener und seinem Weibe die Köpfe abgeschlagen und verbrannt, während man ihre Körper mit Eschenpfählen an die Erde heftete.

Im Jahre 1871 wurde eine Bäuerin im Flecken Boguschewitschi im Gouvernement Minsk[3]) dadurch auffällig, daß sie öfter zum Grabe ihres Mannes ging. Zum Geistlichen gerufen, wandte sie sich an ihn mit der Bitte, das Grab öffnen, den Kopf des Mannes abschlagen und ihn zu seinen Füßen legen zu lassen. Ihrer Ansicht nach war dies nötig, weil er jede Nacht zu ihr in die Hütte zurückkehrte.

---

[1]) Manhardt, S. 15.
[2]) „Kijewsches Altertum" (Kijewskaja Starina), 1884, Bd. VIII.
[3]) „Kasaner Gouvernements-Nachrichten", 1871 (aus den „Minsker Eparchial-Nachrichten").

Im August 1892 fand man im Walde beim Dorfe Sjomenischki, im Ponewjeschschen Kreise des Gouvernements Kowno[1]), den Leichnam der Bäuerin Galinassow, die sich erhängt hatte. Der katholische Priester verweigerte die Beerdigung und lehnte die Annahme des Geldes für das Glockenläuten ab, weil die Seele eines Selbstmörders dem Teufel verfallen sei. Die Söhne der Verstorbenen, die davon überzeugt waren, daß ihre Mutter im Grabe keine Ruhe finden und durch die Welt umherschweifen werde, weil sie ohne Abendmahl und Kirchensegen verschieden sei, entschlossen sich, der Leiche den Kopf abzuhacken und ihn ihr zu Füßen zu legen.

Besonders charakteristisch in dieser Hinsicht sind die Prozesse, die von Manhardt aus der Praxis der deutschen Gerichte mitgeteilt worden sind, nämlich der Prozeß gegen Karzinski (1870), gegen Gehrke und Jancke (1870) und gegen Pablotzki (1871). Wir wollen bei diesen Prozessen, von denen wir den letztgenannten weiter unten ausführlich behandeln werden, hier nicht länger verweilen und bemerken nur, daß in allen diesen Fällen die Angeklagten einer Leiche deshalb den Kopf abgeschlagen hatten, weil sie den betreffenden Toten für einen Vampyr gehalten hatten.

Wir gehen jetzt zu einer Sache über, die sich im Nowogrudschen Kreise im Gouvernement Minsk abgespielt hat und in jeder Hinsicht ein bedeutendes Interesse darbietet.

Am 17. August 1848 benachrichtigte der Geistliche der Welito-Shuchowitzschen Kirche den Orts-Kreisrichter, daß die Bauern gegen seinen Willen das verstorbene Bauernmädchen

---

[1]) „Nowosti". 1894, Nr. 8.

Juſtina Juſchkow[1] ausgegraben, ſie aus dem Sarge herausgezogen und an ihr eine „tieriſche Operation" vollzogen hätten; ſie hätten dies gethan, um die unter ihnen herrſchende Cholera zu beſeitigen. Als in dieſer Sache eine Unterſuchung eröffnet wurde, bekannten ſich die Bauern zu allem und erzählten Folgendes: die Juſchkow ſei als erſte an der Cholera geſtorben, im Auguſt aber, als die Epidemie heftiger wurde, habe der unter ihnen lebende Feldſcher Rubzow allen Bauern verſichert, daß die Urheberin der Krankheit ein lüderliches Mädchen ſei, welches in ſchwangerem Zuſtande geſtorben wäre; um die Cholera zu vertreiben, ſei es notwendig, das Grab zu öffnen und nachzuſehen, in welcher Lage das ungeborene Kind ſich befinde und ob der Mund der Juſchkow geöffnet ſei oder nicht; wenn der Mund offen ſtehe, ſo müſſe in ihn ein Pfahl getrieben werden. Anfangs hätten die Bauern auf den Feldſcher nicht gehört, aber als die Cholera immer mehr zunahm, hätten ſie ſich entſchloſſen, zu dem angegebenen Mittel ihre Zuflucht zu nehmen. Sie hätten das Grab geöffnet, den Leichnam herausgezogen und ihm den Leib aufgeſchnitten. Aber im Mutterleibe hätte ein ungeborenes Kind ſich nicht vorgefunden; darauf hätten ſie den Sarg durchſucht und dort den Leichnam eines Kindchens gefunden. Nun hätten ſie die Juſchkow zurück ins Grab geworfen, vorher aber hätten ſie einen Pfahl aus Eſchenholz in ſie getrieben, da ſie ſie mit offenſtehendem Munde aufgefunden hätten. Nachdem die Bauern alles dies ausgeführt, hätten ſie das Grab zugeſchüttet und wären in der vollen

---

[1] „Nedelja", 1872, Nr. 2.

Hoffnung nach Hause gegangen, daß nun die Cholera beseitigt wäre.

Ein außerordentlich interessanter Fall der Öffnung eines Grabes hat sich am 30. Juli 1893 im Sterlitamakschen Kreise im Gouvernement Pensa zugetragen. Auf dem Friedhofe des Dorfes Taschlamakowa wurde das Grab der Bäuerin Marina Kusmin geöffnet, die zu Lebzeiten im Rufe einer Hexe gestanden hatte. Die Bauern trieben in ihren Leichnam einen Eschenpfahl und brachten dann das Grab wieder in Ordnung. Bei der gerichtlichen Verfolgung dieser Angelegenheit ergab es sich, daß das Verbrechen von allen Bauern des genannten Dorfes, und zwar gemäß dem Beschlusse einer Dorfversammlung, verübt worden war. In dem Dorfe wütete eine epidemische Krankheit, welche die Bauern dem Umstande zuschrieben, daß in jeder Nacht aus dem Grabe der Hexe eine feurige Kugel hervorgeflogen sei und, in lauter kleine Feuerzungen zerplatzend, die Krankheit in die Hütten getragen habe. Nur um sich von diesem Unheil zu befreien, hätten sie, die Bauern, sich entschlossen, das Grab zu öffnen und dem alten Weibe einen Eschenpfahl in den Rücken zu bohren.

In dieser Sache wurden vor dem Gerichtshofe zu Kasanj zwölf Mann gerichtet, von denen einer zu Gefängnis und die übrigen zur Einreihung in die Korrektions-Arrestanten-Abteilung auf je ein Jahr und vier Monate verurteilt wurden. Der Gerichtshof beschloß indes, im Hinblick auf die äußerst geringe geistige Entwickelung der Beschuldigten und auf den Umstand, daß sie das Verbrechen nur unter dem Einflusse des Aberglaubens und zur Rettung ihres eigenen Lebens und des Lebens ihrer Hausgenossen verübt

hätten, beim Kaiser die Umwandlung der den Angeklagten
zudiktierten Strafe in Polizeiarrest von je einem Monate
zu befürworten.

Bei uns in Rußland werden die Gräber sehr oft auch
aus einem anderen Grunde geöffnet. Das Volk im Osten
und Süden des Reichs beschäftigt sich mit Ackerbau, und
deshalb ist die Regenlosigkeit für dasselbe ein großes Un=
glück. Regnet es im Mai und Juni, so giebt es eine gute
Ernte, — tritt aber Regenlosigkeit ein, so bleibt den Bauern
nichts übrig, als im Winter zu hungern. Dies alles wird
Jedermann begreifen. Sonderbar ist nur, daß die Bauern
den Mangel an Feuchtigkeit, wie das Ausbleiben
des Regens dem Einflusse plötzlich Verstorbener zu=
schreiben [1]). Das Volk meint offenbar, daß alle Leute, die un=
bußfertig gestorben sind, sich in Vampyre verwandeln, und daß
diese letzteren gleich den Hexen die Wolken melken und den Tau
von dem Lande derjenigen Dörfer stehlen können, auf deren
Friedhöfen sie beerdigt sind. Deshalb sind die Bauern,
wenn sie während einer Dürre solche Gräber öffnen, stets
bestrebt, die Leichen in Schluchten, in Seen oder Flüsse zu
werfen.

Derartige Fälle sind in den folgenden Gouvernements
festgestellt worden: Im Jahre 1860 gruben die Bauern im
Stawropolschen Kreise im Gouvernement Ssamara [2]), und
zwar im Dorfe Tschuwaschsij Kalmajur, die Leichen eines
aus unbekannten Gründen verstorbenen Soldaten und einer

---

[1]) Vgl. „Materialien zur Revision unserer Strafgesetzgebung",
Bd. III, S. 212.

[2]) „Ssamaraer Gouvernements-Nachrichten" 1860, nichtamt=
licher Teil, S. 181.

Bäuerin aus, die aus Trunksucht zugrunde gegangen war.
Im April 1872 wurde im Kamenezschen Kreise im Gouvernement Pobolien¹) der Körper eines Bauern, der sich erhängt hatte, zweimal begraben; aber beide Male wurde das Grab wieder geöffnet und der Körper in das Haus gebracht, in dem der Mann sich erhängt hatte. Endlich, am 7. Mai, wurde diese Leiche im Teiche aufgefunden. Im Jahre 1889 öffneten die Bauern des Dorfes Jelischanki im Ssaratowschen Kreise²) das Grab eines an Trunksucht Verstorbenen, der auf dem allgemeinen Friedhofe beerdigt worden war, und warfen seinen Leichnam in den nächsten Fluß.

Im Süden Rußlands nimmt man auch zu anderen Operationen seine Zuflucht, um Regen hervorzurufen.

Im Jahre 1889 schrieb das Volk im Dorfe Esinotrimez im Chersonschen Kreise³) die herrschende Dürre dem Tode eines Greises zu, der als Vampyr mit einem Schwanze gegolten hatte. Deshalb wurde die Leiche des Greises ausgegraben, mit Wasser begossen und dann wieder eingescharrt.

Im Jahre 1887 erhängte sich ein Bauer im Dorfe Jwanowka im Alexandrijschen Kreise des Gouvernements Cherson⁴) und wurde auf dem allgemeinen Friedhofe begraben. Als dann Regenlosigkeit eintrat, begannen die Bauern das Grab desselben mit Wasser zu besprengen und

---

¹) „Kalauer Gouvernements-Nachrichten" 1872, Nr. 54.
²) „Ssaratower Gouvernements-Nachrichten" 1889, Nr. 41.
³) „Der Odessaer Bote" (Odesskij Wjestnik) 1889, Nr. 20.
⁴) „Der Neurussische Telegraph" (Noworossijskij Telegraph) 1887, Nr. 183—186.

wiederholten dabei die Redensart: „Ich besprenge, ich be=
gieße, gebe Gott einen Platzregen; führ' ein Regenchen
herbei und befrei' uns vom Unglück!" Als aber dieses
Mittel nicht half, wurde der Sarg mit dem Verstorbenen
ausgegraben und in einem Einsturze hinter dem Dorfe
verscharrt.

Im Jahre 1868 wollten die Bauern des Dorfes Tichij
Chutorj im Taraschtschanschen Kreise des Gouvernements
Kijew [1]) sich von der Dürre befreien und öffneten das Grab
eines Altgläubigen, der auf dem Dorffriedhofe beerdigt
worden war. Hierauf führten sie nach dem Kopfe der
Leiche Schläge und riefen dabei: „Gieb uns Regen!"
Endlich gossen sie Wasser auf die Leiche durch ein Sieb
und beerdigten sie wieder.

In einzelnen Gegenden werden hierbei die Leichen ver=
brannt. So öffneten z. B. die Bauern im Jahre 1883 im
Dorfe Begitowskij im Gouvernement Stawropol [2]) das
Grab eines Verrückten, der sein Leben durch Selbstmord
verloren hatte, und verbrannten die Leiche.

Nachdem wir eine Reihe von Fällen mitgeteilt haben,
aus denen zu ersehen ist, daß die Öffnung von Gräbern
durch abergläubige Leute vorgenommen wird, weil sie im
Wahne leben, daß unbußfertig verstorbene Personen aus
den Gräbern aufstehen und allerlei Übles anstiften, erlauben

---

[1]) „Kjäsaner Gouvernements=Nachrichten" 1868, Nr. 52 (aus dem „Kijewljänin").

[2]) „Zeitgenössische Nachrichten" (Sowremennyja Iswjestija) 1883, v. 24. September. Ein Artikel von Kirpitschnikow, „Nowj" 1885, Nr. 1.

wir uns, aus Anlaß dieser Thatsachen einige allgemeine Be=
trachtungen anzustellen.

Es giebt abergläubige Anschauungen und Gebräuche,
wie das Umpflügen und den Glauben an Zauberei, die im
Mittelalter oder noch früher in der Epoche des Heidentums
aufgekommen sind und sich im Volksgedächtnis bis auf
unsere Tage erhalten haben. Mit ihnen zu kämpfen, ist
sehr schwer, denn einerseits haben diese Überlieferungen sich
im Laufe der Jahrhunderte von Geschlecht zu Geschlecht
fortgepflanzt, und anderseits wurzeln sie in der Unwissen=
heit der stumpfsinnigen Masse der Bevölkerung. Aber es
giebt auch solche abergläubige Vorstellungen und Gebräuche,
an deren Entstehung die Kirche und die Gesetzgebung
schuld sind.

Wenn wir uns fragen, wie das Märchen, daß der Tote
das Grab verlassen und dieses selbst die Quelle von Unheil
und Elend für das Volk werden könne, entstanden sei, so
müssen wir auf unsere kirchlichen und sozialen Zustände,
die durch das Gesetz eingeführt und geheiligt sind, hinweisen.
Ist es denn lange her, daß man bei uns die Selbstmörder
auf den Friedhöfen neben den anderen Verstorbenen zu be=
erbigen begonnen hat? Ist es lange her, daß jene Winkel
an den Friedhofsmauern verschwunden sind, wo man die
Leute, die Hand an sich gelegt hatten, einscharrte?! Eine
derartige Klassifizierung der Leichname konnte nicht ohne
Wirkung auf die Volksphantasie bleiben. Die ungebildeten
Leute hielten dafür, daß diese Winkel Orte der Strafe und
der Schande wären, und daß die Leichen deshalb in dem
Grabe die verdiente Ruhe nicht finden könnten. Um diesen
Aberglauben zu bekämpfen, ist es notwendig, dem stumpfen

Volke eindringlich klar zu machen, daß jeder Leichnam unschädlich sei und daß zwischen den Toten kein Unterschied bestehe. Dies zu erreichen, ist unmöglich, solange im Gesetze solche Bestimmungen existieren, wie der Artikel 1472 des Strafgesetzbuches. Aus einem Beispiele haben wir gesehen, daß im Jahre 1892 ein katholischer Priester im Gouvernement Kowno sich weigerte, eine Bäuerin zu beerdigen, die sich erhängt hatte, und daß er kein Geld für das Grabgeläute annahm, indem er erklärte, daß ihre Seele dem Teufel verfallen sei. Eine solche Erklärung ist roh, aber die Verfügung des Priesters stützt sich auf den Wortlaut und Sinn des Artikels 1472, der dem Selbstmörder das christliche Begräbnis versagt. Ferner bestimmt derselbe Artikel, daß das Vermächtnis eines Selbstmörders keine gesetzliche Kraft habe. Wenn man uns einwendet, daß es sich nicht lohne, über diesen Artikel zu sprechen, weil er in den Entwurf des neuen Strafgesetzbuches nicht aufgenommen worden sei und folglich seine Tage gezählt seien, so können wir darauf erwidern, daß auf diesem Wege nur die Hälfte dessen, was notthut, geschehen sei, denn es giebt im Swod Sakonow (Allgemeine Gesetzessammlung) noch andere Artikel, die die Selbstmörder betreffen. Ob ein bürgerliches Gesetzbuch bald erscheinen wird, ist im Hinblick auf die besondere Kompliziertheit dieser Arbeit schwer zu sagen; aber bis jetzt existiert der Artikel 1017 des Civilgesetzbuches (Bd. X. T. 1) noch, der es den Gerichten verbietet, die Testamente von Selbstmördern zu bestätigen. Und von besonderem Interesse für den Forscher ist die Bestimmung, die sich im Artikel 710 des Ustaws für Ärzte (Bd. XIII des Swod Sakonow, Ausgabe von 1892) findet:

„Der Körper eines vorsätzlichen Selbstmörders ist vom Schinder an einen ehrlosen Ort zu schleppen und dort zu verscharren."

Nicht wahr, das ist eine schöne Erbschaft, die wir von unseren Vorfahren haben?! Hier weht uns ein Stück Leben aus einer mittelalterlichen Stadt mit ihren dunkelen Straßen, Kirchen und Rathäusern entgegen, vor denen man das Volk hinrichtete und verbrannte!

Auf dies Alles kann uns erwidert werden, daß die citierte Bestimmung von Allen vergessen sei, daß sie niemals mehr angewendet werde. Ein solcher Einwand ist unstreitig richtig. Aber der Swod Sakonow ist doch kein Museum für Altertümer oder eine Kollektion historischer Akten! Seine Bestimmungen werden täglich und stündlich verwirklicht; wenn sich also unter ihnen Vorschriften befinden, die überhaupt nicht mehr angewandt werden, so müssen sie unbedingt auf dem Wege der Gesetzgebung aus ihm entfernt werden. Solange ein bestimmtes Gesetz nicht abgeändert oder beseitigt ist, kann man seine Forderungen nicht ignorieren. Ob oft oder selten — sein schädlicher Einfluß wird sich immer zeigen.

Wir haben bei dieser Frage ausführlicher verweilt, weil beim Kampfe mit dem Aberglauben die gesetzlichen Bestimmungen für die Beerdigung von Selbstmördern einer gewissen Bedeutung nicht entbehren. Und diese Bestimmungen können nur durch die gesetzgebende Gewalt beseitigt werden. Was aber die Personen anbelangt, die ohne Abendmahl eines plötzlichen Todes gestorben sind, so muß gegen den schädlichen Aberglauben, daß ihre Seelen dem Teufel verfallen seien und ihre Körper im Grabe keine Ruhe fänden, die Geistlichkeit ankämpfen.

—

VII.

Die Talismane.

Der Glaube daran, daß gewisse Sachen Glück bringen, ist nicht nur im einfachen Volke, sondern auch in der höheren Gesellschaft verbreitet. Wenn man die Kleinigkeiten, die in dem Boudoir einer eleganten Dame aufgestellt sind, durchmustert, so wird man eine Menge von Sächelchen finden, die ihr geschenkt sind, damit sie „ihr Glück brächten", und von denen sie sich sehr ungern trennt. Es ist deshalb nicht verwunderlich, daß dieser Glaube an die Eigenschaft einiger Sachen, Glück zu bringen, sich im einfachen Volke unerschütterlich erhält. Eine Sache, die Glück bringt, pflegt man einen T a l i s m a n zu nennen. Eine solche Sache besitzt eine unbegreifliche Macht; deshalb fordert die Volksphantasie, daß ein Talisman unter eigenartigen Umständen, die womöglich abergläubige Furcht erregen, gefunden sein müsse. Was aber kann einen größeren Schrecken erzeugen, als der Friedhof zur Nachtzeit?! Ein toter, erkalteter Körper ruft immer einigen Widerwillen hervor; andererseits schreckt uns alles uns Unbekannte; und da der Sargdeckel und die Graberde die irdischen Überreste eines Menschen verdecken, den wir bis dahin lebend und froh gesehen haben, so ist auch der Glaube des Volkes begreiflich, daß im Grabe verschiedene Kräfte verborgen ruhen, und daß der Leichnam und seine Teile geheimnisvolle Eigenschaften besitzen, die ein lebender Mensch nicht hat. Dieser Aberglaube ist auch als ein Grund für die Öffnung von Gräbern anzusehen. Die abergläubigen Menschen nehmen an, daß die Teile einer Leiche 1) als vorzügliche Medikamente zu benutzen sind, 2) zur Behexung von Menschen und Tieren dienen können, und 3) den Dieben und Räubern Glück bringen. Da wir die Absicht haben, jede dieser drei abergläubigen Vorstellungen einzeln zu untersuchen, so wollen wir zuerst bei der ersten derselben verweilen.

Im Volke wurzelt der Aberglaube außerordentlich fest, daß das Fleisch und die Knochen des Menschen Heilkräfte besitzen. Im vergangenen und vorvergangenen Jahrhunderte haben Ärzte Stückchen vom menschlichen Körper als Arzenei verschrieben[1]). In Franken (in Nordbayern) fordern die Bauern noch heute in den Apotheken „Armensünderfett"[2]). Aber da es seit Abschaffung der öffentlichen Hinrichtungen nur noch möglich ist, Teile eines Leichnams auf dem Friedhofe zu finden, so sind seitdem auch die Prozesse wegen Öffnung von Gräbern entstanden.

Im März 1877 war im Flecken Heidemühl[3]) im Kreise Schlochau (in Westpreußen) das Grab eines gestorbenen

---

[1]) „Russische Nachrichten" (Russkija Wjedomosti), 1888, Nr. 359, ein Artikel von D. A. über „Ueberbleibsel des Altertums als gefährliche Wahnvorstellungen der Gegenwart".

[2]) Wuttke, § 190, S. 129.

[3]) Manhardt, S. 18.

Säuglings geöffnet worden. Wie es sich bei der Unter=
suchung herausstellte, hatte man aus der Leiche ein Stückchen
Fleisch herausgeschnitten, um dieses Medikament einem
anderen kranken Kinde einzugeben.

Im Jahre 1865 that ein Bauer in der Gegend der
Stadt Marienſee (in Weſtpreußen) ſich dabei Schaden, als
er den Sarg einer ihm bekannten Greiſin auf den Kirchhof
trug[1]). Da die Hausarzeneimittel nichts halfen, wandte
er ſich an eine Wahrſagerin, die ihm erklärte, daß er nur
in dem Falle gerettet werden könnte, wenn er ein Stück vom
Sarge und vom Hemde der Verſtorbenen ſich verſchaffe,
dieſe Sachen verbrenne und die hierdurch erhaltene Aſche
verſchlucke. Von dem Wunſche getrieben, ihren Mann zu
retten, öffnete die Frau dieſes Bauern unter Beihilfe
einer Freundin nachts das betreffende Grab; aber ſie wurde
vom Wächter bemerkt und zur Verantwortung gezogen.

Im April 1871 wurde auf dem Friedhofe des Dorfes
Bobinskoje im Wjätkaſchen Kreiſe[2]) ein kleiner Sarg be=
merkt, der aus einem friſchen Grabe hervorragte. Als man
darauf das Grab aufgrub, fand man in demſelben den ver=
ſtümmelten Körper eines kleinen Kindes. Beim Verhör
durch den Unterſuchungsrichter bekannte Peter Woroſhenzew,
der als Kirchen=Wächter diente, daß er, als er das Kind
zur Beerdigung erhalten habe, den Körper desſelben zer=
ſchnitten hätte, um aus der Leber und anderen Stellen das
geronnene Blut herauszunehmen und ſich mit dieſem Mittel
von einer Krankheit zu kurieren. Das Blut hatte er

---

[1]) Manhardt, S. 18.
[2]) „Wjätkaer Gouvernements=Nachrichten", 1871, Nr. 83.

in einem Fläschchen gesammelt und mit Wein gemischt getrunken.

Nach der Ansicht des abergläubigen Haufens haben derartige Talismane nicht nur auf Menschen, sondern auch auf Tiere einen wohlthätigen Einfluß. Als Beispiel für diese Volksanschauung kann der folgende Prozeß dienen:

Im Juni 1862 erfuhr der Bürgermeister des Fleckens Janow im Gouvernement Radom[1]), daß zwei Gräber auf dem Friedhofe geöffnet worden seien. Bei der Untersuchung an Ort und Stelle ergab es sich, daß an der Leiche eines Mannes die Füße, die Hände und die Geschlechtsteile fehlten, und daß von der Leiche einer Frau der Kopf, die inneren Teile, die Hände und die Füße geraubt waren. Der Verdacht fiel auf die Hirten im Orte, und es wurde bei denselben eine Haussuchung vorgenommen, bei welcher in der Wohnung eines derselben ein menschlicher Fuß gefunden wurde. Darauf legten die Hirten ein Geständnis ab und erzählten folgendes: an dem Verbrechen hätten vier Mann teil genommen; nachdem sie die Gräber geöffnet und die Teile der Leichen abgeschnitten hätten, die sie nötig gehabt, hätten sie diese Teile, mit Ausnahme der Füße, gekocht, um mit der Brühe, die auf diesem Wege hergestellt worden, die Schafe zu besprengen, welche nach ihrer Meinung durch dieses Präservativmittel vor Ansteckung sicher wurden und gut gedeihen.

Wo es einen Schaden giebt, da giebt es auch einen Nutzen. Das Böse und das Gute liegen dicht bei einander. Wenn das abergläubige Volk auf der einen Seite überzeugt

---

[1]) „Journal des Justizministeriums" 1864, Bd. XXVII, S. 652.

ist, daß die einzelnen Teile einer Leiche eine unbegreifliche und wohlthätige Wirkung auf den menschlichen Körper ausüben können, so hält es andererseits dieselbe Leiche wiederum für ein Mittel der Behexung, für ein Gift, das in geheimnisvoller Weise auf den Organismus der Menschen und Tiere einwirkt.

Als Beispiele für das Vorhandensein dieser abergläubigen Vorstellung können die folgenden beiden Prozesse dienen:

Im Mai 1865 bemerkte ein Bauer, der zur Pfarre Wyssokopiz, im Rajewschen Kreise des Gouvernements Warschau, gehörte[1]), daß das Grab seiner Frau geöffnet worden sei, und machte hiervon der Polizei Anzeige. Bei der Besichtigung ergab es sich, daß die Leiche zerschnitten war, und daß die Eingeweide herausgenommen worden waren. Durch die Hirtenpfeife, die auf dem Friedhofe vergessen worden war, kam es heraus, daß dieses Verbrechen von dem Bauern Kasimir K., der 26 Jahre zählte und als Gemeindeschäfer angestellt war, verübt worden sei. Beim Verhör gestand er und erzählte, daß er das Verbrechen gemeinsam mit seinen Kameraden Iwan M. und Franz T. begangen habe, um einen Zahn und die Leber eines Toten zu erhalten. Den Zahn habe er nötig gehabt, um ihn zu zermahlen und seinen Schwager zu vergiften, indem er ihm dieses Mehl mit Tabak gemischt zu schnupfen geben wollte. Aber den Zahn habe er nicht genommen, da in dem Grabe eine Frau gelegen habe, während er doch die Absicht hatte, einen Mann zu vergiften. Dafür habe er die Leber aus dem

---

[1]) „Journal des Justizministeriums" 1867, Bd. XXXI, S. 498 (aus dem „Warschauer Boten").

Leibe geschnitten, weil er hoffte, daß alle Bauernschafe krepieren würden, wenn er diese Leber auf dem Felde an der Stelle vergraben würde, über welche die Herde des Hirten, dem seine Obliegenheit übertragen werden sollte, gehen müßte. In dieser Sache beschloß das Gericht, alle drei Hirten nach Aberkennung der Standesrechte nach Sibirien zu verschicken. Dieses Urteil wurde vom dirigierenden Senate bestätigt.

Ein ähnliches Verbrechen wurde in Westpreußen in der Gegend des Städtchens Schwetz verübt[1]). In diesem Prozesse kam der Aberglaube vollkommen deutlich zum Ausdrucke, daß ein lebender Mensch zu kränkeln anfangen und vom Leben Abschied nehmen müßte, wenn seine Sachen in einem Grabe lägen, in dem irgend ein Körper ruht, oder wenn Teile einer Leiche in seiner Wohnung versteckt würden. Von diesem Aberglauben wurde die Gärtnerswitwe Albertine Majewski geleitet, als sie ein Mittel wählte, um sich an ihrem gewesenen Liebhaber zu rächen, der sie, nachdem er mit ihr ein Kind gezeugt, verlassen hatte — ungeachtet seines Versprechens, sie zu heiraten. Dieses kleine Kind starb bald nach der Geburt und gab der Mutter freie Hand; aber die Sucht nach Rache erlosch nicht in ihr. Im Mai 1875 erhielt der örtliche Dorfgensdarm davon Kunde, daß die Majewski das Grab ihres Kindes geöffnet hätte, und machte hiervon dem Staatsanwalt Meldung, der die Einleitung einer Untersuchung anordnete. Das Grab wurde nochmals aufgegraben und dabei festgestellt, daß die Leiche des Säuglings verstümmelt, sein Gesicht mit Pulver be-

---

[1]) Manhardt, S. 20.

schüttet und die rechte Handwurzel und die Geschlechtsteile abgerissen waren. Dann wurde enthüllt, daß die Majewskij die bezeichneten Leichenteile in der Ofenröhre des Hauses versteckt habe, in dem ihr früherer Liebhaber wohnte, weil sie hoffte, daß hierdurch die Hand des Ungetreuen, mit der er ihr Treue geschworen hatte, vertrocknen und sein Geschlechtsteil impotent werden würde. Am 26. April 1876 wurde diese Sache vor dem Kreisgericht in Schwetz verhandelt, und die Majewskij wurde zu zwei Monaten Gefängnis verurteilt....

Die Teile einer Leiche haben für abergläubige Menschen nicht nur als Gift und Medikamente, sondern auch als Gegenstände Bedeutung, die im Allgemeinen Glück bringen. So schützt z. B. die Hand eines Toten vor der Kugel[1]); das Gelenk eines Fingers, das in einem Geldbeutel aufbewahrt wird, macht diesen unversiegbar, und ein Fingergelenk, das ein Dieb aufbewahrt, bringt ihm Glück (in Thüringen, Böhmen und Schlesien)[2]); der Finger eines Ermordeten öffnet alle Schlösser (in Ostpreußen)[3]). Jakuschkin[4]) bestätigt, daß die Fälle von Gräberöffnungen zum Zwecke der Aneignung derartiger Talismane ziemlich selten aufgedeckt werden, daß jedoch der Glaube an Talismane selbst fest im Volke wurzele. In Jaroslawlj fand man einst auf dem Hofe

---

[1]) Lochwizkij: Kursus des russischen Strafrechtes, S. 336.
[2]) Wuttke, § 184.
[3]) Ebenda, § 190.
[4]) Ueber den Einfluß abergläubiger Vorstellungen auf juristische Gepflogenheiten („Ethnographische Rundschau", 1891, 7, II, S. 12).

eines Privathauses einen Finger. Die Polizeibeamten, die
die Untersuchung ausführten, erklärten direkt, daß dieser
Fund nicht als Anzeichen dafür dienen könnte, daß in der Stadt
ein Mord verübt worden sei. Im Gegenteil, die Annahme
sei viel wahrscheinlicher, daß dieser Finger von einem Diebe
verloren worden sei, der ihn bei sich getragen hätte, damit
er ihm Glück bringe.

Diese abergläubigen Anschauungen haben für uns eine
unzweifelhafte Bedeutung, weil sie die Quelle von Verbrechen
werden können. Aber als allergefährlichster Aberglaube aus
dieser Gruppe muß, wie wir aus den nachfolgenden Prozessen erkennen werden, der Glaube an das Diebslicht
angesehen werden.

In der Nacht auf den 27. Februar 1873 war auf dem
Kirchhofe des Dorfes Sheljesnjäki im Grobnoschen Kreise [1])
das Grab eines kürzlich verstorbenen Soldaten geöffnet
worden; die Leiche war völlig entkleidet und die Brust zerschnitten, und die Eingeweide waren herausgenommen. Als
Schuldige an der Verübung dieses Verbrechens erwiesen sich
der Unteroffizier des 101. Permschen Infanterieregiments
Grigorjew und der Gemeine desselben Regiments Ssemenow,
bei denen während einer Haussuchung die Stiefel und die
Knöpfe von der Uniform des Verstorbenen gefunden wurden.
Beim Verhöre legten sie ein Geständnis ab und erklärten,
daß sie Menschenfett nötig gehabt hätten. Sie hätten von
irgend Jemand gehört, daß man beim Scheine eines
Lichtes, das aus Menschenfett bereitet wäre, gefahrlos
stehlen könnte, denn dieses Licht habe die Eigenschaft, die-

---
[1]) „Moskowskija Bjedomosti", 1873, Nr. 64.

jenigen Personen in einen tiefen Schlaf zu verseßen, die man
bestehlen wolle.

In der Stadt Perejaslawl im Gouvernement Poltawa [1])
entschlossen sich im Jahre 1884 drei junge Kerle von
zweifelhaftem Rufe ein Grab zu öffnen, in dem der Körper
eines dicken Mannes begraben war, weil sie Menschenfett
zur Anfertigung eines Lichtes zu erlangen wünschten. Es
gelang ihnen, das Grab aufzugraben, aber ihre Absicht ver=
mochten sie nicht auszuführen, weil sie vom Küster bemerkt
wurden; diesem und einigen Bauern gelang es, die Leichen=
schänder zu ergreifen.

Im Jahre 1872 wurde im Kanewschen Kreise im Gou=
vernement Kijew [2]) das Grab eines Mädchens geöffnet vor=
gefunden. Durch die Untersuchung wurde die Schuld dreier
Bauern im selben Orte festgestellt, die beim Verhöre das
Geständnis ablegten, daß sie sich mit Pferdediebstahl befaßten
und deshalb die Hand eines toten Kindes und ein Licht aus
dem Wachskreuzchen besitzen wollten, das bei der Bestattung
in die Hände der Verstorbenen gelegt werde. Nach ihrer
Meinung könnte man mit diesen Talismanen dreist auf den
Diebstahl ausgehen: es sei nur erforderlich, beim Eintritt
in das Haus, in dem der Raub ausgeführt werden solle,
die Totenhand ins Fenster zu legen und die Kerze aus dem
Wachse des Kreuzchens anzuzünden, um die im Hause Be=
findlichen in einen unerwedbaren Schlaf zu versetzen.

Aus den angeführten Beispielen ist ersichtlich, daß der
Glaube an die einschläfernde Kraft des Diebslichtes und

---

[1]) „Mostowstija Wjedomosti", 1884, Nr. 224.
[2]) „Mostowstija Wjedomosti", 1873, Nr. 64.

der Leichenhand sich im Volke vollkommen erhalten hat. Das Sprichwort: „Die Leute schliefen, als wäre eine Totenhand um sie gefahren," ist nicht ohne Grund entstanden!

Der folgende Prozeß zeigt, daß die Diebe, im blinden Glauben an die Nützlichkeit und die Kraft dieser Talismane, dieselben beim Stehlen auch wirklich mit sich nehmen.

Im Jahre 1866 fingen die Bauern im Sjarapulschen Kreise im Gouvernement Wjätka[1]) einen Dieb, irgend einen Soldaten, am Thatorte, und als sie den Schlitten, in dem er angefahren war, zu durchsuchen begannen, fanden sie zu ihrem Entsetzen eine menschliche Hand, die beim Ellbogen abgehackt und halb verfault war, sowie einige menschliche Zähne, die in einen Lappen eingewickelt waren. Diese Gegenstände waren vom Diebe, wie sich in der Folge herausstellte, zu dem Zwecke mitgenommen worden, damit sie ihm bei Verübung des Diebstahls behilflich seien. Der Dieb war fest davon überzeugt, daß ein Schlafender nicht erwachen könne, wenn man die Totenhand und die Zähne eines toten Menschen auf ihn legte.

Der Glaube an die geheimnisvollen Kräfte der Talismane bildet nicht nur die Ursache des Öffnens von Gräbern, sondern auch schwererer Verbrechen.

Wir haben soeben erst den Aberglauben vom Diebslichte behandelt und den Inhalt einiger Prozesse wegen Leichenschändung zum Zwecke der Erlangung von Menschenfett wiedergegeben. Leider begegnet man in der Praxis der Ge-

---

[1]) „Journal des Justizministeriums", 1866, Bd. 28, S. 600 (aus den „Wjätkaer Gouvernements-Nachrichten").

richte auch Beispielen, bei denen die Liebhaber leichten Er=
werbes selbst nicht vor einem Morde zurückgeschreckt sind,
um einen solchen Talisman zu erlangen. Von Fällen dieser
Art können wir vier mitteilen:

Am 19. April 1869 wurde im Wuikowitschischen Walde
im Kreise Wladimir=Wolynsk¹) der tote Körper des Bauern=
knaben Afanassij Butalei mit rund aufgeschnittener und vom
Bauche gezogener Haut aufgefunden. Bei der Untersuchung
wurde ermittelt, daß der örtliche Bauer Kyrill Dshuß
dieses tierische Verbrechen verübt halte. Beim Verhöre war
er vollkommen geständig und erklärte, daß er sich zu dem
Morde entschlossen, hätte, um Menschenfett für ein Licht zu
erhalten; mit einem solchen könnte man ungestraft stehlen.
Um seine Absicht auszuführen, hätte er den Knaben in den
Wald gelockt und dort ermordet. Darauf hätte er die Haut
vom Bauche abgezogen, aber sein Vorhaben nicht beendet,
weil das Rauschen der Blätter ihm keine Ruhe gelassen und
ihn aus dem Walde vertrieben hätte.

Im Jahre 1881 wurde ein ebensolches Verbrechen im
Tschembarschen Kreise verübt²). Am 24. April dieses
Jahres verhandelte das Kreisgericht zu Penja einen Prozeß
wegen Ermordung des Bauern Nowarenkow gegen zwei
minderjährige Angeklagte, den 18jährigen Ssidorkin und
den 19jährigen Sazjepin. Die Angeklagten gestanden, daß
sie den Mord verübt hätten, um aus dem Bauche des Er=
mordeten die Netzhaut mit den Eingeweiden herauszunehmen

---

¹) „Rjäsaner Gouvernements=Nachrichten" 1869, Nr. 58 (aus
dem „Regierungs=Boten").
²) „Penser Gouvernements=Nachrichten", 1884, Nr. 172.

und aus ihr ein Diebslicht anzufertigen. Die Geschworenen sprachen beide Angeklagte schuldig, und das Gericht verurteilte sie zur Verschickung und zu Zwangsarbeit auf sechs Jahre.

Der letzte dieser Prozesse wurde am 15. November 1896 in der Session des Kreisgerichts zu Woronesh in der Kreisstadt Korotojak verhandelt. Auf der Anklagebank saßen die Bauern Beßmiljzew und Moshajew, die schon in der Voruntersuchung bekannt hatten, daß sie nach Erdrosselung des 12 jährigen Knaben Lawrentow den Bauch desselben nach drei Richtungen aufgeschnitten und die Netzhaut mit den Eingeweiden herausgenommen hätten, um aus dem hieraus gewonnenen Fette zum Zwecke der ungestraften Verübung von Diebstählen ein Licht zu gießen. Die Angeklagten, von denen Beßmiljzew schon früher wegen Diebstahls bestraft war, wurden für schuldig erklärt und zur Verschickung und zu Zwangsarbeit auf acht Jahre verurteilt [1]).

Es giebt dann noch ein Verbrechen, das in ganz Rußland bekannt geworden ist —: die Ermordung eines Mädchens im Bjelgorodschen Kreise im Gouvernement Kursk. In dem Dorfe Nikitskoje lebten die Bauern Tolmatschew und Jefim und Dmitrij Semljänin, die im Kreise ihrer Dorfgenossen einen sehr schlechten Ruf genossen. Sie waren es auch, die den bezeichneten Mord verübt hatten. Um Fett für ein Diebslicht zu erlangen, gingen sie zuerst daran, ein Grab zu öffnen, gaben aber dieses Vorhaben auf und entschlossen sich, einen Menschen zu ermorden. Mehrere

---

[1]) „Nowoje Wremjä", vom 16. November 1896.

Male verfuchten fie, ihren Plan auszuführen: zuerft wollten
fie einen Knaben ermorden, dem fie im Walde begegneten,
doch diefer wurde dank irgend einem Zufalle gerettet; darauf
lauerten fie im Walde auf einen Nachbarn, aber fie
fürchteten sich schließlich, sich mit ihm in einen Kampf ein=
zulaffen, weil fie wußten, daß er fehr ftark war; hierauf
verfuchten fie einen Geiftlichen in den Wald zu locken, in=
dem fie ihm fagten, daß er in das benachbarte Dorf zur
Ausübung einer Amtshandlung gerufen werde; aber der
Priefter nahm, als er fich auf den Weg machte, zufällig
einen Arbeiter mit fich, weshalb die Bösewichte ihn in Ruhe
ließen; endlich, am 3. Oktober 1887, gelang es dem Jefim
Semljänin, ein Mädchen, das vergeblich fein Pferd fuchte,
in den Wald zu locken. Im Walde erwürgte Jefim das=
felbe und bedeckte den Körper mit Laub und Moos. Darauf
kehrte er mit feinem Bruder Dmitrij und Tolmatschew aufs
Neue in den Wald zurück, enthüllte den Körper, schnitt das
Fleisch überall ab und schmolz das Fett aus. Aus dem=
felben fertigte er ein ganzes Licht an... Diefer Mord blieb
lange Zeit unentdeckt. Endlich, im Mai 1888, wurde, als
im Dorfe ein Diebftahl verübt worden war, eine Haus=
fuchung bei Semljänin vorgenommen, wobei ein Bündel mit
gekochtem Fleische gefunden wurde. Diefes Fleisch hätte
natürlich Niemand konfisziert und unterfucht, aber den
Polizisten fiel das Tuch auf, in das es gewickelt war, und
es gelang ihnen bald festzustellen, daß diefes Tuch dem er=
mordeten Mädchen gehört hatte... Die Geschworenen er=
achteten die Schuld der Angeklagten für völlig er=
wiefen, und das Gericht verurteilte fie zur Verfchickung
und zu Zwangsarbeit, und zwar Jefim Semljänin

auf 20, Dmitrij Semljänin auf 6 und Tolmatschew auf 13 Jahre.

Dieser Prozeß erregte durch seine schrecklichen Einzelheiten allgemeines Aufsehen. In ihm vereinigte sich in der That vieles, das unsere Gesellschaft, die sich sonst gegenüber Gerichtsverhandlungen ziemlich teilnahmslos verhält, in Aufregung versetzte. Auf der einen Seite mußten die völlige Verderbtheit der Angeklagten und die Hartnäckigkeit und Grausamkeit, mit der sie dieses Verbrechen vorbereitet und ausgeführt hatten, jedem gebildeten Menschen Entsetzen einflößen, und auf der anderen Seite fesselte — die Frage des Aberglaubens, der solche empörende Verbrechen hervorrufen konnte, unwillkürlich die allgemeine Aufmerksamkeit. Diesem letzteren Umstande verdanken wir das Erscheinen einiger gelehrter Abhandlungen, die von russischen Ethnographen verfaßt und veröffentlicht worden sind [1]).

Die Gelehrten bemühten sich, durch ihre Mitteilungen und Untersuchungen eine Erklärung für diesen furchtbaren Aberglauben zu geben. So spricht z. B. D. A. in seinem interessanten Artikel: „Die Überbleibsel des Altertums als gefährliche Wahnvorstellungen des Aberglaubens der Gegenwart" [2]), den Gedanken aus, daß der Glaube an das Diebslicht ein Überbleibsel des Kannibalismus sei, dessen Spuren unter anderem auch in dem folgenden russischen Volksliede erkennbar sind: „Ich backe ein Gebäck aus den

---

[1]) „Gerichts-Zeitung" (Sudebnaja Gaseta), 1879, Nr. 1. „Das Jekater. Wochenblatt" (Jekater. Nedelja), 1889, Nr. 7 und 8. „Der Bote von Jelisawetgrad" (Jelisawetgrad. Wjestnik), 1889, Nr. 16.
[2]) „Russische Nachrichten" (Russkija Wjedomosti), 1888, Nr. 359.

Händen, aus den Füßen, Aus dem tollen Kopfe schmiede ich ein Trinkgefäß, Aus seinen Augen gieße ich Trinkgläser, Aus seinem Blute braue ich berauschendes Bier, Und aus seinem Fette gieße ich Lichte."

Ähnliche Fälle von Mord kommen nicht nur bei uns in Rußland vor, sondern auch in solchen Kulturländern, wie Österreich und Deutschland.

Dr. Groß[1]), der als Untersuchungsrichter im südlichen Österreich gedient hat, teilt in seinem Handbuche für Untersuchungsrichter mit, daß er persönlich Diebslichte („Schlummerlichter") gesehen habe, welche verhafteten Dieben abgenommen worden seien.

Aus der Praxis der deutschen Gerichte können wir den folgenden Prozeß anführen:

In der Nacht auf den 1. Januar 1865 wurde in dem Hause eines gewissen Peck in der Nähe von Elbing in Westpreußen[2]) ein Raubmord verübt. Die Räuber erbrachen die Truhen, rafften Sachen und Geld zusammen und ermordeten das Dienstmädchen Katharina Zernickel, um ihr Verbrechen ungestraft ausführen zu können. Bei der Besichtigung der Leiche ergab sich außerdem, daß aus dem Bauche ein ungeheueres Stück Fleisch herausgeschnitten war. Lange Zeit glückte es nicht, den Schuldigen zu entdecken, aber am 16. Februar wurde ein gewisser Gottfried Dallian bei einem Diebstahle ergriffen. Bei der Verhaftung wurde ihm ein Licht von origineller Form abgenommen, das in eine Blechröhre gelegt war. Als dann in der Wohnung des

---
[1]) Handbuch, S. 22—23.
[2]) Manhardt, S. 21.

Dallian eine Haussuchung vorgenommen wurde und die Sachen, die bei Peck geraubt worden waren, vorgefunden wurden, legte der Verbrecher treuherzig ein volles Geständnis ab. Er hatte die Absicht gehabt, einen einfachen Diebstahl auszuführen, da aber die Zernickel ein Geschrei erhob, so betäubte er sie zuerst durch Stockschläge auf den Kopf und durchschnitt ihr dann die Gurgel. Nachdem er Verschiedenes in einen Sack gethan, trat Dallian an den Leichnam des ermordeten Mädchens heran und schnitt aus ihm ein Stück Fleisch heraus. Aus diesem Stücke schmolz er dann zu Hause das Fett für ein Licht, einen Teil aber aß er auf, um sein Gewissen zu beschwichtigen, das ihm keine Ruhe gab. Das Gericht verurteilte Dallian gemäß dem Verdikte der Geschworenen zum Tode.

Es ist unstreitig, daß der Glaube an das Diebslicht eine der schrecklichsten und zugleich abstoßendsten abergläubigen Wahnvorstellungen ist. Die Habgier, der Wunsch, rasch reich zu werden, haben die Leute geleitet, die unter dem Einflusse dieses Aberglaubens tierische Morde verübt haben. Deshalb haben auch die Richter in solchen Fällen keine Schonung gekannt. Leider aber muß konstatiert werden, daß dieser Aberglaube nicht der einzige in seiner Art ist. Unter den gewerbsmäßigen Verbrechern lebt noch ein anderer, viel schrecklicherer Aberglaube, nämlich die Überzeugung, daß das Herz eines ungeborenen Kindes dem Menschen übernatürliche Kräfte verleihe: Derjenige, der ein solches Herz gegessen, erhalte die Fähigkeit zu fliegen [1]), wer aber Stücke von neun Herzen gegessen,

---

[1]) Groß, S. 349—350.

der könne ungestraft Verbrechen verüben[1]); Niemand sei im Stande, einen solchen Menschen zu ergreifen; wenn man ihn auch zufällig verhaften sollte, so hielten ihn weder schwere Ketten, noch dicke Mauern im Gefängnisse, weil er sich unsichtbar machen, durch die Luft fliegen und alle Schlösser öffnen könne. Ein Mensch, der eine solche Macht gewinnen wolle, müsse nicht nur neun schwangere Weiber ermorden, sondern aus ihrem Leibe auch neun Knaben herausschneiden, denn die Herzen von Mädchen besäßen den geheimnisvollen Einfluß nicht.

Dieser Aberglaube ist furchtbar; er konnte nur unter Leuten entstehen, für die es nicht Heiliges giebt. Indes, trotz der ganzen Rohheit dieses Aberglaubens, trotz der ganzen Grausamkeit, Gefühllosigkeit und Herzlosigkeit einer Person, die sich entschließen kann, das Glück auf diesem Wege zu suchen, hat dieser Aberglaube sich seit langem in Europa erhalten und existiert offenbar auch heute noch.

In Deutschland hauste im 17. Jahrhunderte in der Provinz Ermeland eine Räuberbande, deren Hauptmann unter dem Namen des „Königs Daniel" bekannt war. Als die Bande eingefangen wurde, gestanden die Räuber, daß sie 14 schwangere Weiber ermordet hätten, aber ohne Erfolg, denn die Mehrzahl der im Mutterleibe vorgefundenen Kinder sei weiblichen Geschlechts gewesen. Im Jahre 1577 wurde in Bamberg in Nordbayern ein Mörder gerädert, der infolge des geschilderten Aberglaubens drei schwangere Frauen getötet hatte. In der Pfalz war es sogar noch im

---

[1] Manhardt, S. 23. Jakuschkin in der „Ethnographischen Rundschau", 1891, II. S. 7.

Anfange unseres Jahrhunderts notwendig, nach der Bestattung eines ungetauften Säuglings den Friedhof in sorgfältigster Weise zu bewachen.

Dieser Aberglaube ist leider weit über die Grenzen Deutschlands hinaus verbreitet.

Der Marschall von Frankreich, Giles de Laval [1]), wurde wegen Zauberei und ebenso dafür hingerichtet, daß er 160 Frauen ermordet hatte, um aus ihrem Mutterleibe Knaben herauszuschneiden.

Im Jahre 1547 schrieb das Volksgerede während einer großen Feuersbrunst in Moskau dieses Unglück der Zauberei der Familie Glinskij zu. Der Zar befahl, eine Untersuchung einzuleiten. Die Bojaren kamen in den Kremlj, versammelten sich auf dem Platze vor der Auferstehungs-Kathedrale, riefen das gemeine Volk herbei und begannen zu fragen: „Wer hat Moskau angezündet?" Der Haufe schrie: „Die Fürstin Anna Glinskij hat mit ihren Kindern und Leuten Zauberei getrieben und die Herzen der Menschen herausgenommen!"... Dieser Aufruhr endigte mit der Ermordung Jurij Glinskijs vor den Thoren der Auferstehungs-Kathedrale [2]).

Ungeachtet aller dieser Thatsachen muß man sich unwillkürlich fragen, ob denn dieser Aberglaube wirklich noch bis heute lebendig ist? Jakuschkin sagt [3]), daß die Fälle von Ermordungen schwangerer Frauen nicht selten vorgekommen seien, daß aber die Personen, die die Untersuchungen geführt

---

[1]) Sabylin, S. 222.
[2]) Kantorowitsch, S. 176.
[3]) „Ethnographische Rundschau", 1891, II.

haben, dieses Verbrechen aus anderen Motiven erklärt hätten, weil sie den geschilderten Aberglauben nicht gekannt hätten.

Groß führt zwei Fälle von solchen Morden an¹): In der Nähe von Hamburg, auf dem Heiligengeistfelde, wurde im Jahre 1879 die schwedische Staatsangehörige Andersen, die sich im letzten Stadium der Schwangerschaft befand, ermordet und aufgeschnitten. Ferner wurde im Flecken Simmering bei Wien gegen Ende der 80er Jahre die Leiche einer Frau unter denselben Umständen und im selben Zustande aufgefunden. Leider führt der Verfasser die Einzelheiten dieser Fälle nicht an. Bei Manhardt finden sich Prozesse, durch welche das Vorhandensein des bezeichneten Aberglaubens im Nordosten Deutschlands festgestellt werden könnte, nicht angeführt, aber es giebt auch bei ihm Prozesse, die diese Voraussetzung grundsätzlich bestätigen, denn sie enthalten Hinweise darauf, daß das Herz für abergläubige Leute eine gewisse Bedeutung hat²).

Man muß bemerken, daß dieser Aberglaube mit dem Glauben an die Macht des Diebslichtes verknüpft ist. An einigen Orten glaubt man, daß das Diebslicht aus dem Fette ungeborener Kinder gemacht werden müßte. Ein solcher Aberglaube scheint bei uns im Gouvernement Mohi-

---

¹) S. 850.
²) Eine Thatsache, die zum Teil an diesen Aberglauben erinnert, ist von Maximow mitgeteilt worden („Volksverbrechen und Unglücksfälle", in den „Vaterländischen Annalen" [Otetschestwennyja Sapiski], 1876, Bd. III, S. 826): In der Stadt Wassilj im Gouvernement Nishnij-Nowgorod war ein Grab geöffnet worden, aus der Leiche aber war nur das Herz herausgenommen.

lew zu existieren¹) und hat in Mitteldeutschland existiert: Im Jahre 1601 wurde in Nürnberg ein Mörder hingerichtet, der viele Frauen getötet hatte, um aus dem Körper ihrer Kinder sich Talg für Lichte zu schmelzen. In der Umgegend von Düsseldorf wurde ein solches Verbrechen zu Anfang des vorigen Jahrhunderts verübt und findet sich in den Untersuchungsakten ausführlich beschrieben²).

Zum Schlusse dieses Kapitels erlauben wir uns noch einen weniger schrecklichen Prozeß anzuführen, aus dem ersichtlich ist, daß es Liebhaber von Talismanen giebt, welche, um die von ihnen geschätzten Gegenstände zu erlangen, zwar nicht Menschen ermorden, wohl aber ihnen Verstümmelungen zufügen.

Im Gouvernement Nishnij-Nowgorod hat sich bei den Bauern die Überlieferung erhalten, daß derjenige, der ein Zauberer werden will, vom rechten Fuße einer verheirateten Frau eine Zehe abschneiden müsse. Ein solcher Begehrlicher fand sich unter den Bauern des Dorfes Fokin im Wassiljssurschen Kreise des Gouvernements Nishnij-Nowgorod: er vollführte das Erforderliche, um ein Zauberer zu werden, und wurde für diesen Streich gerichtlich zur Verantwortung gezogen³).

Wir haben bisher nur die Talismane behandelt, die zum Zwecke der Heilung, der Vernichtung oder Behexung von Feinden und des Gelingens bei der Verübung von Diebstählen und Rauben zu erlangen gesucht werden. Der

---

¹) „Mohilewer Gouvernements-Nachrichten", 1871, Nr. 46.
²) Mauhardt, S. 23.
³) „Russische Nachrichten" (Russkija Wjedomosti), 1882, Nr. 44.

Wunsch, diese Talismane zu besitzen, bildet, wie wir gesehen haben, die Quelle ernster Verbrechen, und zwar des Öffnens von Gräbern, zahlreicher Morde und der Zufügung körperlicher Beschädigungen. Aber außer den Talismanen, von denen wir gesprochen haben, giebt es noch eine ganze Reihe anderer Sachen und Amulete, welche abergläubige Leute bei sich tragen. Besonders bei Dieben findet man häufig die sogen. Springwurzel, d. h. die Wurzel eines Farrenkrautes, die die Eigenschaft besitzen soll, die Schlösser zu öffnen und gegen Fesseln und wider das Gericht verschiedene Beschwörungen zu gestatten [1]). Diese abergläubigen Anschauungen bilden eine geringere Gefahr für die Gesellschaft, denn sie erzeugen keine Verbrechen. Aber für den Untersuchungsrichter ist es nützlich, sich mit ihnen bekannt zu machen, weil die Wegnahme solcher Talismane von Verhafteten zur Charakteristik ihrer Persönlichkeiten dienen kann.

In diesem Sinne wollen wir hier noch zwei Fälle anführen, bei denen solche Beschwörungen im Besitze verhafteter Spitzbuben gefunden worden sind: eine derselben wurde im Jahre 1881 einem Pferdediebe, der im Morschanschen Kreise[2]) ergriffen wurde, abgenommen, und die zweite wurde während einer Haussuchung bei einem Diebe, Namens Jegor, vorgefunden, dem vom Gerichte in Saratow der Prozeß gemacht wurde[3]). Diese Beschwörungen lauten:

---

[1]) Sabylin, S. 482.
[2]) Jatuschkin, in der „Ethnographischen Rundschau" von 1890 (aus der „Nowoje Wremja", 1881).
[3]) A. Maitow: Großrussische Beschwörungen, St. Petersburg, 1869, Nr. 843.

„Im Namen des Vaters, des Sohnes und des Heiligen Geistes, Amen! Ich Knecht Gottes gehe auf dunkelen Pfaden und meinen Weg; mir entgegen kommt der Herr Jesus Christus selbst aus dem herrlichen Paradiese, gestützt auf einen goldenen Krummstab, behangen mit seinem goldenen Kreuze. Zu meiner Rechten ist die Mutter Gottes, die Heilige Gottesgebärerin, mit Engeln, Erzengeln, Seraphen und mit himmlischen Mächten. An meiner Linken steht der Erzengel Gabriel und über mir der Erzengel Michael. Hinter mir, dem Knechte Gottes, fährt der Prophet Elias auf feurigem Wagen; er strahlt Feuer aus und reinigt meinen Weg und deckt mich zu mit dem Heiligen Geiste und mit dem lebenspendenden Kreuze des Herrn. Das Schloß der Mutter Gottes, der Schlüssel Petri und Pauli. Amen!"

„Rette, Herr, den Knecht Gottes Jegor vor dem Heiligen Geiste; auf ihm ruht das Siegel Christi, mit Christo gehe ich zu Gott ein, mit der himmlischen Macht schütze ich mich. Amen! Herr segne mich, daß ich mich vor Gericht recht= fertige. Gehe ich aufs Gericht, fürchte ich die Richter nicht; mit dem Monde schütze ich mich, mit den vielen Sternen überschütte ich mich, allen Leuten stehen die Zungen still. Amen! Komme ich ins Gericht hinein, fürchte ich die Richter nicht; ich sehe mir den Richter an, das ganze Ge= richt blickt auf mich mit Falkenaugen, durch das Mutter= herz schließen sich dem ganzen Gerichte die Zähne und die Lippen, die Münder richten nicht und können nicht urteilen, alle müssen nach mir sprechen. Amen! Herr, segne mich, Allmächtiges Mütterchen, Allerheiligste Gottesgebärerin! Ich blicke nach Osten hin, im Osten steht die Apostolische Engels=

kirche, in dieser Kirche ist ein Thron, hinter diesem Throne steht das Allmächtige Mütterchen, die Allerheiligste Gottes=gebärerin. Mütterchen, Heilige Gottesgebärerin, stelle den Knecht Gottes Jegor auf die rechte Seite, rette mich und schütze mich mit Deinem unvergänglichen Kleide, mit der Altardecke; mit einem seidenen Gürtel binde ich mich zu=sammen, mit den zahllosen Sternen überschütte ich mich. Väterchen, helllichter Mond, komme zum Schutze gegen mächtige Schultern; Mütterchen, rote Sonne, komme zum Schutze gegen den tollen Kopf; wie der Thürbalken auf den Thürbalken sieht, so soll der Richter auf den Richter sehen; wie der Ofen aus Stein ist, so soll das Herz bei den Richtern versteinern; nicht richten sollen mich, nicht ver=urteilen weder die Zaren, noch die Zarewitsche, noch die Könige, noch die Königssöhne. Wenn der Stein Alatyrj (Bernstein) ob dem Wasser schwimmen wird, wenn die Schlösser, die Schlüssel auf den Grund sinken, dann werden richten den Knecht Gottes Jegor der Herr Gott Zebaoth selbst und das Allmächtige Mütterchen, die Allerheiligste Gottesgebärerin; komme zum Schutze, so wie Dir, also mir. Amen, Amen, Amen!"

Zum Schlusse können wir auch diejenigen Talis=mane nicht mit Schweigen übergehen, welche die Diebe am Orte des Verbrechens zurücklassen, um nicht entdeckt zu werden. Zu diesem Zwecke lassen sie in dem Hause, in dem sie gewirtschaftet haben, häufig ihre Sachen oder ihre Fußspur zurück, häufig aber gehen sie auch daselbst zu Stuhl. Nach der Ansicht des Dr. Groß[1]) ist ein ver=

---

[1]) Handbuch, S. 849—852.

artiges Betragen durchaus nicht als zufällig aufzufassen und kann nicht als Beweis für Cynismus dienen. Abergläubige Leute glauben, daß sie nicht ergriffen werden, wenn sie in einer fremden Wohnung Stuhlgang verrichtet haben, und daß ihr Thun selbst unenthüllt bleibt, solange ihre Excremente nicht erkaltet sind; infolgedessen hat man bisweilen Excremente gefunden, die mit irgend einer Sache fest zugedeckt waren. Die ungarischen Zigeuner verstecken, nachdem sie einen Diebstahl verübt haben, in dem von ihnen ausgeräumten Quartier Samenkörnchen der Tollkirsche.

Alle diese abergläubigen Gebräuche sind äußerst naiv und haben dem Untersuchungsrichter wiederholt seine Aufgabe erleichtert; denn nach den zurückgelassenen Gegenständen gelang es oft, den Schuldigen zu ermitteln. So warf z. B. ein Frauenzimmer, das mit irgend Jemand ein Verhältnis gehabt hatte, sein zehnmonatliches Kind hilflos in kalter Winternacht auf die Heerstraße; neben demselben ließ es seine Schuhe zurück, in der Hoffnung, daß sein Name, Dank dieser Vorsicht, nicht ermittelt werden könnte. Indes gerade mit Hilfe dieser Schuhe wurde das Frauenzimmer schnell ausfindig gemacht, weil der Ortsschuhmacher seine Arbeit wieder erkannte.

In einem anderen Falle wurde der Abdruck einer Hand, die mit Blut beschmiert war, gefunden. Hieraus schloß man, daß der Schuldige entweder seine Hand mit Blut besudelt oder sie zerschnitten habe. Bei der Verhaftung bekannte er, daß er sich die Hand vorsätzlich zerschnitten hätte, um eine derartige Spur zu hinterlassen.

VIII.

Der Falscheid.

In die Reihe der Verbrechen gegen den Glauben stellt das geltende russische Strafgesetzbuch auch den Falscheid, der zur Bekräftigung einer Aussage geleistet wird. Ungeachtet der ernsten Strafe, die durch das Gesetz für eine solche Handlung festgesetzt ist, wissen doch alle Richter, daß sie auf jedem Schritte mit der Lüge zu kämpfen haben. Wenn wir diese Frage hier berühren, so thun wir dies deshalb, um auf eine Reihe von abergläubigen Anschauungen hinzuweisen, die ihren schädlichen Einfluß auch in dieser Beziehung geltend machen.

Es giebt Leute, die beständig die Wahrheit reden, weil ihnen einerseits jede Lüge zuwider ist, und weil sie es andererseits für ihre Pflicht halten, dem Gerichte bei der Aufdeckung eines Verbrechens nach Kräften Beistand zu leisten. Aber die ungebildete Masse des Volkes blickt anders auf ihre Beziehungen zum Gerichte und zur Gesellschaft, und die Mehrheit der Menschen weicht bei der Abgabe ihrer Aussagen nur deshalb nicht von der Wahrheit ab,

weil sie fürchtet, vom irdischen Gerichte oder vom himm=
lischen Richter bestraft zu werden. Diesen Leuten müssen
alle Wege der Abweichung abgeschnitten und es muß ihnen
die Überzeugung eingeflößt werden, daß eine lügnerische
oder falsche Aussage nicht ungestraft bleiben kann. Ein
solches Ziel aber kann nicht erreicht werden, wenn man
außer Acht läßt, daß abergläubige Leute es für möglich
halten, den Schöpfer selbst zu betrügen, d. h. seinen Zorn
dadurch abzuwenden, daß sie bei der Leistung des Eides
einige Zeremonieen oder Gebräuche ausführen.

Dr. Groß[1] bemerkt da, wo er von der Bedeutung des
Aberglaubens für den Juristen spricht, daß der Unter=
suchungsrichter seinem Einflusse in verschiedener Gestalt oft
begegnen müsse. In einer Sache stellt es sich heraus, daß
der Zeuge lüge, weil er seine Worte nach dem Rate einer
Wahrsagerin richte und spräche, und in einer anderen Sache,
weil er irgend einen Talisman in der Tasche bewahre, der
die Donner und Blitze des Himmels von ihm abzulenken
vermöge. Deshalb rät Dr. Groß den Untersuchungsrichtern,
daß sie vor der Ankunft in einem neuen Orte Erkundigungen
darüber einzögen, welches abergläubige Mittel in dem ge=
gebenen Rayon in Anwendung sei, um sich vor den Folgen
eines Falscheides zu sichern. Wenn der Untersuchungsrichter
von der Existenz eines solchen Aberglaubens unterrichtet ist,
so kann er gegen denselben schon seine Maßregeln treffen.

Seinerseits konstatiert Dr. Groß, gestützt auf persönliche
Erfahrung und auf Thatsachen, die von anderen Forschern
gesammelt sind, daß abergläubige Menschen die Ablegung

---

[1] Handbuch, S. 565.

eines falschen Eides in den folgenden Fällen für möglich halten: wenn derjenige, der den Eid zu leisten hat, ein Stückchen vom hl. Abendmahle (eine Oblate) oder die Augen eines Wiedehopfes oder einen Knochen von seinem gestorbenen Kinde bei sich hat; ferner, wenn er den großen Finger krümmt (dieser Aberglaube ist bei den Juden verbreitet, die schwören, indem sie die Hand auf die heilige Schrift legen); wenn der den Eid Leistende die linke Hand in die Seite stemmt, oder wenn er nach der Vorführung zur Eidesleistung spuckt, oder wenn er während des Eides sieben Steinchen oder Dukaten im Munde hält, oder wenn er endlich während der Zeremonie des Eides einen Knopf von seinen Hosen abreißt.

Die Menge der hier angeführten abergläubigen Gebräuche und Mittelchen beweist, daß das Volk es nicht allzusehr liebt, die Wahrheit zu sprechen, und nicht selten bereit ist, die Richter zu täuschen. Die Worte des Dr. Groß haben für uns eine große Bedeutung, da sie auch von anderen Schriftstellern bestätigt werden. So teilt z. B. unser bekannter Jurist J. W. Mjeschtschaninow[1]) gleichartige Thatsachen mit, die er während seiner Dienstzeit in den Gouvernements Kasanj und Wjätka gesammelt hat: „Bei den getauften Woljäken hat sich eine Reihe von Gebräuchen ausgebildet, bei deren Beobachtung der von ihnen abgelegte Eid seine Bedeutung verliert. Zu diesem Zwecke legt derjenige, der den Eid zu leisten hat, erstens die Finger

---

[1]) „Eine wünschenswerte Stellung der Frage vom Eide im Criminalprozeß", im „Journal für Civil- und Strafrecht", 1894, Nr. 11, S. 28—29.

der rechten Hand, indem er sie zum Schwure erhebt, kreuzweise zusammen und drückt gleichzeitig vier Finger der linken Hand an die Handfläche, indem er nur den Zeigefinger lang ausstreckt. Nach der festen Überzeugung der Wotjäken geht der vom Geistlichen verlesene Eid durch den emporgehobenen Zeigefinger der rechten Hand in den Schwörenden hinein und dann durch denselben Finger der linken Hand wieder aus ihm heraus in die Erde; nachdem ein Wotjäka auf diese Weise aus sich so etwas wie einen Blitzableiter konstruiert hat, ist er völlig ruhig: der Eid ist an ihm vorbeigegangen, und er kann nun seine Aussage ungehindert ablegen, ohne befürchten zu müssen, daß er im Namen Gottes gelogen habe. Der Untersuchungsbeamte oder Richter, der dies weiß, beobachtet scharf die linke Hand des Schwörenden und zwingt ihn eventuell, sie mit geöffneter Handfläche auf der Brust zu halten. Im Falle der Unmöglichkeit, einen solchen Blitzableiter auszuführen, kennt der geriebene Wotjäke noch ein anderes Mittel, den Falscheid gefahrlos zu machen: um dies zu erreichen, genügt es, in der Zeit zwischen der Vorführung zum Eide und dem Verhöre mit der rechten Hand den entblößten Geschlechtsteil zu berühren. Deshalb wird ein erfahrener Untersuchungsrichter den Zeugen immer unmittelbar nach der Abnahme des Eides verhören und, wenn es viele giebt, die zu schwören haben, diejenigen Zeugen, die nach der Vereidigung zunächst unverhört die Gerichtsstube verlassen müssen, aufmerksam beobachten lassen."

Die Thatsachen, die von Groß und Mjeschtschaninow mitgeteilt worden sind, finden in dem folgenden Prozesse ihre Bestätigung, über welchen wir die näheren Angaben dem Buche Manhardts[1]) entnehmen: Am 24. Oktober 1863 wurde in der Stadt Danzig vor dem Schwurgerichte ein Prozeß gegen den Schuhmacher Walbeck verhandelt, welcher der Anstiftung zur Abgabe eines falschen Zeugnisses angeklagt war. Durch die gerichtliche Untersuchung war festgestellt worden, daß Walbeck, der wegen Diebstahls einer Weizengarbe zur Verantwortung gezogen worden war, einen gewissen Wischnewski zu überreden gesucht hatte, eine falsche Aussage zu seinen Gunsten zu machen; dabei hatte Walbeck, um das Gewissen des Wischnewski zu beruhigen, diesem gesagt, daß ein falscher Eid keine schädlichen Folgen haben könne, wenn der Schwörende während der Nachsprechung des Eides eine Erbse im Munde unter der Zunge halte und gleichzeitig in der linken Rocktasche einen Häringskopf bei sich trage.

[1]) Seite 10.

IX.
Die Volksmedizin.

In allen Prozessen, die wir bisher behandelt haben, hatten wir den Aberglauben des **Subjekts des Verbrechens** vor uns; wir haben gesehen, daß eine Person, die eines Mordes, einer Graböffnung oder einer Verstümmelung schuldig war, dies aus Aberglauben gethan hat, weil sie überzeugt war, daß die von ihr verübte Rechtsverletzung ihr Nutzen oder Vorteil bringen werde. Wenn wir jetzt zur Darlegung einiger Thatsachen aus dem Gebiete der Volksmedizin übergehen, so müssen wir zunächst von einem anderen Einflusse des Aberglaubens Notiz nehmen. In diesem Kapitel werden wir wiederholt auf den **Aberglauben des Objekts des Verbrechens** stoßen, d. h. daß der Verbrecher selbst an den Nutzen der abergläubigen Gebräuche nicht glaubt, sondern verschiedene abergläubige Volksanschauungen und Vorstellungen benutzt, um die Leute in der frechsten Weise auszuplündern. Dem Aberglauben dieser Art werden wir ein besonderes Kapitel widmen, in dem wir über den Aberglauben als Mittel für den Betrug sprechen werden. An dieser Stelle haben wir diese Frage nur im Hinblick darauf berühren müssen, daß ein Hexenmeister oder „weiser Mann", der sich mit der Verabreichung von Medikamenten befaßt (Snacharj), offenbar an die Nützlichkeit der Mittel nicht glaubt und nicht glauben kann, mit denen er seine unglücklichen Patienten quält.

Die Mittel, die in der Volksmedizin verwandt werden, zerfallen in zwei Gruppen: Es giebt Volksbücher über Kräutersammlungen, in denen Medikamente beschrieben sind, die wirklich Heilkraft besitzen; der Nutzen solcher Heilmittel ist durch langjährige Erfahrung festgestellt worden, und die Kenntnis derselben, die sich in Jahrhunderten aufgehäuft hat, wird von Mund zu Mund weiter überliefert. Aber es giebt auch andere Heilmittel und Methoden, die einzig und allein Schaden bringen und trotzdem von dem unwissenden Volke ziemlich oft angewendet werden. Dieser unsinnige Aberglaube ist, nach der treffenden Bemerkung W. J. Dahls, lediglich zu dem Zwecke aufgebracht worden, um auf fremde Rechnung zu leben, und deshalb kann man seine Ausnutzung dreist einen Betrug, eine Spitzbüberei nennen. Aber was besonders charakteristisch bei der Volksmedizin ist, ist der Umstand, daß der Hexenmeister nicht ein einziges Heilmittel giebt, ohne dabei vorher abergläubige Zeremonieen vorgenommen zu haben. „Der größte Teil der Mittel wirkt bei ihm als Sympathiemittel und nicht ein einziges derselben bricht die Krankheit ohne geheimnisvolle Veranstaltungen und komplizierte abergläubige Ceremonieen." Dieses Geheimnisvolle bildet auch den Grund dafür, daß das Volk den Wunderdoktor oder „weisen Mann" (Snacharj) mit dem Zauberer identifiziert [1]).

[1]) Maximow, in den „Vaterl. Annalen" (Otetschestwennyja Sapiski) 1869, Nr. 1—5, S. 326.

Welche Bedeutung kann, so fragt man uns vielleicht, die Volksmedizin für den Juristen haben? Auf diese Frage antworten wir ohne geringstes Zögern, daß diese Bedeutung eine sehr große ist. Aus den Beispielen und Prozessen, die wir gleich mitteilen werden, kann man sich leicht überzeugen, daß die abergläubigen Anschauungen, die mit der Volksmedizin verbunden sind, als Quelle schwerer Verbrechen dienen. Wir haben bereits von der Ermordung und Verwundung der Zauberer und von dem Öffnen der Gräber gesprochen, um Heilmittel zu erlangen; jetzt haben wir von Morden, Vergewaltigung und Sodomie zu sprechen, die zum Zwecke der Heilung von Krankheiten verübt werden. Ferner sind viele Mittel, die im Volke gebraucht werden, so roh und brutal, daß sie, statt Heilung zu bringen, den Tod herbeiführen; und hieraus entsteht die Frage von der Anregung einer Verfolgung nach Art. 1468 des Strafgesetzbuches. Endlich giebt es einige Heilmethoden, die so grausam sind, daß ein Richter, der mit dem örtlichen Aberglauben unbekannt ist, denken kann, daß in dem gegebenen Falle ein einfacher Mord verübt worden sei. Man darf auch nicht die ungeheuere Verbreitung des Glaubens an die Heilkraft der Volksmedizin nicht nur im unwissenden Volke, sondern sogar auch in der Gesellschaft außer Acht lassen. In den 80er Jahren empfing im Busulukschen Kreise im Gouvernement Sjamara[1]) der Wunderdoktor (Snacharj) Kusmitsch im Durchschnitt 150 Menschen täglich; diese Leute strömten zu ihm aus dem ganzen Wolgagebiete und erwarteten von ihm Heilung. In Petersburg

---
[1]) Vgl. Kirpitschnikow („Nowj", 1885, Nr. 1, S. 65).

kurierten sich verschiedene hochgestellte Personen bei verschiedenen Charlatanen und gingen, Dank den Ratschlägen derselben, zugrunde [1]).

Alles dies nötigt uns, bei der Frage von der Volksmedizin und den verschiedenen von ihr empfohlenen Mitteln zu verweilen. Unsere Darstellung beginnen wir mit den abergläubigen Anschauungen und Gebräuchen, welche die Ursache von Morden aus Unvorsichtigkeit oder Unbedacht bilden können.

Im Jahre 1884 versammelte sich in der Stadt Berdjansk bei der Kleinbürgerin Ch., die das Herannahen der Wehen verspürte, ein ganzer Schwarm von Gevatterinnen. Alle Hausmittel, die von ihnen zur Beschleunigung der Geburt angewandt wurden, führten nicht zu dem erwünschten Ergebnisse. Darauf legte man unter die Ch. eine Holzschaufel, mit welcher die eine Gevatterin den Körper der Kranken in die Höhe warf, während eine andere sie gleichzeitig an den Flechten nach der entgegengesetzten Seite zog, dabei in einem fort sprechend: „Schaufelchen, wirf es heraus,

---

[1]) Die Frage von der unerlaubten ärztlichen Behandlung ist im Gesetze ausführlich bearbeitet: Art. 879 des Ustaws für Aerzte (Bd. XIII des Swod Salonow) verbietet solchen Leuten, die dazu kein Recht haben, die Anwendung stark wirkender Mittel zum Zwecke der Heilung; Art. 871 des Strafgesetzbuches bedroht eine Person, die sich dieser Handlung schuldig macht, mit Gefängnis, Arrest oder einer Strafzahlung, wenn durch ihre Thätigkeit ein Schaden für die Gesundheit entsteht; und Art. 704, § 8 des Ustaws zur Verhütung von Verbrechen (Bd. XIV) verbietet es, Leichen der Erde zu übergeben, wenn eine Klage wegen Tötung durch unerlaubte Heilmittel, welche von Charlatanen und anderen zur Ausübung des ärztlichen Berufes unberechtigten Personen dem Kranken gegeben worden sind, angestrengt wird.

wie du das Brot herauswirfst." Das Schäufelchen that seine Wirkung und die Gebärende wurde von ihrer Bürde befreit, sie selbst aber starb [1]).

Im Lukojanowschen Kreise im Gouvernement Nishnij-Nowgorod existiert die folgende Methode zur Heilung von Bruch: man heilt den Säugling durch eine Maus, d. h. man bindet eine Maus mit einem Faden an den Fuß und hält sie auf dem Bauche des Kranken fest; wenn sie ihm den Nabel zernagt, so glaubt man, daß das Kind gesund wird, wenn nicht, daß es stirbt.

In der Trockenhitze, die man „das Hunde-Alter" nennt, wird man in demselben Lukojanowschen Kreise „gebacken" oder gedörrt. Das geschieht auf folgende Weise: der ganze Säugling wird in Lappen eingewickelt oder man umhüllt ihn mit ungesäuertem Teiche aus Roggenmehl, der vorher in der Länge des Kindes aufgerollt wird; nachdem darauf das Kind an eine Kuchenschaufel angebunden worden, steckt ein Weib es dreimal in den Backofen, und ein anderes Weib läuft ebensoviel Male vom Ofen bis zur Schwelle, dabei rufend: „backe das Hunde-Alter, backe tüchtig!"

Auf diesen letzteren Aberglauben sind wir persönlich im Wilnaschen Kreise infolge des Umstandes gestoßen, daß die Anschuldigung anfangs allzu hart gestellt wurde. Eine Stiefmutter wollte auf diese Art ihren Stiefsohn kurieren, aber die Operation mißlang, und das Kind starb während des Backens. Einige Nachbarn, die in diesem Falle die Anzeichen eines vorsätzlichen Mordes erblickten, machten von

[1] „St. Petersburger Zeitung" (Peterburgskaja Gaseta), 1884, Nr. 81.

Allem dem Dorfpolizisten Mitteilung und fügten hinzu, daß die Stiefmutter, die sich von ihrem Stiefsohne habe befreien wollen, offenbar den örtlichen Aberglauben benutzt habe, um die von ihr verübte Unthat zu verbergen. Aber bei einer näheren Prüfung wurde diese Anschuldigung in keiner Hinsicht bestätigt, sondern es wurde festgestellt, daß es sich lediglich um eine Kur nach abergläubiger und allzu radikaler Methode gehandelt habe.

Wir müssen bemerken, daß das Backen ein auch anderen Völkern bekanntes Mittel ist. So wird es z. B. in Siebenbürgen angewandt [1]). Nach den Volksanschauungen wirkt die Hitze wohlthätig auf ein krankes Kind, indem sie alle in ihm schlummernden Kräfte weckt.

Bei Sjacharow [2]) findet sich eine andere Heilmethode beschrieben, und zwar offenbar für dieselbe Krankheit, die von unserem einfachen Volke „stenj" (die Darrsucht) genannt wird. Unter dieser Bezeichnung muß man entweder die schleichende Darre (tabes) oder die kindliche Abzehrung verstehen. Man trägt das kranke Kind in den Wald und legt es auf drei oder weniger Tage in einen gespaltenen Baum; darauf wird das Kind wieder herausgenommen und dreimal neun Male rund um den Baum getragen; hiernach trägt man es wieder nach Hause, badet es in Wasser, das aus sieben Flüssen oder Brunnen zusammengeschöpft ist, überschüttet es mit Asche, die aus sieben Öfen gesammelt ist, und legt es auf den Ofen. Wenn das Kind nach dieser

---

[1]) Haltrich: Die Macht und Herrschaft des Aberglaubens in seinen vielfachen Erscheinungsformen. Schäßburg 1871, S. 20.
[2]) „Die Sagen des russischen Volkes", Bd. I, S. 111.

energischen Behandlung einschläft, so ist dies ein sicheres
Zeichen dafür, daß es geheilt ist, wenn es aber schreit, so
muß es sterben. Oft ereignet es sich, daß das Kind beim
Begießen desselben mit kaltem Wasser oder im Walde stirbt,
da sein schwacher Organismus die nächtliche Kälte und
Feuchtigkeit nicht vertragen kann.

Noch schrecklicher ist eine andere Heilmethode unter dem
Namen „ssonjüschniza" (eigentlich: Leibschneiden mit Er=
brechen, ssonjütschniza), welche bei Magenkrankheiten an=
gewandt wird [1]). Der „Wunderdoktor", der zur Ausführung
dieser Operation herbeigerufen wird, fordert eine Suppen=
schüssel, die etwa 3 Stof Wasser faßt, Hanf und einen
Krug. Die Schüssel mit dem Wasser stellt er dem Kranken
auf den Bauch, den Hanf aber zündet er an; sobald der
Hanf brennt, schwenkt er ihn dicht um den Kranken, wobei
es sich oft ereignet, daß der letztere eine Menge von Brand=
wunden erhält. Aber die Wunderdoktoren (Snacharj)
schreiben solche Wunden dem Entweichen der Krankheit aus
dem Körper zu. Hierauf legt der „Wunderdoktor" den
ringsum verbrannten Hanf in den Krug und stellt diesen
in die Schüssel. Nun beginnen die Beschwörungen, nach
deren Beendigung der Wundermann dem Kranken das
Wasser zu trinken giebt und sich entfernt, nachdem er für
seine aufgeklärte Mitwirkung eine bestimmte Summe er=
halten hat. Natürlich leidet der Kranke schreckliche Schmerzen
und schreit mit unnatürlicher Stimme, aber seine Ver=
wandten halten dieses Schreien für ein gutes Zeichen, indem
sie annehmen, daß die Krankheit nach außen entweicht. Die

---

[1]) Sjacharow, Bd. I, S. 109.

Rolle des „Wunderdoktors" bei dieser Operation ist geradezu empörend. Deshalb bemerkt Ssacharow vollkommen richtig, daß diese Betrüger mit der Einfalt des Dorfvolkes grausam spielen. Die Wunderdoktoren oder „weisen Männer" (Snachari) heilen die Bauern nicht nur von Krankheiten, sondern sie bringen ihnen auch solche bei, wenn ein Mensch sich z. B. vom Militärdienste befreien will [1]). Um Rheumatismus auf künstliche Weise zu erzeugen, nehmen sie Erde aus einem frischen Grabe und vermengen sie mit Asche aus sieben Öfen und mit Salz aus sieben Hütten; darauf nähen sie dies Gemengsel in die Fußlappen oder Strümpfe ein und legen es statt der Unterlage in die Bastschuhe (Pasteln). Eine solche Mischung bewahrt, vom Schweiße durchtränkt, die Feuchtigkeit auf und ruft Rheumatismus hervor.

Die Abtreibung der Leibesfrucht wird in bäuerlichen Kreisen nicht selten geübt (im Lukojanowschen Kreise des Gouvernement Nishnij-Nowgorod) und bildet ein Handwerk der „klugen Frauen" (snucharki) und der Hebeammen. Hierzu werden die folgenden, teils wirklichen, teils abergläubigen Mittel verwandt: die Bauernmädchen sammeln, um der Schwangerschaft vorzubeugen, den Monatsfluß in einem Gefäße und bringen dieses Blut zur „klugen Frau", welche es in der Badstube oben auf den glühenden Ofen ausschüttet; die abergläubigen Leute versichern, daß dabei Kinderweinen zu hören sei; wenn dieses Mittel nicht hilft, so giebt man dem schwangeren Mädchen eine Auflösung von Schießpulver zu trinken.

---

[1]) Ssacharow, Bd. I, S. 83.

Wir haben bis jetzt nur diejenigen abergläubigen An=
schauungen und Gebräuche besprochen, die verhältnismäßig
unwichtige Verbrechen nach sich ziehen. Jetzt wollen wir
zu ernsteren Sachen übergehen.
Wir haben schon oben gesagt, daß das einfache Volt
an die Heilkraft der Teile des menschlichen Körpers glaubt.
Im Zusammenhang hiermit existiert ein Aberglaube, der
über ganz Deutschland verbreitet ist, daß man von der Fall=
sucht geheilt werden kann, wenn es gelingt, warmes Menschen=
blut zu trinken.

Dr. Most[1]) teilt mit, daß einst ein Epileptiker an das
Schafott herangetreten sei und vom Blute eines enthaupteten
Menschen getrunken habe; aber statt der erwarteten Heilung
habe er den Tod gefunden, denn er sei in einem neuen An=
fall niedergestürzt, noch bevor er hundert Schritte weiterzu=
gehen vermocht hätte.

Bisweilen kommt dieser Aberglaube bei einem Kranken
in solcher Gestalt zum Durchbruche, daß er nicht nur für
ihn selbst, sondern auch für Andere eine Gefahr wird.

In den 50er Jahren wurde in der Schweiz ein Mörder
gerichtet, der beim Verhöre im Gericht offenherzig gestand,
daß er das Verbrechen verübt habe, um warmes Menschen=
blut, mit dem er sich von der Epilepsie zu kurieren gehofft
habe, zu erhalten[2]).

Der gleiche Aberglaube wurde unlängst im Gouverne=
ment Rasanj enthüllt, wo er die Ursache einer furchtbaren
Unthat war. Am 3. Juli 1891 wurde in einer Scheune

---

[1]) Sympathetische Mittel, 1842, S. 150.
[2]) Manhardt, S. 53.

bei dem Dorfe Stary Sjalman, im Spaßjchen Kreise des
Gouvernements Kasanj, die Leiche des sechsjährigen Mädchens
Marwarjä Nasmutdinow gefunden. Bei der Besichtigung
ergab sich, daß ihr die Kehle durchschnitten und die Brust=
und Magenhöhle geöffnet war. Durch die gerichtlich=
medizinische Obduktion der Leiche wurde festgestellt, daß ihr
die bezeichneten Verletzungen durch ein scharfes Werkzeug
zugefügt waren und daß das Herz aus der Leiche heraus=
genommen und fortgebracht war. Bei der Untersuchung
gelang es, zu ermitteln, daß dieses Verbrechen von einem
gewissen Nurgalei Achmetow unter Beihilfe seines Vaters,
Achmet Sjaifullin, verübt worden war. Nurgalei hatte
einen Schlaganfall gehabt, infolgedessen sein rechter Arm
gelähmt war und sein Kopf fortwährend zitterte. Von
dem Wunsche getrieben, sich von seiner Krankheit zu kurieren,
wandte er sich an verschiedene Aerzte und Wunderdoktoren
und sogar an den heiligen Mullah in Tschistopol, aber alles
war erfolglos. Endlich sagte ihm irgend Jemand in Kasanj,
daß er gesund werden würde, wenn er das Herz eines
lebendigen Menschen aufessen würde. Infolgedessen habe er
sich entschlossen, das Mädchen zu ermorden. Vor Gericht
legte Nurgalei Achmetow ein offenherziges Geständnis ab
und erklärte, daß er das Verbrechen allein und ohne Bei=
hilfe seines Vaters ausgeführt habe. Indes, die Geschworenen
erkannten beide für schuldig, und das Gericht verurteilte auf
Grund dieses Verdikts den Nurgalei Achmetow zur Ver=
schickung und Zwangsarbeit auf 12 Jahre und den Achmet
Sjaifullin im Hinblick auf sein vorgerücktes Alter zur Ver=
schickung und Ansiedelung in den abgelegeneren Orten
Sibiriens.

Wahrscheinlich werden Viele gehört haben, daß abergläubige Leute für das beste Heilmittel gegen venerische Krankheiten den geschlechtlichen Verkehr mit einem unschuldigen Mädchen halten. Leider sind diese Erzählungen kein leeres Geschwätz mit erotischem Beigeschmacke, sondern ein schändlicher Aberglaube, der ziemlich stark verbreitet ist. Wuttke[1]) bestätigt, daß man ihn in ganz Deutschland ebenso antrifft, wie auch den Glauben an die Möglichkeit einer Heilung von willkürlichem Samenflusse durch den Verkehr mit einem Mädchen, das die geschlechtliche Reife noch nicht erlangt hat.

Aus der Praxis der russischen Gerichte können wir nicht ein einziges Beispiel für die Existenz dieses Aberglaubens anführen; aber in Berlin wurde im Jahre 1862 ein Bursche wegen Vergewaltigung eines achtjährigen Mädchens bestraft, das er dabei mit Syphilis angesteckt hatte. Während des Verhörs vor Gericht erklärte er seine That durch die Überzeugung, daß die Übertragung der Syphilis auf ein unschuldiges Kind imstande wäre, einen Kranken von dieser venerischen Krankheit zu befreien[2]).

Als bester Beweis für das Vorhandensein und die Lebensfähigkeit dieses schändlichen und abscheulichen Aberglaubens können die Nachrichten dienen, welche in den Handbüchern der gerichtlichen Medizin von Casper-Liman[3]) und Maschka[4]) mitgeteilt sind. Diese Gelehrten, die als

---

[1]) Wuttke, § 582.
[2]) Blanhardt S. 10.
[3]) Praktisches Handbuch der gerichtlichen Medizin, 1876, Bd. I, S. 187.
[4]) Lehrbuch der Medizin, III, S. 109.

Gerichtsärzte, und zwar die ersten beiden in Berlin, der letztgenannte in Prag, fungiert haben, haben sich von der Existenz des bezeichneten Aberglaubens persönlich überzeugt, da sie bei der gerichtlich-medizinischen Untersuchung vergewaltigter unschuldiger Mädchen sehr oft frische Ansteckungen durch venerische Krankheiten gefunden haben. Wenn der bezeichnete Aberglaube nicht existierte, so würden bei derartigen Prozessen nach ihrer Meinung die Fälle von Ansteckung viel seltener vorkommen.

Durch denselben eigenartigen Aberglauben kann man bisweilen auch ein anderes Verbrechen erklären, nämlich die Sodomie. In einigen Gegenden z. B. meint das Volk, daß der Verkehr mit einem Pferde das beste Mittel sei, sich von Fieber zu befreien. Über die Existenz dieses Aberglaubens fand sich in der Zeitung „Glasny Sfud", 1866, Nr. 50, eine Mitteilung, aber ohne Angabe der Gegend und der Thatsachen; ferner wird er von Kostrow erwähnt, der mitteilt, daß dieses Mittel unter den altangesessenen Bauern im Gouvernement Tomsk häufig angewandt werde[1]). Ferner teilt Polak[2]) mit, daß die Sodomie unter den persischen Soldaten stark verbreitet sei, weil sie hoffen, auf diesem Wege den Tripper heilen zu können.

---

[1]) „Juristische Gebräuche der altangesessenen Bauern im Gouvernement Tomsk", 1876.
[2]) „Wiener Medizinische Wochenschrift", 1861, S. 829.

X.

Diebstähle.

Nachdem wir den Einfluß des Aberglaubens auf eine ganze Reihe von Verbrechen, die sich gegen die Person und die Religion richten, betrachtet haben, gehen wir jetzt zu den Verbrechen gegen den Besitz über. Bei der Durchsicht von Diebstahlssachen denken die Richter am wenigsten über die Motive des Verbrechens nach, und deshalb kommt keineswegs Jedem der Gedanke in den Sinn, daß der Aberglaube bei einem Verbrechen eine Rolle spielen könnte. Und doch übt auch bei der Ausführung heimlicher Raube gerade der Aberglaube einen bestimmten Einfluß aus, wenn auch natürlich bei Weitem nicht in dem Grade, wie dies bei anderen Dingen der Fall ist.

Es giebt Leute, die überzeugt sind, daß gestohlene Sachen in der Wirtschaft Glück bringen; und andererseits bedürfen die Anhänger abergläubiger Gebräuche für die Ausführung gewisser Zeremonieen Sachen, die auf dem Wege des Diebstahls erlangt sind. Dieser Aberglaube ist, nach der Ansicht Wuttkes[1]), auf der Annahme begründet,

---

[1]) „Der Volksaberglaube", § 203.

daß nur eine solche Sache einen ungewöhnlichen Einfluß haben kann, die auf einem ungewöhnlichen Wege erworben ist. Derartiger abergläubiger Überlieferungen und Anschauungen giebt es in Deutschland sehr viele. So bedürfen z. B. die Mädchen beim Hexen und Schicksalsbefragen gestohlenen Holzes; ferner ist zur Beseitigung von Warzen auf der Hand gestohlenes Fett nötig (in Oldenburg)[1]; zu Neujahr gestohlenen Kohl haben die Wirte nötig, um ihre Pferde zu füttern, damit sie vor Krankheiten bewahrt bleiben (in Brandenburg und Schlesien)[2]; ein Seil, mit dem man die Säcke in der Mühle zusammenbindet, ist sehr nützlich, um eine Binde, die um ein ausgerenktes Gelenk gelegt ist, zu befestigen (in Württemberg)[3]; Mist, der in der Nacht auf Iwan Kupalo (Johannisnacht) gestohlen und mit dem Miste vermengt worden ist, der auf dem eigenen Viehhofe lagert, giebt einen vorzüglichen Dünger (Thüringen)[4].

Von russischen abergläubigen Gebräuchen dieser Art haben wir in der ethnographischen Litteratur nur sehr wenige Beispiele gefunden:

Im Rostowschen Kreise im Gouvernement Jaroslaw[5] werden Blumen gestohlen, infolge der Überzeugung, daß sie besser Schößlinge treiben, als gekaufte. Im Onegaschen

---

[1] Ebenda, § 513.
[2] Ebenda, § 711.
[3] Wuttke, § 522.
[4] Ebenda, § 650.
[5] Titow: Juristische Gebräuche im Dorfe Nikola Parewo, 1888.

Kreise des Gouvernements Archangelsk[1]) existiert der Aberglaube, daß mit gestohlenen Angelhaken der Dorsch besser zu fangen sei; deshalb sind die Fischer bemüht, einer dem anderen die Angelhaken zu entwenden. Wahrscheinlich infolge der Existenz dieses Aberglaubens versteckt man die Angelhaken vor anderen Leuten und hängt sie nicht in den Hütten an sichtbaren Stellen auf.

Unter den Soldaten der Kavallerie ist der Aberglaube stark verbreitet, daß ein Pferd gesünder und schöner wird, wenn man es mit gestohlenem Hafer füttert. Ein derartiger Prozeß wurde zu Anfang der 70er Jahre vor dem Regiments-Gericht des St. Petersburger Dragonerregiments, das damals in der Stadt Kaschin stand, verhandelt. Das Gericht sprach den Soldaten, der des Diebstahls von Hafer beschuldigt war, im Hinblick darauf frei, daß er unter dem Einflusse eines Aberglaubens gehandelt habe.

In Kijew[2]) wurde einst ein ernsterer Diebstahl verübt, dessen wir hier im Hinblick auf die vom Angeklagten gegebene Erklärung Erwähnung thun. Am 27. März 1883 stahl der Bauer R. B. in den Höhlen des Kijewer Klosters, als er die heiligen Reliquien küßte, 45 Kopeken, die in einer kleinen Schale zum Sammeln von milden Gaben lagen. Dieser Gaunerstreich wurde jedoch von dem Kirchendiener bemerkt, der den B. verhaftete und der Polizei zuführte. Beim Verhöre sagte der Arrestant aus, daß er diese geringfügige Summe an sich genommen habe, weil er den Glauben

---
[1]) „Moskowskija Wjedomosti", 1884, Nr. 854.
[2]) Vgl. Kirpitschnikow, in den „Zeitgenössischen Nachrichten" (Sowremennyja Iswjestija), 1883, vom 2. April, aus dem „Kijewljanin".

habe, daß Geld, welches von den Reliquien geraubt sei, seine Wirtschaft aufbessern könne; er habe durchaus nicht die Absicht gehabt, zu stehlen, sondern sich vielmehr vorgenommen, nach einem Jahre das Geld wieder an dieselbe Stelle zurückzulegen, woher er es genommen hatte, ja sogar noch mehr Geld hinzulegen, wenn es ihm wirklich in der Wirtschaft glücken würde.

Über diesen Fall, den Professor Kirpitschnikow für einen Diebstahl aus Aberglauben hält, ist es schwer, etwas Positives zu sagen, denn die betreffende Zeitungsnotiz ist so lakonisch verfaßt, daß man aus ihr keine Klarheit darüber gewinnen kann, inwieweit die Angaben des ergriffenen Diebes Glauben verdienen und wie seine Vergangenheit, sowie seine Vermögenslage beschaffen waren.

Zum Schluß wollen wir noch einen reinen Diebs-Aberglauben kurz berühren: In ganz Rußland sind die Diebe von der Notwendigkeit überzeugt, in der Nacht auf Mariä Verkündigung einen Diebstahl ausführen zu müssen. Wem es gelingt, in dieser Nacht auf geschickte Weise irgend eine kleine Sache zu rauben, der hat im Laufe des ganzen Jahres Glück bei seinen Unternehmungen. Derartige Diebstähle sind unter dem Namen „saworowywanju" (eigentlich: „Gewohnheitsdiebstähle") bekannt.

Dieser Gebrauch ist offenbar sehr weit verbreitet in Rußland, denn er wird von allen Gelehrten, die über den Aberglauben geschrieben haben, wie z. B. Tereschtschenko, Ssacharow, Sabylin [1]), Professor Bjelogriz-Kolljarewskij [2]),

---

[1]) S. 262.
[2]) „Historischer Bote" (Jstoritscheskij Wjestnik), 1889, Nr. 7.

P. P. Kalinskij[1]) und Schtschurow[2]), erwähnt. Im Gouvernement Penſa[3]) ſind die Bauern bemüht, ſich in dieſer Nacht für das ganze Jahr vor Strafe wegen Holzdiebſtahls zu ſichern.

Mit Bezug auf den Wjäſemſchen Kreis im Gouvernement Smolensk teilt A. N. Engelhardt[4]) mit, daß dort Gewohnheitsdiebſtähle nicht nur in der Nacht auf Mariä Verkündigung, ſondern auch in der Nacht auf die Heiligen Boris und Gljeb ausgeführt zu werden pflegen; beſonders die Pferdediebe und Roßtäuſcher glauben an die Notwendigkeit der Verübung von glückbringenden Diebſtählen in dieſer Nacht.

---

[1]) Volks-Kirchenkalender für Rußland. (Publikationen der Kaiſ. Ruſſiſchen Geographiſchen Geſellſchaft, St. Petersburg, 1877, S. 179.)

[2]) Kalender der Volksanſchauungen, Gebräuche und Aberglauben. (Publikationen der Geſellſchaft für ruſſiſche Geſchichte und Altertümer, 1867, IV, S. 178.)

[3]) Gedenkbüchlein des Gouvernements Penſa, 1870, S. 198.

[4]) „Vaterländiſche Annalen" (Otetſcheſtwennyja Sapiski), 1876, IX, S. 84.

XI.

Der Betrug.

Im Kapitel über die Volksmedizin haben wir erwähnt, daß es eine Kategorie von Prozessen giebt, in benen der Aberglaube nicht als Quelle eines Verbrechens, sondern als Werkzeug und Mittel zur Verübung eines solchen erscheint. Wenn wir jetzt an die Frage von der Rolle des Aberglaubens in Betrugssachen herantreten, so müssen wir bemerken, daß er in allen diesen Fällen als Mittel zur Verübung des Verbrechens erscheint. Die Betrüger nützen die Beschränktheit der Leute aus, um ihnen das Geld aus der Tasche zu ziehen. Der Einfluß des Aberglaubens auf Verbrechen und Vergehen dieser Art ist im geltenden Gesetze in einer ganzen Reihe von Artikeln vorgesehen: § 5, Art. 175 des „Ustaw o Nakasanijach" und § 6, Art. 1671 der „Uloshenije o Nakasanijach" handeln barüber, daß das Strafmaß erhöht werden muß, wenn zur Verübung eines Betruges abergläubige Gebräuche verwandt worden sind; ferner beschreiben die Art. 933—935 derselben „Uloshenije" gleichartige Verbrechen; unter sich unterscheiden sie sich durch folgendes: Art. 933 spricht von der Veranstaltung falscher Wunder, Art. 934 von der religiösen Usurpation, d. h. von der Erklärung, man sei ein Hexenmeister und Zauberer, unter gleichzeitiger Anwendung von falschen Prophezeihungen und Vorhersagungen, sowie von anderen Täuschungen betreffs Gegenstände, die dem christlichen Gottesdienste geweiht sind; endlich Art. 935 hat die nichtreligiöse Zauberei im Auge, und zwar den Verkauf von Talismanen, Getränken und Mixturen von übernatürlicher Kraft, sowie die Vorführung von Erscheinungen[1]). Hierher müßte man nach der Ansicht Lochwitzkijs[2]) auch die Hexereien, um die Zukunft zu erfahren, bei der Entdeckung von Diebstählen ꝛc., sowie auch die Heilung durch Besprechung rechnen. Nach der Stelle, welche diese drei Artikel in der „Uloshenije" einnehmen, behandeln sie Verbrechen gegen die öffentliche Ruhe und Ordnung; nach ihrem Charakter können die beiden ersten dieser Artikel zu den Bestimmungen über Verbrechen gegen die Religion gezählt werden, und nach dem Zwecke, den diese Zuwiderhandlungen gegen das Gesetz verfolgen, müssen sie als qualifizierte Betrügerei (moschennitschestwo) angesehen werden. Vom Betruge (obman), der in den Artikeln 1671 der „Uloshenije" und 175 des „Ustaw

---

[1]) Netljudow: Handbuch zum bes. Teile des russischen Strafrechts, Bd. II, S. 303—307. Eine solche Auslegung stimmt vollkommen mit dem genauen Sinne der Anmerkung 2 zu Art. 470, Bd. XII, T. II, überein, die folgendes besagt: „Wer aus Vorhersagungen, Prophezeihungen, Traumdeutungen, Hexerei oder sog. Zauberei und dem ähnlichen Aberglauben ein Handwerk macht, der wird dem Gewissensgericht zur Aburteilung übergeben."

[2]) Kursus des russischen Strafrechts, 324—327.

o Nakasanijach" vorgesehen ist, unterscheiden sich diese Betrügereien dadurch, daß der Betrug bei den in den Artikeln 933—935 vorgesehenen Handlungen gegen ganze Gruppen von Menschen gerichtet ist, während als Opfer des einfachen Betruges gewöhnlich nur eine bestimmte Person erscheint.

Nachdem wir so in allgemeinen Zügen auf die Bestimmungen unseres Gesetzes in dieser Frage hingewiesen haben, können wir zur Darstellung einzelner Fälle von Betrügerei übergehen, bei deren Verübung die Schuldigen den Aberglauben unaufgeklärter Menschen ausgenutzt haben.

In der Stadt Torshok im Gouvernement Twer wurde ein Prozeß gegen den Zauberer Nikifor Dorosejew verhandelt, der aufgrund des Art. 935 der „Uloshenije o Nakasanijach" angeklagt war. Bei der gerichtlichen Untersuchung hatte es sich herausgestellt, daß der Dorosejew die Bauern auf jegliche Weise betrogen und beschwindelt hatte, indem er ihnen drohte, daß er einen Menschen allein schon durch Einblasen behexen und Jedermann auf dieselbe einfache Manier kurieren könnte; statt Medikamenten gab er ihnen Brot mit Baldrian oder mit abgeschnittenen Fingernägeln. Auf Grund dieser Feststellungen verurteilte das Kreisgericht den Dorosejew zu einer Haftstrafe von drei Wochen.

Es ist bekannt, daß die „weisen Männer" oder Wunderdoktoren und Zauberer nicht nur Menschen, sondern auch Tiere und ganz besonders Pferde kurieren. Die Klasse solcher Ärzte, die sich, streng genommen, nicht mit der Heilung ihrer Patienten, sondern mit Betrug befassen, wird bei uns aus Zigeunern, Litauern, Tataren, Moldauern und russischen ländlichen Roßärzten gebildet. Es ist dies mit einem Worte jenes fahrende Volk, das durch die Städte und Dörfer nomadisiert und auf Kosten der Dummheit der Menschen lebt. Aus der Zahl der von ihm angewandten abergläubigen Gebräuche und Veranstaltungen wollen wir nur sehr wenige hier anführen.

Das einfache Volk glaubt, daß die Verstorbenen, die sich an ihren Verwandten, mit denen sie bei Lebzeiten in Feindschaft gelebt hatten, rächen wollen, den Pferden die Füße zerbrächen. Um diesen Aberglauben auszunutzen, treten die Roßärzte mit den Kutschern in Verbindung, die sie willig machen, in die Füße der Pferde Holznägel hineinzutreiben. Darauf macht der Kutscher von der Krankheit des Pferdes dem Besitzer Mitteilung, der natürlich sofort zum Roßarzt schickt. Diesem letzteren ist es selbstverständlich leicht, das Pferd zu kurieren, da die Krankheit desselben ja durch seine Mitwirkung hervorgerufen ist.

In Ost- und Westpreußen[1]) genossen in den sechsziger Jahren die russischen Bärenführer eine besondere Popularität. Sie erzählten dem Volke, daß sie die Pferde- und Viehställe vom Einflusse der Hexerei und der Zauberei befreien könnten. Zu diesem Zwecke ließen sie einen Bären in den Pferdestand, der die Erde mit der Tatze aufwühlte und aus ihr den Talisman, in dem die Hexerei enthalten war, hervorholte (ein Bündelchen Haare oder ein Paar kleiner Besen). Für diese Arbeit erhielten sie von den Bauern gegen 5—10 Thaler. Schließlich lenkten diese Gaunereien im Herbste des Jahres 1869 die Aufmerksamkeit der lokalen Verwaltungsbehörden auf sich; die Bärenführer wurden in

---

[1]) Manhardt, S. 49—51.

der Gegend der Stadt Danzig ergriffen, dem Gerichte übergeben und wegen Betrugs bestraft. In demselben Buche[1]) sind ferner noch einige Beispiele von Ausnutzung der Leichtgläubigkeit des gemeinen Volkes bei der Aufspürung von Dieben oder bei der Verabreichung von Liebesträken ꝛc. aufgeführt.

Im Jahre 1873 wandte sich ein gewisser A. D., der ein Stück Land in der Nähe der Stadt Konitz in Westpreußen besaß, an einen Zauberer, um zu erfahren, wer von ihm 2 Tschetwertj Roggen gestohlen hatte. Die Hexerei wurde mit Hilfe eines ererbten Schlüssels und eines ebensolchen Buches ausgeführt. Für die Ausführung dieser Operation erhielt der Hexenmeister 8 Thaler, und darauf erklärte er dem Geschädigten, daß zwei von seinen Nachbarn diesen Diebstahl begangen hätten; es sei möglich, die Diebe der Verübung des Verbrechens zu überführen, aber es wäre besser, dies nicht zu thun, weil D. selbst dann später schreckliche Gewissensbisse fühlen würde. Der letztere beruhigte sich, nachdem er diese unsinnige Antwort erhalten hatte, und der Zauberer steckte, dank der menschlichen Dummheit, acht Thaler in die Tasche.

Am 2. Dezember 1864 wurde der Arbeiter Andreas Klein von dem Kreisgerichte zu Danzig deshalb verurteilt, weil er der Bäuerin Konkel unter dem Vorwande, daß er ihr die Spur der Diebe, welche ihre Wäsche gestohlen hatten, angeben werde, 23 Silbergroschen auf betrügerische Weise abgelockt hatte. Er hatte sich mit ihr in einem Zimmer eingeschlossen, zwei Lichte auf einen Tisch gestellt,

---

[1]) Ebenda, S. 7—9.

einige dumme Phrasen gemurmelt und darauf erklärt, daß die entwendete Wäsche ihr nach einigen Tagen wiedergebracht werden würde. Mit Rücksicht darauf, daß der Betrug ausschließlich infolge der außerordentlichen Beschränktheit der Geschädigten möglich geworden war, erkannte das Gericht es für notwendig, den Klein frei zu sprechen.

In derselben Stadt Danzig wurde die Kleinbürgerin Groß der Betrügerei schuldig gesprochen und zu Gefängnis auf ein Jahr, sowie zur Zahlung einer Strafe von 100 Thalern verurteilt. An sie wandten sich verschiedene Mädchen, die von ihren Liebhabern verlassen worden waren. Die Groß erhielt von diesen Mädchen Geld und versprach ihnen dafür, daß sie durch verschiedene abergläubige Zeremonieen die treulosen Bräutigame zur Rückkehr nach Danzig und zur Verheiratung mit den von ihnen verlassenen Bräuten zwingen würde.

Am 2. März 1865 wurde vor dem Gerichte in irgend einer der Städte Ostpreußens ein Prozeß gegen eine gewisse Klein verhandelt, die wegen Betrügereien vermittelst abergläubiger Zeremonieen angeklagt war. Die Angeklagte hatte einer dummen Köchin 15 Silbergroschen unter der Vorspiegelung entlockt, daß ein Lotteriebillet nach ihren Beschwörungen unbedingt gewinnen werde. Ferner hatte sie der Köchin zwei Thaler dafür abgenommen, daß sie ihren Bräutigam durch magische Mittel aus Schlesien herbeirufen würde. Dieser letztere erschien natürlich nicht, die Köchin aber schwieg, weil sie einen anderen Liebhaber fand und sich tröstete. Als aber auch dieser sie verließ, und die Zauberin, die 12½ Groschen erhalten hatte, um in ihm die Liebe aufs Neue zu entzünden, ihr Versprechen nicht erfüllte, da erstattete das betrogene Mädchen über alles bei der Polizei Anzeige. Das Gericht verurteilte die Klein zu Gefängnis auf ein Jahr und zur Zahlung einer Geldstrafe von 50 Thalern.

Ein sehr interessanter Fall von Betrug trug sich im Jahre 1883 in der Stadt Lodz im Gouvernement Petrikau zu ¹). Eine Kleinbürgerin hatte einen Sohn geboren. Da sie ein Medikament brauchte, schickte sie ihren Mann in die Apotheke und blieb zu Hause allein. In dieser Zeit erschien irgend ein Subjekt, das als Teufel gekleidet war, und forderte von der Kranken, daß sie ihm ihr neugeborenes Kind abliefere. Die Unglückliche begann in furchtbarem Schrecken den Satan anzuflehen, daß er ihr das Kind lassen und eine Loskaufsumme annehmen möchte; zu diesem Zwecke gab sie ihm eine Schatulle, in der sich Geld befand. Der ungerufene Gast ging auf diesen Vorschlag ein, nahm das Geld und suchte den Ausgang aus dem Hause zu gewinnen. In der Thür aber stieß er mit dem Manne, der aus der Apotheke zurückkehrte, zusammen. Dieser faßte, ohne die Geistesgegenwart zu verlieren, den Teufel an die Gurgel und begann ihn zu würgen. Der Ergriffene erwies sich als ein verkleideter Nachbar.

Wenn man diesen Fall liest, so wird man mit leichter Mühe feststellen, daß der Ursprung der hier verübten verbrecherischen Handlung in demselben Aberglauben zu suchen ist, der auch als Grund für die Ermordung von Miß-

---

¹) „Zeitgenössische Nachrichten" (Sowremennyja Iswjestija), 1883, vom 21. Februar. Kirpitschnikow („Nowj", 1885, Nr. 1, S. 59).

geburten dient. Das Volk glaubt an das Erscheinen böser Geister am Bette gebärender Frauen, um deren Kinder gegen ihre Wechselbälge zu vertauschen. Diesen Aberglauben hat der listige Nachbar offenbar auszunutzen versucht.

Gewandte Leute pflegen auch Betrügereien zu vollführen, die auf religiösen Aberglauben zurückführen. Im Jahre 1872 wurde in einem Dorfe in der Gegend von Elbing in West=preußen die Witwe eines Gutspächters beinahe das Opfer eines Betruges. Eines Nachts klopfte Jemand an ihr Fenster; als sie das Klappfenster öffnete, sah sie einen Mann von hohem Wuchse vor sich, der in weiße Gewänder gehüllt war. Der Unbekannte teilte ihr mit, daß er der Apostel Petrus sei, und forderte 50 Thaler für die Befreiung ihres Mannes von den Qualen der Hölle; dieser letztere sei ein großer Sünder gewesen und müsse im höllischen Feuer bis zur Bezahlung dieser Strafe brennen. Die erschrockene Frau versprach, dieses Geld herbeizuschaffen, bat den Unbekannten aber, in der folgenden Nacht wiederzukommen, da sie ihre Ersparnisse dem Hauptkomptoir des Gutes zur Aufbewah=rung gegeben habe. Am Morgen ging sie zum Verwalter, der ihr die verlangte Summe aushändigte, selbst aber einige Maßregeln ergriff: Um 11 Uhr abends, als der Pseudo=apostel aufs neue am Fenster erschien und das Geld erhalten hatte, wurde er ergriffen und dem Arme der Gerechtigkeit übergeben. Die Untersuchung ergab, daß es einer der Nach=barn war, dem der Lebenslauf des verstorbenen Guts=pächters und seiner Witwe gut bekannt war.

Auf einem gleichartigen Betruge ist auch das folgende Verbrechen begründet, das im Jahre 1883 verübt worden ist. Im Hinblick auf das besondere Interesse, das dieser

Fall für die Volkskunde bietet, wollen wir ihn ausführlich behandeln.

Im Sfosnizschen Kreise im Gouvernement Kijew[1]) war ein Diebstahl vollführt worden, bei dessen Verübung der schlaue Dieb den Aberglauben der Dorfbewohner ungewöhnlich geschickt ausgenutzt hatte. Bei der Sache handelte sich's darum, daß der Freitag bei den Bauern seit unvordenklichen Zeiten nicht gerade als ganzer und voller Feiertag, wohl aber zum mindesten als ein solcher Ausnahmetag gilt, an dem man nicht alle Arbeiten verrichten und unbedingt nicht spinnen darf. Dieser Gebrauch ist durch alle Dörfer hin bekannt, obgleich es schwer ist zu erklären, woher er seinen Ursprung hat und worauf er begründet ist. Auch hier ist natürlich die Regel nicht immer ohne Ausnahme. Es giebt Weiber, die zu Zeiten und unter dem Zwange der Umstände die Feier des Freitags verletzen, und solche Weiber entschloß sich der erfinderische Dieb zu bestrafen. Es war ein Freitag. In dem kleinen Dörfchen P. begann es bereits dunkel zu werden. Die Bauern droschen auf den Tennen das Getreide, und die Weiber saßen zu Hause; dabei gab es unter ihnen einige, die gerade in dieser Tageszeit, den Gebrauch verletzend, spannen. Der erfinderische Dieb, der sich schon früh morgens den Plan im Kopfe zurecht gelegt hatte, trat plötzlich unerwartet in die Hütte einer der Spinnerinnen, warf seinen Bauernkittel im Hausflur ab und erschien vor ihr in einem Unterkostüme, das mit blauen und roten Schärpen über die Schultern so verziert war, wie es bei

---

[1]) „Jushny Krai" (Das südliche Gebiet), 1883, vom 19. Okt. „Rowj", Nr. 1, S. 59 (ein Artikel von Prof. Kirpitschnikow).

den ärmellosen Mänteln, welche von den Malern auf den Heiligenbildern allen Heiligen angemalt werden, der Fall ist. Die Erscheinung fragte das Weib drohend: „Was thust Du?"

„Ich spinne," erwiderte die Frau, die mit Schrecken auf den sonderbaren Besucher blickte.

„Wie darfst Du es wagen, am Freitag zu spinnen? Oder weißt Du nicht, daß dies eine große Sünde ist?" fuhr der Unbekannte im selben Tone fort.

„Ach ja, 's ist 'ne Sünde — gewiß, das weiß ich selbst; aber unsere Not — — unsere Not ist groß," entgegnete die Frau, die den Mut ganz verloren hatte.

„Ach was Not — es heißt: Du sollst nicht sündigen! Ihr habt mich bis zum Ende gequält, wollt mir mein Leben nicht lassen. Wollt ihr mich noch lange martern?"

„Was willst Du denn? Was bist Du für ein Mensch?" fragte das Weib zweifelnd.

„Ich bin der Freitag selbst. Es war mir nicht mehr möglich, meine Qual zu ertragen, und ich habe mir von Gott die Gunst erbeten, daß er Euch, Sünderinnen, für Euere große Missethat bestrafen möchte. Überall habt Ihr mich mit Fäden umwickelt und mich mit Spindeln durchstoßen und durchlöchert. Meine Wunden sind nicht zu zählen. Meine Augen vergießen Blut. Da sieh, Sünderin, und bereue und sage allen Weibern im Dorfe, daß sie das Spinnen am Freitag lassen sollen! Sie haben mich genug gequält!"

Ein Pfund Kransbeerensaft etwa hatte der Unbekannte für seinen Gaunerstreich benutzt, aber auch das genügte: die Frau verfluchte sich und bekreuzigte sich, als sie in der

That, nachdem er bei seinen letzten Worten ihr die innere Seite seines Hembes gezeigt hatte, Wunden und Ströme Blutes auf seiner Brust erblickte. Von Schreck und Erstaunen überwältigt, fiel sie dem unglücklichen Freitag zu Füßen, der solche Qualen durch ihre eigene Spindel und durch ihre Schuld erlitten hatte, und flehte ihn um Vergebung an.

Das Gespräch zwischen dem närrisch gewordenen Weibe und dem Freitag währte so lange, als dieser letztere es für nötig fand; dann knarrte die Thür und er verschwand — mit ihm zugleich aber auch ein würdiger Spießgeselle, der inzwischen in der Vorratskammer gearbeitet hatte. Am Morgen vermißte das Weib viele ihrer Sachen, die in der Kammer gehangen hatten, einen Sack Grütze und einen Sack Fett. Fast gleichzeitig war der Freitag auch einem anderen Bauernweibe erschienen, das in seiner Hütte gleichfalls seine Spindel abspann, und hatte mit ihm dasselbe Gespräch geführt; während dessen wurden auch dieses Weibes Vorräte, die in der Kammer aufbewahrt wurden, in derselben Weise entwendet.

Der vorliegende Fall ist natürlich kein Betrug, sondern ein Diebstahl, bei dessen Verübung die Diebe sich einen örtlichen Aberglauben zu Nutze machten, um auf diese Weise die Wachsamkeit der Geschädigten einzuschläfern und ihre Aufmerksamkeit von den Vorratskammern und Truhen abzulenken, in denen sie ihre Vorräte und ihre wertvollere Habe verwahrten...

Der menschliche Aberglaube wird jedoch nicht nur zum Raube von Geld und Gut, sondern auch zu anderen sehr unschönen Zwecken mißbraucht. Nach den Mitteilungen

Lochwitzkis[1]) bienen die Wahrsagerinnen in Paris, wie die Polizeiberichte lehren, oft als Werkzeuge zur Verführung abergläubiger Mädchen. Die von einem Wüstling bestochene Wahrsagerin spricht zu der Abergläubigen, daß sie an dem und dem Tage und an der und der Stelle einem Manne begegnen werde, der so und so gekleidet sei und ihr eine bestimmte Phrase sagen werde. Das würde ihr Zukünftiger sein. Das Mädchen begegnet dann auch wirklich dem Verführer, der die Wahrsagerin bestochen hat, und wird sein Opfer.

Bis jetzt haben wir von solchen Betrügereien gesprochen, denen unser stumpfes, unaufgeklärtes gemeines Volk zum Opfer fällt. Aber die Betrüger bleiben durchaus nicht immer in diesem Milieu stehen, sondern schleichen sich sehr oft auch in die höheren Gesellschaftsschichten ein, in denen Üppigkeit und Reichtum herrschen, der Aberglaube aber noch nicht verschwunden ist. An halbgebildeten, unaufgeklärten, halbkranken und deshalb auch abergläubigen Leuten giebt es inmitten der Aristokratie und der reichen Kaufmannschaft nicht wenig, und die Liebhaber des mühelosen Erwerbes sind stets bereit, diesen Umstand auszunutzen. Hier sind natürlich die naiven Reden des „weisen Mannes" aus dem Dorfe oder des Dorfzauberers nicht zu gebrauchen, sondern es müssen feinere Mittel angewandt werden, um das Publikum zum Narren zu halten. Als Ergebnis finden wir in der Kulturgeschichte solche Abenteurer wie Cagliostro, der sich Weltberühmtheit erworben, aber einen beständigen Kampf mit der Polizei geführt und sein Leben schließlich im Ge-

---

[1]) Kursus, S. 327.

fängnis beschlossen hat. Seinen Spuren folgte Mesmer, und darauf erschien eine ganze Plejade verschiedener Hokus=
pokusmacher, Spiritisten, Antispiritisten und Hypnotiseure, die das Publikum in der frechsten Weise ausgebeutet haben, indem sie unter der Vorspiegelung, daß sie verschiedenartige Krankheiten heilen und Versuche zur Herstellung von Gold und zur Erlangung eines Lebenselixiers anstellen, sowie Geister herbeirufen könnten, in die Häuser eindrangen. Be=
sonders die letztgenannte Beschäftigung hat viele Anhänger in allen möglichen Klassen und Schichten unserer Gesell=
schaft; und das benutzen die Antispiritisten, um den leicht=
gläubigen Leuten das Geld aus der Tasche zu ziehen. In Rußland sind öffentliche spiritistische Séancen niemals er=
laubt worden; deshalb wissen wir von Strafprozessen dieser Art bei uns sehr wenig. Aber in Westeuropa haben die Spiritisten zu Anfang der achtziger Jahre überall geherrscht. Ihre Kühnheit ging so weit, daß die gewandten Artisten sogar in die Mauern der österreichischen Kaiserpaläste ein=
brangen. Bei einer derartigen spiritistischen Stance gelang es dem verstorbenen Erzherzog Johann, der später den Namen Johann Orth annahm, den geschickten Hokuspokus des Spiritisten Bastian, der in einem dunkelen Zimmer Geister erscheinen ließ, zu entlarven; die Zuschauer hatten ihn im Verdachte, daß er sich im anstoßenden Kabinett umkleidete, um seine Rolle als „Geist, der sich mit der Materie vereinigt und greifbare Gestalt angenommen hat", zu spielen; deshalb wurde ihm, um diese Annahme zu prüfen, die Entfernung aus dem Zimmer dadurch abge=
schnitten, daß die Thür durch einen automatischen Apparat verschlossen wurde; und nun wurde in der That das Ge=

heimnis des Policinello enthüllt, denn in dem plötzlich erhellten Zimmer stand Bastian in seinem Originalkostüm. Indes, diese Kunststückmachereien sind nicht immer so unschädlich[1]). Die Geister werden nicht nur herbeizitiert, um ein müssiges Publikum zu erheitern. Im Gegenteil, es giebt Fälle, in denen es ihnen gelingt, solches Unheil anzustiften, daß auch das Gericht genötigt ist, ein Wort mitzusprechen. Als bester Beweis für die Richtigkeit dieser Behauptung kann der folgende Prozeß dienen:

Im Jahre 1871 wurde in der Zivilabteilung des Jekaterinoslawschen Kreisgerichts die Klagesache der Erben Korbe gegen eine gewisse Alymow verhandelt[2]). Die näheren Umstände dieses Prozesses sind so originell, daß wir es für geboten halten, sie ausführlicher darzulegen. In dem Werchnednjeprowschen Kreise des Gouvernements Jekaterinoslaw lebte auf seiner ausgedehnten Besitzung der verabschiedete Stabsrittmeister Konstantin Feodorowitsch Korbe. Es war dies ein reicher Mann von etwa 50 Jahren; er war seit langem verheiratet und hatte zwei Söhne, von denen der älteste ungefähr 10 Jahre zählte. Diese Familie lebte ruhig und reich, als plötzlich eine Katastrophe hereinbrach, die ihr Glück schnell zertrümmerte. Im Hause tauchte ein junges Frauenzimmer, Namens

---

[1]) Da es uns unmöglich ist, bei den verschiedenen Gaunerstreichen der Spiritisten, Nekromanten und dergl. Personen zu verweilen, weisen wir diejenigen Leser, die sich für diese Fragen interessieren, auf das Buch von Dr. Joseph Uhl: „Die Formen des modernen Aberglaubens", Prag, 1870, hin.

[2]) „Der Prozeß des Frl. Alymow gegen Korbes Erben", Moskau, 1872, 2 Bde.

Jekaterina Maximowna Alymow, auf. Anfangs verfah fie
verschiedene häusliche Obliegenheiten, dann begann fie einen
immer größer werdenden Einfluß auf Korbe zu gewinnen,
und endlich wurde fie feine Geliebte. Gleichzeitig änderte
Korbe fich fchroff in feinem Benehmen gegen feine gefetz=
liche Familie. Früher ein liebevoller Gatte und Vater, be=
handelte Korbe feine Gattin und Kinder jetzt nicht nur grob
und roh, fondern fogar direkt graufam. Seinen älteften
Sohn Feodor fchlug er erbarmungslos, indem er ihn im
Pferdeftalle einer fyftematifchen Anspeitschung mit Ruten
unterzog. Diefe Auspeitfchung wurde einige Wochen nach=
einander vorgenommen, und ftets unter dem Vorwande, daß
dem Knaben die fchlimme Gewohnheit des Onanierens ab=
gewöhnt werden müßte. Diefe herzlofe Behandlung des
Kindes gelangte endlich zur Kenntnis der Behörden; es
wurde eine Unterfuchung eingeleitet, und Korbe wurde wegen
Mißhandlung feines Sohnes zur Verantwortung gezogen
und angeklagt. Indes, diefer Prozeß kam nicht zur Ent=
fcheidung, weil Korbe am 27. Dezember 1870 plötzlich
ftarb. Nach feinem Tode erfuhren die gefetzlichen Erben zu
ihrem Schrecken, daß Korbe fein Familiengut von
1386 Deffjätinen Michailowka der Jekaterina Maximowna
Alymow laut Kaufbrief übergeben und ihr laut Teftament
die unverantwortliche Nutznießung des ganzen Vermögens,
folange fie lebte, vermacht habe. Im Hinblick auf diefe
Verfügungen wurden die gefetzlichen Erben des Verftorbenen
bei dem Kreisgerichte in Jekaterinoflaw klagbar und
forderten die Nichtigkeitserklärung des erwähnten Kaufbriefes
und des Teftamentes, und zwar mit der Begründung, daß
Korbe bei Abfaffung diefer Dokumente ein geiftig nicht ge=

sunder Mensch gewesen sei. Bei der Verhandlung dieser
Klage vor dem Gerichte wurde ein eigenartiges Gemälde
aufgerollt. Nach den Aussagen der Zeugen hatte Korbe,
nachdem er das Verhältnis mit der Alymow begonnen, sich
ganze Tage mit ihr im Zimmer eingeschlossen und Nie-
manden zu sich gelassen. Nach seinem Tobe wurden in
seinem Schreibtische Papiere aufgefunden, die ein helles
Licht auf diese ganze Angelegenheit warfen. Korbe hatte
sich unter Beteiligung seiner Geliebten mit Spiritismus beschäftigt, die Geister seiner und ihrer Vorfahren zitiert,
sich mit ihnen unterhalten und ihre Reden aufgezeichnet.
Am häufigsten war der Geist des Großvaters der Alymow,
Wassilij, zitiert worden, der dem Korbe die empörendsten
Ratschläge gegeben hatte. Er hatte ihm befohlen, sein
Weib zu verlassen und mit der Alymow zu leben; er hatte
ihm mitgeteilt, daß sein ältester Sohn Feodor Onanie
treibe, und ihm befohlen, ihm mit Strenge dieses Laster
abzugewöhnen. Diese Ratschläge wiederholten sich im
Laufe einer ganzen Reihe von Tagen und riefen die grau-
same Mißhandlung des Knaben hervor. Derselbe Geist
teilte nach einiger Zeit dem Korbe mit, daß die Alymow
von ihm schwanger sei, und dann wieder nach einiger
Zeit, daß diese Aufregung unnötig gewesen sei, weil
die Alymow bloß ein Geschwür im Unterleibe gehabt habe.
Endlich hatte der Geist Wassilij die Anweisungen hinsichtlich der Vermögensverfügungen gegeben und wiederholt
darauf bestanden, daß Korbe „zur Sicherstellung der Unab-
hängigkeit des von ihm geliebten Weibes zu dessen Gunsten
ein Testament machen solle, aber nicht anders als durch
einen Advokaten". Diese Dokumente stellten es als zweifel-

los hin, daß die Alymow den Aberglauben und den
Schwachsinn Korbes benutzt und ihn veranlaßt hatte, sich
seiner Familie zu entfremden, seinen Sohn zu mißhandeln
und sein ganzes Vermögen in ihre Hände zu geben. Nach=
dem das Kreisgericht das Gutachten der als Sachver=
ständige hinzugezogenen Ärzte gehört, das dahin lautete,
daß Korbe in den letzten Jahren seines Lebens nicht bei
gesundem Verstande und ungetrübtem Gedächtnis gewesen sei, be=
stimmte es: das Testament und den Kaufbrief betreffs des
Gutes Michailowka für ungiltig zu erklären und die im
Prozeß enthüllten Straftaten der Alymow, welche den
Korbe betrügerischerweise veranlaßt habe, auf ihren Namen
einen Kaufbrief zu vollziehen und ein Testament abzufassen,
sowie auch den Umstand, daß sie den verstorbenen Korbe
dazu angestiftet habe, seinen Sohn Feodor zu mißhandeln,
zur weiteren Verfolgung dem Staatsanwalte anzu=
zeigen....

Der Betrug, der sich auf den Aberglauben gründet,
kann, wie aus dem folgenden Beispiele ersichtlich ist, auch
im politischen Kampfe in Szene gesetzt werden: [1]

Im Augustinerinnen=Kloster in der Stadt Loretto [2] giebt
es eine Mädchenschule. In der Zahl der Zöglinge befand
sich auch die Tochter eines sehr angesehenen Ortsbürgers, der
durch seine Ergebenheit an Victor Emanuel bekannt war.
Nach dem Ausscheiden dieses Mädchens aus der Schule im
April 1864 verbreitete sich das Gerücht, daß es eine seiner

---

[1] „Journal des Justizministeriums", 1864, Bd. XXII,
S. 598.

[2] Ein italienisches Städtchen, das am Ufer des Adriatischen
Meeres auf früher päpstlichem Gebiete liegt.

Freundinnen behext habe: dieser letzteren seien Nähnadeln in den Körper gestochen worden, die unter schrecklichen Schmerzen bei heftigem Erbrechen wieder herauskämen. Im September mußte die vermeintliche Schuldige auf Anraten der Vorsteherin des Klosters in Begleitung ihrer Mutter dort wieder erscheinen. Sie wurde unverzüglich von der Mutter getrennt, und die Vorsteherin begann unter Beihilfe eines Geistlichen auf das Mädchen einzureden, daß es bekennen solle; darauf zogen dieselben Personen das Mädchen völlig nackt aus, begannen sie nach dem Vertrage mit dem Teufel zu durchsuchen und brachten es auf diese Weise so weit, daß das Mädchen in Ohnmacht fiel. Zum Schlusse hieß es dann, man habe bei ihm ein Zettelchen mit den Worten: „Fort mit dem Papste!" gefunden. Endlich gelang es der Mutter nach großen Anstrengungen ihre Tochter zu befreien und sie nach Hause zu führen. Das Volk war über diesen Streich so empört, daß in der Stadt ein Aufruhr entstand. Am folgenden Tage langten in Loretto ein königlicher Prokuror und ein Richter an, welche eine Untersuchung einleiteten und den Geistlichen, sowie den Arzt, der die Freundin des Mädchens für behext erklärt hatte, verhafteten. Das angeblich behexte Mädchen erwies sich nämlich als vollkommen gesund. Außerdem wurde enthüllt, daß die Intrigue den Zweck gehabt hatte, die Leichtgläubigen davon zu überzeugen, daß alle Anhänger Victor Emanuels Beschützer des Teufels seien. Für diese kühne Politik wurden die Vorsteherin, der Geistliche und der Arzt mit Gefängnis bestraft.

XII.

Die Besessenheit.

Der im vorigen Kapitel zuletzt dargestellte Prozeß hat für uns ein besonderes Interesse nicht nur im Hinblick auf den Beitrag zur Volkskunde, den er bietet, sondern auch aus einem anderen Grunde: zuerst haben wir den Aberglauben des Subjekts, d. h. des Verbrechers selbst, gesehen, und darauf den Aberglauben des Objekts, d. h. des Geschädigten; im vorliegenden Falle aber waren weder die Angeklagten (b. h. die Vorsteherin der Klosterschule, der Geistliche und der Arzt), noch auch ihr Opfer von Aberglauben erfüllt; im Gegentheil, die Angeklagten wurden deshalb verurteilt, weil sie sich vollkommen bewußt eine empörende Gewaltthat gegen ein junges Mädchen erlaubt und dabei auf den Aberglauben der Menge spekuliert hatten. Sie wollten die Unwissenheit dieser stumpfen Menge benutzen, um ein politisches Manöver auszuführen.

Wenn wir von dieser Feststellung ausgehen, so fällt es uns nicht schwer, ein analoges Verbrechen aufzufinden, das nicht nur bei uns in Rußland verübt wird, sondern auch

in einem speziellen Artikel des Gesetzes beschrieben ist.
Wir sprechen von der Besessenheit (klikuschestwo), einer
Handlung, die in Artikel 937 der „Uloshenije o Nakn-
sanijach" (des Strafgesetzbuches) vorgesehen ist.

Vor allem ist es notwendig zu erklären, worin die
Merkmale dieses eigenartigen Verbrechens bestehen und wie
es entstanden ist [1]).

In Rußland glaubte man früher und glaubt man auch
jetzt noch, daß ein Mensch durch ein Bündnis mit dem
Teufel die Möglichkeit erlangen könne, einen anderen Menschen und besonders eine Frau zu behexen, indem er die
„unreine Kraft" auf sie schickt. Infolgedessen wird die
Behexte rasend und kann an kein Heiligtum herantreten;
während des Gesangs der Gebete bei der Messe und besonders beim Cherub-Gesange fällt sie zur Erde nieder,
krümmt sich und schreit mit der Stimme verschiedener Tiere.
In früheren Zeiten war das Verfahren in solchen Fällen
ein sehr kurzes: wen die Behexte anrief, d. h. wen sie
während des Anfalles beschuldigte, daß er sie behext habe,
der wurde ins Gefängnis geworfen und der Folter unterworfen.

Die Besessenheit war besonders stark im 17. Jahrhundert
entwickelt: in der Stadt Schuja gab es zu gleicher Zeit
70 Besessene. Die Ursache der Anfälle ist in Nerven-
krankheiten zu suchen, von denen man in früheren Zeiten
keine Ahnung hatte, und ferner in religiöser Exaltation.

---

[1]) Lochwitlij: Kursus des Strafrechts, S. 328. — Gedenk-
Büchelchen des Gouvernements Pensa, 1870. — Gerbunow: Der
nordöstliche Teil des Gorobischtschenschen Kreises.

Aber gegen Ende des 17. Jahrhunderts wurde die Besessenheit zu einem allgemeinen öffentlichen Übel; es häuften sich die falschen Denunciationen, und verschiedene Intriganten begannen die Besessenen im Kampfe der Parteien zu benutzen; endlich fanden die Volksmediziner, die Zauberer und „weisen Männer" oder Wunderdoktoren (snachari), ein Mittel, bei Weibern hysterische Anfälle durch Zurückhaltung des Monatsflusses künstlich hervorzurufen [1]).

Alles dies nötigte Peter den Grossen, seine Aufmerksamkeit auf die geschickten Betrügerinnen zu lenken. Am 7. Mai 1715 erschien ein Ukas über die Besessenen, und es wurde eine Änderung der Methode für die Untersuchung in diesen Prozessen angeordnet: die Sache wurde nach wie vor auf die Erklärung der Besessenen eingeleitet, aber das Verhör begann nicht mehr mit der Person des Beschuldigten, sondern mit der Besessenen selbst. Diese Neueinführung erwies sich als vollkommen zweckentsprechend, denn die Zahl der Prozesse wegen Behexung nahm mit einem Male ab. Nichtsdestoweniger glaubt unser Volk noch fest an die Besessenen. Deshalb ist es nicht verwunderlich, dass die Regierung sich nach den zu ihrer Kenntnis gelangten Thatsachen richtete. Im Laufe des vorigen Jahrhunderts erschienen in dieser Frage 7 Allerhöchste Erlasse, aus denen nach und nach der geltende Art. 937 der „Uloshenije o Nakasanijach" hervorgegangen ist [2]), der folgendermassen

---

[1]) Sjacharow, Bd. I, S. 83.
[2]) Mit Bezug auf Besessene (kliknschi) sind folgende gesetzliche Verfügungen emaniert worden: am 7. Mai 1715, Nr. 2906; am 25. November 1737, Nr. 7450; am 8. Oktober 1762, Nr. 11698; am

lautet: „Sogenannte Besessene (klikuschi), die irgend jemand unter der Behauptung benunzieren, daß er ihnen durch Zauberei ein Übel zugefügt habe, werden für diesen böswilligen Betrug mit Gefängnisstrafe belegt [1]."

Gestützt auf den genauen Sinn dieses Artikels hat der Dirigierende Senat iu seiner Entscheidung im Prozeß gegen die Berdnikow (1874, Nr. 432) sich dahin ausgesprochen, daß die Besessenen (klikuschi) nur dann für ihre Denunziationen bestraft werden können, wenn sie in der Absicht, andere zu betrügen, gegen irgend jemand vorsätzlich die falsche Anklage, er habe sie behext oder ihnen ein Übel zugefügt, erheben; wenn ein Dolus (die böse Absicht) nicht vorhanden sei, wenn die Leiden der Frauensperson thatsächliche seien und sie dieselben den Handlungen einer bestimmten Person zuschreibe und diese deshalb der Hexerei beschuldige, so gehöre ein solcher Fall nicht unter Art. 937.

Vielleicht sind einige unserer Leser der Ansicht, daß es sich nicht lohne, von der Besessenheit als von einem Verbrechen zu sprechen, weil dieses Gesetz veraltet sei und Prozesse gegen Besessene in der Praxis nicht mehr vor-

---

10. Februar 1766, Nr. 12568; am 14. März 1770, Nr. 13427; am 19. Dezember 1774, Nr. 14231, § 2; am 7. November 1775, Art. 339, Nr. 14392, und am 25. März 1889, Art. 151, Nr. 12166.

[1]) Eine Bestimmung der Besessenheit finden wir auch in § 8, Anmerk. 1, zu Art. 470 des Ustaws über die Ordnung in Kronsansiedelungen (Bd. XII, Th. 2, Ausgabe von 1857), welcher lautet: „Die folgenden Personen unterliegen dem Kriminalgericht . . . . 8) sogenannte Besessene (klikuschi), welche Andere verleumden, daß sie ihnen durch Zauber oder böse Geister ein Uebel zugefügt hätten."

kämen. Darauf erwidern wir, daß die russischen Gerichte, wie aus folgenden Beispielen ersichtlich ist, in den letzten 30 Jahren sich wiederholt mit Prozessen dieser Art haben befassen müssen.

Am 12. April 1861 reichten die Bauern Bulrejew dem Pawlograbschen Landesgerichte im Gouvernement Jekaterinoslaw[1]) eine Bittschrift ein, in der sie erklärten, daß sie auf ihrem Beigute eine Menge Besessener (klikuschi) hätten, die von der Bäuerin Fedossja Gawrilowna Bulrejew behext wären. Das Gericht ließ natürlich die Fedossja Bulrejew in Ruhe, aber gleichzeitig konnte es die Bauern, die die Bittschrift eingereicht hatten, nicht zur Verantwortung ziehen, denn bei den Erhebungen in dieser Sache wurde festgestellt, daß sie völlig in gutem Glauben gehandelt hatten.

Dafür hat das Gericht in den folgenden drei Prozessen die Anklage wegen Besessenheit für erwiesen erachtet:

Am 31. Juli 1868 verhandelte das Moskauer Kreisgericht[2]) einen Prozeß gegen die Bäuerinnen Wassiljew, Fedorow und Uwarow aus dem Pobolschen Kreise des Gouvernements Moskau, welche angeklagt waren, daß sie den Bauern Rodion Alexejew öffentlich beschuldigt hätten, sie behext zu haben, und daß sie gleichzeitig die Vertreibung desselben aus dem Dorfe gefordert hätten. Im Hinblick darauf, daß bei der Voruntersuchung die Frage vom Zustande ihrer geistigen Fähigkeiten aufgeworfen war, wurden alle drei Angeklagten zunächst einem Krankenhause zur Beobachtung überwiesen; indes, die Aerzte kamen zu dem

---

[1]) „Journal des Justizministeriums", 1862, Nr. VIII, S. 117—271.
[2]) „Der Gerichts-Bote" (Sjudebny Wjestnik), 1868, Nr. 170.

zweifellosen Schlusse, daß die Angeklagten simulierten, und daß ihre Anfälle künstlich gemachte seien. Auf Grund dieser Feststellungen verurteilte das Gericht die Angeklagten zur Einsperrung ins Arbeitshaus auf je zwei Monate.

Am 28. Juli 1869 wurde von dem Kreisgerichte in Jaroslaw[1]) ein Prozeß gegen die Bäuerinnen Marja Rybnin und Nastaßja und Praskowja Kassatkin verhandelt, die der Besessenheit angeklagt waren. Bei der Untersuchung war festgestellt worden, daß die Angeklagten am Vorabende des Dreifaltigkeitsfestes (Pfingsten) laut zu schreien angefangen halten, die Bäuerin Irina Iwanow habe sie behext. Diese letztere wandte sich jedoch mit der Bitte um Schutz an die Behörden, und zwar mit der Begründung, daß es ihr infolge dieser Denunziation unmöglich gemacht worden sei, in dem Dorfe zu leben. Beim Verhöre sagten die Angeklagten aus, daß sie an Anfällen litten, aber da es sich bei der Besichtigung und Beobachtung im Landschafts-Krankenhause, wohin man sie auf 25 Tage gebracht hatte, herausstellte, daß sie vollkommen gesund waren, und da außerdem glaubwürdig nachgewiesen wurde, daß die Schwestern Kassatkin auf diese Weise die Iwanow aus der gemeinsamen Hütte hatten heraustreiben wollen, so sprach das Gericht die Angeklagten schuldig und verurteilte sie zu Gefängnisstrafe auf je 2 Monate.

Am 22. Januar 1870 wurde ein ebensolcher Prozeß vor dem Kriminalgerichtshofe in Moskau[2]) verhandelt. Am

---

[1]) Ebenda, 1869, Nr. 172.
[2]) Ebenda, 1870, Nr. 66.

7. Oktober 1867 hatte der Dorfälteste von Mitenskoje, der Bauer Matwejew, der Polizei angezeigt, daß seine Braut Marja Frolow ihn unter Schreien in der Kirche verleumbe, er habe sie behext. Das Kreisgericht in Tula fand, daß die Frolow sich nicht im Zustande der Unzurechnungsfähigkeit befunden, sondern sich verstellt und bolos gehandelt habe, und verurteilte sie zu Gefängnis. Indes, der Kriminalgerichtshof in Moskau schloß sich diesem Urteile mit seinen Begründungen nicht an und bestimmte: in Erwägung dessen, daß die Frolow ein krankes Frauenzimmer sei, das in hohem Grade an Syphilis und Hysterie leide, das Urteil des Kreisgerichts zu Tula laut Art. 95 der „Uloshenije o Nakasanijach" abzuändern, d. h. dahin zu erkennen, daß der Frolow die von ihr verübte That nicht zur Last gelegt werden könne...

Wir haben diese Prozesse behandelt, um zu zeigen, daß die Besessenheit ein Übel sei, welches auch dem zeitgenössischen russischen Volke nicht fremd ist. Jetzt wirft man freilich auf die Anzeige eines hysterischen Weibes hin keinen Menschen ins Gefängnis und foltert ihn dort nicht; aber die Bezichtigung einer Besessenen kann noch immer demjenigen viel Unannehmlichkeiten verursachen, der inmitten des abergläubigen Volkes lebt. Aus den angeführten Prozessen haben wir gesehen, daß man zur Besessenheit greift, um verschiedene dunkele Rechnungen wett zu machen. Wenn wir uns daran erinnern, daß die hysterischen Anfälle von Weibern wiederholt die Ursache der Ermordung von Zauberern gewesen ist, so folgt daraus, daß die Hysterie und die Besessenheit von unseren Juristen nicht unbeachtet gelassen werden dürfen.

In dem Entwurfe eines Strafgesetzbuches findet sich die Besessenheit als selbständiges Verbrechen nicht aufgeführt; deshalb wird das Verbrechen, das gegenwärtig in Art. 937 der „Uloshenije o Nakasanijach" vorgesehen ist, in Zukunft als einfache Verleumdung verfolgt werden. Inwieweit diese Veränderung sich in der Praxis bewähren wird, wird die Zukunft lehren, aber der Begriff der Verleumdung müßte auf jeden Fall ein wenig erweitert werden: gegenwärtig gilt als Verleumdung die ungerechte Beschuldigung irgend Jemandes, eine Handlung begangen zu haben, die den Gesetzen der Ehre zuwiderläuft (Entscheidungen des Senats, 1869, Nr. 771, in Sachen Afanassjew). Es fragt sich jetzt, ob man die Behexung eine Handlung solcher Art nennen kann?

In jedem Falle erscheint es wünschenswert, daß, wenn die Besessenheit als selbständiges Verbrechen aus dem Strafgesetzbuche verschwindet, dieses Wort auch aus den übrigen Bänden des Swod Sakonow (der Allgemeinen Gesetzessammlung) ausgemerzt und der von uns angezogene Art. 470 (Anm. 1, § 3) im XII. Bande, T. 2, abgeändert werde.

XIII.

Unruhen zur Zeit von Epidemieen.

Wir haben bisher nur von verbrecherischen Handlungen gesprochen, die von einzelnen Personen verübt worden sind. Aber in einem Werke, das der Erforschung des Volksaberglaubens gewidmet ist, dürfen die Verbrechen nicht übergangen werden, die das Ergebnis von Handlungen eines ganzen Haufens bilden.

Die Psychologie der Massen hat schon längst die Aufmerksamkeit der Forscher auf sich gezogen [1]). Wir werden jedoch diese Frage hier nur insoweit berühren, als sie zur

---

[1]) S. Sigeli: Der verbrecherische Haufen. Versuch einer Kollektiv-Psychologie, 1893 (russisch). — Tarde: Les crimes des foules. Actes du troisième congrès intern. d'anthropologie criminelle. Bruxelles, 1893, p. 79—90. — W. R. Ssutschewski: Der Haufe und seine Psychologie. („Nedelja", 1893, Nr. 4 und 5.) Dieser letztere Artikel bietet das allergrößte Interesse im Hinblick darauf dar, daß der Verfasser eine bedeutende Anzahl von Thatsachen gesammelt und es mit dem ihm eigenen Talente verstanden hat, die Anschauungen und Feststellungen der westeuropäischen Gelehrten kurz und klar darzulegen.

Erklärung jener ausschließlichen Fälle dient, in denen Aufstände und Empörungen infolge von Unwissenheit und Aberglauben emporlodern.

In Perioden des Volksunglücks, wenn Hungersnot und Epidemieen herrschen, verlieren die dunkelen Massen, welche die Menge der Opfer und den hartnäckigen und lange Zeit fruchtlosen Kampf der Regierungsorgane sehen, das Vertrauen zu ihren Leitern. In solchen Augenblicken erwacht der Aberglaube mit schrecklicher Gewalt, und der unwissende Haufe beginnt die Ursache seines Unglücks in solchen Umständen zu suchen, die mit der Wirklichkeit nichts gemein haben. Das Resultat bilden Widerstand gegen die Behörden, Zerstörung von Gebäuden, rohe Gewaltthaten und Morde und Totschläge an vielen Menschen. Zur Zeit von Volksepidemieen entstehen die allerunsinnigsten Gerüchte, die jeder faktischen Begründung entbehren; kleine persönliche Rechnungen einzelner Stände unter einander werden dabei beglichen, und die Unzufriedenheit gegen die Regierung und ihre Vertreter taucht nach außen auf und verschärft die Krisis.

Wie oft es solche Volkserregungen gegeben hat, davon kann man sich leicht überzeugen, wenn man einen flüchtigen Blick auf die Geschichte Europas im Laufe der letzten 150 Jahre wirft.

Im Jahre 1771[1]), als die Pest in Moskau wütete, ging die Aufregung des Volkes in einen offenen Aufruhr über, bei dem der Erzbischof Ambrosius ermordet wurde. Dieser würdige Hirte versuchte den Haufen zu überreden,

---

[1]) Vgl. Ellutschemskij, S. 22.

daß er auseinanderginge; das Volk gab auf seine Worte
Acht und beruhigte sich ein wenig; da stürzte der Hausknecht
Wassilij Andrejew plötzlich aus einer Schenke mit einem
Zaunpfahle in den Händen hervor und schrie: „Was hört
ihr auf ihn? Wißt ihr nicht, daß er ein Zauberer ist, der
euch die Augen verblendet!" Durch diese sinnlosen Worte
wurde der Haufe in Wut versetzt, stürzte sich auf den Erz=
bischof und schlug ihn tot. Derartige Unthaten veranlaßten
die Regierung, die energischsten Maßregeln zu ergreifen.
Grigorij Orlow wurde nach Moskau gesandt, der mit der
ihm eigenen Energie die Ordnung wieder herstellte.

Im Jahre 1830, zur Zeit der Pest, die in Sewastopol
wütete[1]), brach daselbst ein Aufstand aus, bei dem die
Weiber die Hauptrolle spielten. Unzufrieden mit der Ein=
schließung und Absperrung ihres Wohnortes, die mit Rück=
sicht auf die Verbreitung der Epidemie angeordnet worden
war, verlangten sie die Beseitigung des Kordons, und als
dieser Bitte nicht willfahrt wurde, schritten sie zur Gewalt.
Die Vertreter der Behörden versuchten anfangs das Volk
zu überreden, daß es sich füge; dann aber, als alle guten
Ratschläge und Aufforderungen sich als fruchtlos erwiesen,
entschlossen sie sich, Militär zur Hilfe zu rufen. Indes,
selbst die Drohung, daß geschossen werden würde, fruchtete
nichts; auf den Knieen liegend und die unmündigen Kinder
vor sich herschiebend, flehte der Weiberhaufe um die Er=
füllung seiner Bitte. Und diese Hartnäckigkeit blieb nicht
ohne Wirkung auf die Soldaten; ein Teil des Militärs

---

[1]) Sllutschewskij, S. 18. — „Der Zeitgenosse" (Ssowremennik),
1865, X, 360.

ging auf die Seite des Volkes über, und dieser Umstand zog ein schweres Blutvergießen nach sich.

Im Jahre 1831 loderte in St. Petersburg während einer Cholera-Epidemie ein Aufruhr auf, wobei der Kaiser Nikolai Pawlowitsch selbst auf den Ssjennaja-Platz hinausfuhr und das Volk durch sein gewaltiges Wort zum Gehorsam zurückführte. Während dieses Aufruhrs ereignete sich auch eine äußerst charakteristische Episode. Als der Haufe das Cholera-Krankenhaus auf der Sjabowaja-Straße demolierte und dabei verschiedene Sachen auf die Straße warf, stand irgend ein Mensch an der Pforte des Nachbarhauses und sah diesem wahnwitzigen Treiben ruhig zu. Plötzlich erregte er die Aufmerksamkeit irgend Jemandes aus dem Volke, der die Anderen sofort zu überreden begann, daß dieser Mensch ein „Wärwolf" sei. Es genügte dieses eine sinnlose Wort, um die erregte Menge zu veranlassen, den Unglücklichen mitten auf die Straße zu schleppen und ein furchtbares Gericht über ihn zu halten: er wurde vollständig nackt ausgezogen, und man ging daran, ihn an Ort und Stelle auf einem Scheiterhaufen zu verbrennen. Glücklicherweise fuhr ein Gardeoffizier vorüber, dem es mit Gefahr seines eigenen Lebens gelang, den Unglücklichen den Händen des Haufens zu entreißen[1]).

Derartigen Thatsachen begegnet man nicht nur bei uns in Rußland, sondern auch in Westeuropa, besonders unter den romanischen Völkern. Während der Cholera-Epidemieen, die in den dreißiger Jahren in Frankreich, in Spanien und Italien wüteten, wurde überall das dumme Märchen er-

---

[1]) „Russisches Archiv", 1869, S. 956. — Sslutschewslij, S. 24.

zählt, daß die Ärzte das Volk vergifteten. Sehr charakteristische Thatsachen hat der schweizerische Publizist Reinhold Rüegg über die Volksaufstände mitgeteilt, die im Jahre 1837 zur Zeit der Cholera in Italien stattgefunden haben[1]): In Syrakus, Catania, Cosenza, Civita bi Penne und anderen Städten und Dörfern kam es zu Volkserhebungen, die durch die panische Furcht vor der Cholera hervorgerufen waren. Überall, Neapel und Palermo mit eingeschlossen, war das Volk überzeugt, daß die Leute infolge der Vergiftung des Wassers durch die Beamten und Ärzte, die das Gift hierzu von der verhaßten Bourbonischen Regierung erhalten hätten, erkrankten. Die traurigen Wahnideen dieser Art beschränkten sich dabei durchaus nicht nur auf das unwissende Proletariat. In Sizilien war kein Mangel an gebildeten Leuten, die versicherten, daß die Neapolitaner die Cholera verbreiteten, um die Sizilianer zu Grunde zu richten! So starb z. B. der Erzbischof von Palermo, Trigona, der an der Cholera erkrankt war, in der festen Überzeugung, daß man ihn auf das Geheiß der Bourbonen vergiftet habe; er lehnte die ärztliche Hilfe ab, weil er überzeugt war, daß es gegen dieses Gift kein Gegengift gäbe. Ein hochgestellter Würdenträger starb mit den Worten: „Ich dachte mir, daß die Regierung mich ihres Todes sterben lassen werde!"

Seitdem ist viel Wasser ins Meer geflossen. Das Königreich der beiden Sizilien und die Dynastie Bourbon sind längst verschwunden. Ganz Italien ist zu einem

---

[1]) „Zürcher Post", 1892, Juli. — „Der Arzt" (Dralsch), 1892, S. 791.

starken Reiche vereinigt, dessen Regierung im Lande Ruhe und Ordnung errichtet und den Wohlstand und die Bildung des Volkes gehoben hat. Aber mit dem Aberglauben wird sie nicht sobald fertig werden. Wie sehr die stumpfen Massen unter seinem Einflusse stehen, kann man aus den Aufständen ersehen, die sich im Jahre 1884, während der letzten Cholera-Epidemie, in Neapel abspielten. Das Volk verfluchte ganz wie früher die Ärzte, weil es überzeugt war, daß diese letzteren die Arbeiter absichtlich zu Gunsten der besitzenden und wohlhabenden Klassen töteten[1]). Deshalb verschlossen die Armen sich in ihren Häusern und verbarrikadierten die engen Straßen Neapels, in denen die Cholera sich, dank der herrschenden Feuchtigkeit, der Dunkelheit und dem Schmutze, ein dauerndes Nest gebaut hat. Nur die Selbstentäußerung des Königs Humbert, der persönlich die Wohnungen der Armen und Kranken besuchte, beruhigte die Bevölkerung und gab den Ärzten die Möglichkeit, ihre Obliegenheiten zu erfüllen.

Es ist nicht schwer, sich davon zu überzeugen, inwieweit die Anschauungen der abergläubigen Menge bei den verschiedenen Nationen übereinstimmen. Wir brauchen uns nur von dem sonnigen Italien mit seiner katholischen stumpfen und armen Bevölkerung nach dem nordischen England zu wenden, dessen Bewohner in materieller Beziehung viel reicher und unvergleichlich gebildeter sind. Während der Cholera-Epidemie im Jahre 1892 spielten sich hier Szenen ab, die an die Volkserregung in Neapel erinnerten. In Sunderland[2])

---

[1]) „Der Arzt" (Wratsch), 1884, Nr. 36, S. 627.
[2]) „Der Arzt" (Wratsch), 1892, S. 949. — „Le Lancet", 10. September 1892.

schritt die Stadtverwaltung zum Bau einer Cholera-Baracke. Als die Einwohner hiervon erfuhren, veranstalteten sie eine feierliche Prozession, in der eine gelbe Fahne vorangetragen wurde, und erschienen auf dem Rathause, um zu erklären, daß sie ein Cholera-Krankenhaus nicht zu haben wünschten. Eine stürmische Demonstration fand auch vor dem Gebäude statt, in dem die Sanitäts-Kommission ihre Sitzungen abhielt. Das Ergebnis war, daß die Verwaltungsbehörden es für vorsichtiger hielten, zur Vermeidung von ernsten Unruhen die Baracke abzutragen und ein Cholera-Krankenhaus außerhalb der Stadt am Flusse zu erbauen.

Wenn wir nun zu Rußland übergehen, so stoßen wir auf einschneidendere Thatsachen; denn die Cholera-Unruhen, die im Jahre 1892 in unserem Wolgagebiete stattfanden, verliefen nicht, ohne blutige Opfer zu fordern. Und das ist begreiflich, wenn man einerseits den geringen Bildungsgrad unseres Volkes und andererseits auch die Thatsache berücksichtigt, was die Bauern in den Gouvernements an der Wolga während jener Zeit von Mißernte, Hungersnot und endlich von dieser Epidemie zu erdulden gehabt haben! Das Zusammentreffen aller dieser Umstände erwies sich als empfänglicher Boden für das Aufleben der alten, häßlichen Idee, das Volk müsse sich selbst gegen die Ärzte verteidigen — ein Irrwahn, der sich nicht nur über das ganze Wolgagebiet, sondern auch in vielen angrenzenden Gouvernements verbreitete. Hierdurch allein kann man sich die überall emporlobernde Erregung der örtlichen Bevölkerung erklären. Der Unterschied bestand nur darin, daß in einigen Städten, wie z. B. in Kasanj[1]) und Nishnij-Nowgorod, den Unruhen

―――――――――――
[1]) „Nowoje Wremja", vom 9. Juli, 1892.

durch die Wachsamkeit der Verwaltungsbehörden vorgebeugt wurde, während sie in anderen Städten zum Ausbruch kamen und eine unerwünschte Ausdehnung annahmen. Die Cholera=Unruhen begannen am 22. Juni 1892 in der Stadt Astrachanj[1]). Als die direkte Veranlassung zum Pulsche diente die Thatsache, daß die Verwaltungsbehörde den Versuch machte, eine Kranke aus einem Privatgebäude in das Cholera=Krankenhaus überzuführen. Das Volk, das durch diese Anordnung erregt wurde und das ärztliche Personal für den Urheber seiner Leiden hielt, stürmte das Krankenhaus und richtete das gesamte Dienstpersonal übel zu. Dann schleppte der Haufe die Kranken heraus, führte sie nachhause, demolierte das Krankenhaus und zündete es schließlich an. Bei diesem Aufruhr erhielten die Doktoren N. S. Ssokolow, M. A. Myschkin und S. M. Popow fürchterliche Prügel, während der Feldscher A. P. Popow ermordet wurde. Der Leichnam des letzteren wurde dann von dem bethörten Haufen mit Desinfektionsmitteln begossen und auf einem Scheiterhaufen so weit verbrannt, daß man ihn nur mit Mühe rekognoszieren konnte[2]).

An demselben Tage kamen im Dorfe Ssrednaja Achtuba im Gouvernement Astrachanj Ruhestörungen vor. Die Ortseinwohner und herbeigeströmter Pöbel, die mit der Anordnung sanitärer Vorsichtsmaßregeln unzufrieden waren, demolierten die Gemeinde=Verwaltung, erschlugen einen Feldscher und den Apotheker und fielen dann über den Urjädnik (Dorfpolizisten) her und verstümmelten ihn.

[1]) Sslutschewskij S. 15 u. 28. — „Nowoje Wremja" vom 2. Juli, 1892.
[2]) „Nowoje Wremja" vom 13. Juli 1892, Nr. 5880.

Solche Beispiele wirkten ansteckend; das Gerücht, daß man die Ärzte erschlage, drang auch in die benachbarten Städte, und bald brachen in dem ganzen Wolgagebiete Unruhen aus. Am 28. Juni begannen die Gewalttaten des Haufens im Gouvernement Sſaratow. An diesem Tage wurde in der Stadt Sſaratow¹) selbst ein Cholera=Kranken= haus niedergebrannt, die Kranken aber wurden in die Privathäuser verteilt. Dann ging der Haufe daran, die Wohnungen des Polizeimeisters und der Ärzte zu plündern. Während der Aufruhr in hellen Flammen stand, wurde auf einem öffentlichen Platze ein gewisser Nemurow ermordet, ein junger Mann, der soeben erst die Realschule beendigt hatte: der Jüngling hatte das Unglück, den Haufen über= reden zu wollen, daß er auseinandergehen und die Ärzte in Ruhe lassen möge!

Am folgenden Tage, am 29. Juli, fanden in der Po= trewſkij=Vorstadt bei Sſaratow Ruhestörungen statt: es wurden das Krankenhaus und die Wohnung des Landſchafts= arztes zerstört und ein Feldſcher ermordet²).

Am 28. Juli spielte sich außerdem in Chwalynſk in demselben Gouvernement ein blutiges Drama ab³). Das Volk war deshalb gegen den Ortsarzt Moltſchanow er= bittert, weil irgend Jemand das Gerücht verbreitet hatte, er habe „seine Unterschrift dazu gegeben, daß die Cholera in die Stadt hineingelassen werde". Als Moltſchanow am 28. Juli von der Besichtigung der Cholera=Baracken, die

---

¹) „Der Arzt" (Wratſch) 1892, Nr. 28.
²) „Der Arzt" (Wratſch) 1892, Nr. 28.
³) „Der Arzt" (Wratſch) 1892, Nr. 29. — Sſlutſchewſkij S. 29.

unter seiner Aufsicht erbaut wurden, nachhause zurückkehrte, fiel das Volk über ihn her und steinigte ihn zu Tode.

Zwar unblutige, aber doch nicht minder charakteristische Unruhen ereigneten sich im Dorfe Abakumowka im Tambowschen Kreise[1]). Dort zirkulierte unter den Bauern das folgende unsinnige Gerücht: man baue eine Baracke, um das Volk umzubringen; in sie werde man gesunde Leute mit Bootshaken und Hakenstangen schleppen, sie lebendig hinwerfen und mit Kalk beschütten; dieses Verbrechen hätten die Herren im Verein mit den Ärzten ausgedacht! Die durch diese Fabel erbitterten Bauern rissen das Krankenhaus nieder, plünderten die Wohnung des Doktors Zwjetajew und richteten den Urjädnik (Dorfpolizisten) und den Gemeindeältesten, sowie die Krankenwärter übel zu. Bei diesen Exzessen spielten die Weiber die Hauptrolle, schrieen und stürmten voran. Während des Verhörs vor dem Untersuchungsrichter sagten die Bauern direkt aus, daß „die Weiber sie bezwungen hatten". In der Folge, als die Ordnung wieder hergestellt war, mußten viele der Bauern für ihr Verbrechen schwer büßen: nach dem Urteile des Gerichtshofes wurden drei zur Zwangsarbeit verschickt, drei weitere wurden der Korrektions-Arrestanten-Abteilung übergeben und sehr viele auf verschiedene Zeit ins Gefängnis gesteckt.

Die Zerstörung eines Krankenhauses unter ganz gleichartigen Umständen fand im Dorfe Makarowa, im Nowochoperschen Kreise im Lande der Donischen Kosaken, statt. An der Spitze der Bauern, die das Krankenhaus und

---

[1]) „Der Arzt" (Wratsch) 1892, Nr. 37, S. 948.

darauf die Wohnung des Doktors Smirnow stürmten, stand die Bäuerin Dorofejew, die sich persönlich mit Geschrei und Schimpfworten auf die Frau des Doktors und deren Kinder stürzte. In Makarowka¹) hatte man vor Ausbruch der Unruhen darüber geschwatzt, daß die Gutsbesitzer deshalb an der Vertilgung des Volkes interessiert seien, weil dann von ihrem Lande weniger zugunsten der Bauern abgeteilt werden würde; zu diesem Zwecke hätten sie auch die Ärzte erkauft. Außerdem zirkulierte noch die andere Fabel, daß die Engländer die Ärzte bestochen hätten, das Volk zu vernichten, damit sie nach der Vertilgung des letzteren Rußland den Krieg erklären könnten.

Wir müssen noch hinzufügen, daß bei solchen Perioden der Volkserregung auch Personen zugrunde gehen können, die nichts mit der Medizin zu thun haben: „Der Schrecken hat große Augen"; das Volk, das den Arzt für seinen wütenden Feind hält, ist geneigt, jeden intelligenten Menschen der Zugehörigkeit zum Ärztestande zu verdächtigen und an ihm seine Wut auszulassen. Als Beweis für die Richtigkeit dieser Behauptung kann der folgende Vorfall dienen:

Im August 1892 fuhren der Gemeindeälteste Tripolitow, der Architekt Filippow und der Ortsgeistliche an einem Dörfchen der Feborowschen Gemeinde im Jekaterinobarschen Kreise vorüber. Plötzlich eilte eine Schar Bauern an sie heran, die Filippow für einen Arzt hielt und ihn zu mißhandeln begann, indem sie ihm Schläge auf den Kopf versetzte. Mit größter Mühe gelang es dem Geistlichen, die Bauern zu beruhigen und Filippow, der bewußtlos im Leiterwagen lag, davon zu führen.

---
¹) Slutschewstij S. 25.

Zum Schlusse dieses Kapitels halten wir es nicht für überflüssig, einen Prozeß anzuführen, der zwar, genau genommen, kein Verbrechen des großen Haufens darstellt, aber dennoch ein charakteristisches Bild davon bietet, mit welchen Mitteln unser Volk gegen die Epidemieen kämpft.

In Tomsk wurden im Jahre 1893 sechs Bauern wegen Ermordung eines Weibes, das sie für die Cholera gehalten hatten, dem Gerichte übergeben. In dem Dorfe der Angeklagten war infolge Auftretens der Cholera eine Quarantaine errichtet worden. Vor dem Feste der Kreuzes= erhöhung (14. September) kam die Bäuerin Konbratjew an die Quarantaine heran und wurde nicht durchgelassen. Etwa nach zwei Stunden verließen die Angeklagten das Dorf, und einige Zeit darauf ertönten Schüsse. Einer der Angeklagten sagte in der Folge zu seinen Dorfgenossen: „Betet zu Gott, wir haben die Cholera getötet; sie war oben wie ein Weib und unten wie ein Mann gekleidet". Das Gouvernements=Gericht sprach nur den Isak Petschatkin und den Moses Tschupin schuldig und verurteilte sie zur Übergabe in die Korrektions = Arrestanten = Abteilung auf je drei Jahre.

—

XIV.

Vermeintliche Verbrechen.

Wie wir gesehen haben, bildet der Aberglaube die Ursache der Verübung einer ganzen Reihe von Handlungen, welche durch das Gesetz verboten sind. Aber darüber hinaus wird, dank der Unwissenheit, in der unaufgeklärten Masse der Bevölkerung nicht selten die Überzeugung von der Möglichkeit der Vollführung solcher Verbrechen gehegt, die lediglich in der Volksphantasie existieren. Unter diesen Verbrechen, die man vermeintliche (präsumptive) nennen kann, nimmt natürlich der Glaube an Zauberei und Behexung die erste Stelle ein. Wir haben bereits erwähnt, daß dieses Verbrechen in die Kodizes des 16. und 17. Jahrhunderts aufgenommen war und nicht weniger Opfer gefordert hat, als jede beliebige Epidemie.

Aber neben der Hexerei, über die wir uns bereits mit genügender Ausführlichkeit ausgesprochen haben, giebt es auch noch andere ebenso aberwitzige Beschuldigungen. Unter ihnen erscheint als besonders gefährlich der Aberglaube, daß die Juden Christenblut gebrauchen, weil er als Grund des

Haſſes des einen Volksſtammes gegen den anderen dient. Infolge dieſes Aberglaubens erſchwert das, ſowieſo gegenüber den Juden voreingenommene Volk den Organen der richterlichen Gewalt die Aufgabe und leitet ſie vom rechten Wege ab, was zur Folge hat, daß der wirkliche Schuldige an einem Verbrechen unentdeckt bleibt. Dieſer Aberglaube gebiert faſt jedes Jahr Prozeſſe, bei welchen auf der Anklagebank wiſſentlich unſchuldige Leute ſitzen; heute foltert man ſie nicht mehr und richtet ſie weder hin, noch verbrennt man ſie; aber es gilt doch am Ende des 19. Jahrhunderts als ein Axiom, daß die Verwickelung eines unſchuldigen Menſchen in einen Prozeß als ein großes Unglück für die ganze Geſellſchaft und als eine moraliſche Folter für die intereſſierte Perſönlichkeit erſcheint.

Vor allem entſteht die Frage, wozu brauchen die Juden Blut und noch dazu das Blut eines Kindes? Hierfür giebt es zwei Erklärungen. Die Einen verſichern, daß dieſes Blut ein Heilmittel ſei: alle Kinder würden bei den Juden blind geboren und blieben ſo lange blind, bis man ihnen die Augen mit Blut befeuchtet habe. Andere wiederum meinen, daß das Chriſtenblut von den Juden bei religiöſen Zeremonieen gebraucht werde, und zwar nicht von allen, ſondern nur von einigen Juden. Die erſtere dieſer Annahmen iſt ſo plump und ihre Haltloſigkeit iſt ſo augenfällig, daß es ſich gar nicht lohnt, bei ihr zu verweilen. Dafür aber iſt die zweite Annahme leider ſehr unter den Leuten verbreitet, die den Semiten feindlich gegenüberſtehen.

Die Frage vom Gebrauche des Chriſtenblutes zu rituellen Zwecken durch die Juden hat eine ganze Litteratur hervorgerufen. Unter den gebildeten Leuten in Rußland und in Westeuropa haben sich Gelehrte gefunden¹), welche die Unbegründetheit dieser schädlichen Erfindung mit überzeugender Klarheit nachgewiesen haben²). Aber in diese wissenschaftlichen Werke werfen nur sehr Wenige einen Blick, während sich in der Volksmasse die Überzeugung tief eingenistet hat, daß die Juden die Christenkinder in barbarischer Weise ermorden.

Ohne uns ausführlich mit den wissenschaftlichen Feststellungen zu befassen, durch welche die Gelehrten nachweisen, daß menschliches Blut beim jüdischen Ritus nicht gebraucht werde und niemals gebraucht worden sei, halten wir es indes doch für angebracht, an ein historisches Faktum zu erinnern: Die Christen der ersten Jahrhunderte wurden des Gebrauchs von Blut beim Gottesdienste beschuldigt, weshalb die alten Apologeten des Christentums, wie z. B. Tertullian, Augustin und Andere, sich genötigt fanden, ihre Glaubensgenossen wegen dieser gegen sie erhobenen Anklage zu rechtfertigen. Als dann später die christliche Kirche zur herrschenden wurde, wurden die Juden mit denselben Anklagen überhäuft, und die mittelalterlichen Städte sahen Schauspiele, wie z. B., daß 300 Juden an einem Tage auf Scheiterhaufen wegen angeblicher Ermordung eines Christenkindes zu Grunde gingen.

Wenn wir uns zur Würdigung dieser Thatsachen wenden, so halten wir es zunächst für unsere Pflicht, zu erklären,

---

¹) Jaluschkin, in der „Ethnographischen Rundschau", 1891, II.
²) Chwolson: Ueber den Gebrauch des Christenblutes durch die Juden.

daß wir persönlich an die Verübung solcher Verbrechen durch die Juden nicht glauben, und zwar weil 1) nach dem treffenden Ausspruche des Oberstaatsanwaltes beim Kölner Gerichtshofe, Hamm, die Möglichkeit eines Ritualmordes unter den Juden bis heute noch nicht nachgewiesen ist, und weil 2) seit Einführung des öffentlichen Gerichtsverfahrens in Europa bisher in einem derartigen Prozesse nicht eine einzige Schuldigsprechung erfolgt ist, obgleich die Anklage der Verübung von Ritualmorden durch die Juden oft genug erhoben worden ist.

Aus der Zahl der Aufsehen erregenden Prozesse dieser Art kann man den Prozeß wegen Ermordung der Sarah Modebadse, der im März 1879 vor dem Kreisgerichte in Kutais verhandelt wurde, nennen[1]); ferner den Prozeß wegen Ermordung eines Mädchens in der Stadt Tisza Eszlar in Ungarn, und endlich den Prozeß wegen Ermordung eines Knaben im Städtchen Xanten in der preußischen Provinz Westphalen, der vom 4.—14. Juli 1892 in der Stadt Cleve verhandelt worden ist.

Alle diese Prozesse endigten mit der Freisprechung der Angeklagten. Der Prozeß in Tisza Eszlar erwies sich in der Folge als ungeheuer aufgebauscht; als Grundlage für die Anklage hatte die Angabe des Sohnes des Wärters der jüdischen Synagoge gedient, der erklärt hatte, er habe es selbst gesehen, wie sein Vater und andere Juden ihr Opfer

---

[1]) Die Einzelheiten dieses Prozesses sind in dem Buche: „Russische forensische Redner" (St. Petersburg, 1895) dargelegt, in welchem die schönen Reden der Rechtsanwälte Alexandrow und Kuperuit angeführt sind.

zerschnitten hätten; nach dem freisprechenden Urteile aber stellte es sich heraus, daß dieser Knabe verrückt war und an Hallucinationen litt. Im Prozesse gegen den Juden Buschoff endlich, der der Ermordung eines Knaben in Xanten angeklagt war, ließen beide Vertreter der Staatsanwaltschaft[1]) die Anklage fallen, worauf natürlich die Freisprechung des Angeklagten erfolgte.

In diesen Prozessen muß ganz besonders das Verhalten der Antisemiten zu der vorliegenden Frage die Seele jedes unparteiischen Menschen erregen. In der Zeit, als die Untersuchung und das Gerichtsverfahren in Sachen Buschoff mit größter Genauigkeit geführt wurden, überschüttete die Presse die Personen, die in diesem Prozesse arbeiteten, mit Schimpf. Und später, nach dem Spruche der Geschworenen, beruhigten die Demagogen sich keineswegs, sondern begannen über ganz Deutschland Broschüren und Bilderbogen zu verbreiten, um den ungebildeten Leuten die Überzeugung einzuflößen, daß das Gericht geirrt habe, und daß die Juden in der That in Xanten einen Knaben ermordet hätten[2]).

Wir haben bei diesem Aberglauben verweilt, erstens weil er äußerst verbreitet ist, und zweitens hauptsächlich auch deshalb, weil er im politischen Kampfe als plumpe und rohe Waffe dient.

---

[1]) Ankläger in diesem Prozesse waren der Oberstaatsanwalt Hamm aus Köln (jetzt Reichsanwalt) und der Staatsanwalt in Cleve Baumgardt. Die Einzelheiten dieses Prozesses sind in der Broschüre: „Prozeß Buschoff. Der Xantener Knabenmord vor dem Clever Schwurgericht," 1892, dargestellt.

[2]) Dr. Parmod: Antisemitismus u. Strafrechtspflege, Berl. 1894.

Die Christenkinder scheinen offenbar das Lieblingsobjekt vermeintlicher Verbrechen zu sein. Die Juden beschuldigt man, daß sie sie ermorden, die Zigeuner aber, daß sie sie rauben[1]). Dieser letztere Aberglaube ist überall im Schwange und wird von sehr Vielen geglaubt, aber bis heute kennt die Praxis der zeitgenössischen Gerichte nicht einen einzigen Fall der Verübung eines solchen Verbrechens. Diese Fabel wurzelt unzweifelhaft im mittelalterlichen Leben, als man die Zigeuner der Menschenfresserei beschuldigte, ihnen durch die Folter ein Geständnis entriß und sie nach schrecklichen Martern hinrichtete.

Derartige Verbrechen sind von der Volksphantasie geschaffen worden, da die Bauern infolge des unordentlichen, umherschweifenden Lebens und schlechten Rufes der Zigeuner geneigt sind, sie der Verübung aller nur möglichen Missethaten zu verdächtigen. In Wirklichkeit sind solche Gaunerstreiche direkt undenkbar. Allen ist es bekannt, daß die Zigeuner sich durch außerordentliche Fruchtbarkeit auszeichnen, denn in jedem Zigeunerlager kann man eine Menge Kinder verschiedenen Alters finden. Wenn inmitten dieser braunfarbigen Kinderschar von irgend einem Fremden ein Kind erblickt werden sollte, das kein Zigeunerkind, blind oder speziell zu dem Zwecke verstümmelt sein sollte, um Almosen zu betteln, so würden die Bauern mit den Zigeunern auch ohne Beihilfe des Gerichts einen außerordentlich kurzen Prozeß machen.

Der Glaube an die Möglichkeit der Verübung dieses unsinnigen Verbrechens wird zum Teil durch den Umstand

---

[1]) Dr. Groß: Handbuch, S. 535.

wach erhalten, daß die Zigeuner der Ansicht sind, Kinder mit roten Haaren brächten Glück. Deshalb kommt es oft vor, daß sie solche Kinder liebkosen, die Bauern aber geraten in Furcht, weil sie annehmen, daß die Zigeuner sich anschicken, ihr Kind zu rauben . . .

Endlich müssen wir noch einen dritten Aberglauben kurz berühren, der sehr wenig bekannt ist und offenbar nur im Gouvernement Wjätka existiert. Dieser Winkel unseres Vaterlandes liegt nicht nur weit ab von den Zentren der Civilisation, sondern auch von dem Eisenbahnnetze. Es ist deshalb nicht verwunderlich, daß in einem solchen Gouvernement sich von alters her rein lokale Überlieferungen und Sagen gebildet haben, die sich bis auf unsere Tage erhalten haben. In dem Urshumschen, Sslobodschen, Jaranschen, Koteljnitschschen und Orlowschen Kreise existiert der Aberglaube, daß die Geistlichen und Kirchendiener einen Scheintoten ermorden, wenn er in der Kirche wieder auflebt, in welche die Verstorbenen nach dem örtlichen Gebrauche bereits einen Tag nach dem Tode getragen werden. Dieser Mord wird angeblich auf eine ziemlich originelle Weise ausgeführt: der Geistliche zwingt den aus dem Sarge Aufgestandenen, vor dem Altare zu beten und mit der Stirn die Erde zu berühren; während der Betende sich dann zur Erde neigt, versetzt der Kirchendiener oder Küster ihm von hinten mit einer schweren Eisenstange den tödlichen Hieb. Nach der Überzeugung des Volkes verübt der Klerus solche Morde aus Selbsterhaltung: wenn der aus dem lethargischen Schlafe Erwachte die Kirche lebendig verlasse, so müsse der ganze Klerus der betr. Kirche bald sterben, und nach ihm müßten noch sieben Geistliche

umkommen, die diese Pfarre der Reihe nach er=
hielten ¹).

Wie naiv auch dieser Aberglaube sein mag, er hat doch
seine schlechte Seite, denn er stachelt das Volk gegen die
Geistlichkeit auf. Bisweilen ist er die Ursache von Volks=
erregungen und von Widerstand gegen die Staatsgewalt in
den Kreisstädten. Veranlaßt durch Gerüchte, die über einen
derartigen Mord in der Stadt kursieren, sammelt das Volk
sich bei der Kirche an und fordert eine Untersuchung. Ein
derartiger Vorfall trug sich, wie das „Wolga=Kamasche
Wort" (Wolgo-Kamskoje Slowo) mitteilt ²), im Jahre
1882 in der Stadt Jaransk zu.

---

¹) Magnitzkij: Abergläubige Anschauungen und Gebräuche im
Urshumschen Kreise des Gouvernements Wjätka. Wjätka 1883. —
Jakuschtin, in der „Ethnographischen Rundschau", 1891, II, S. 15
bis 19.

²) 1882, Nr. 192.

XV.

Schluß.

Nachdem wir die einzelnen Straffachen aufgezählt haben, in denen der Aberglaube seinen verderblichen Einfluß gezeigt hat, halten wir es, bevor wir nun zur Darlegung unserer allgemeinen Schlußfolgerungen schreiten, nicht für überflüssig, in Kürze das Gesagte zu resumieren und einen flüchtigen Blick auf die von uns angeführten Thatsachen zu werfen. Wenn wir die von uns skizzierten Prozesse im Zusammenhange betrachten, so können wir konstatieren, daß der Aberglaube in Straffachen in folgender Weise zum Vorscheine gelangt: 1. er erweist sich von Einfluß auf das Motiv des Verbrechens; das ist der Aberglaube des Subjekts, das das Gesetz verletzt hat; 2. er erscheint als Mittel zur Verübung von Betrügereien, wenn der Verbrecher den Aberglauben einer bestimmten Person benutzt, um sie durch Betrug ihrer Habe zu berauben; 3. der Aberglaube erscheint als Werkzeug der Rache bei der Besessenheit und bei der falschen Beschuldigung der Zauberei gegen irgend eine Person; 4. der Aberglaube schafft vermeintliche Verbrechen, die nicht selten zum Gegenstande gerichtlicher Verfolgung werden.

Aus den angeführten vier Gruppen erscheint natürlich die erste, d. h. der Aberglaube des Subjekts des Verbrechens, als die zahlreichste. Deshalb erfordern die Prozesse dieser Gruppe eine ausführliche Betrachtung. Wenn wir die Nomenclatur und die Numeration der Artikel der bei uns geltenden Strafgesetzbücher, der „Uloshenije" und des „Ustaw o Nakasanijach", beibehalten und die oben beschriebenen Thatsachen aufzählen, so ergiebt sich, daß aus Aberglauben die folgenden Verbrechen verübt werden: 1. Beraubung des Lebens mit vorbedachter Absicht (vorsätzlicher Mord) (Art. 1453) bei der Darbringung von Menschenopfern, bei der Ermordung von Zauberern und bei der Erlangung von Talismanen; 2. vorsätzlicher Mord an Zauberern und Hexen (Art. 1455, T. 1) und an Kindern von monströsem Aussehen (Art. 1469); 3. Ermordung von Zauberern im Jähzorn (Art. 1455, T. 2); 4. Zufügung schwerer und tödlicher Schläge und Mißhandlungen, verübt an Zauberern, sowie an Leuten, die wegen abergläubiger Merkmale der Verübung verschiedener Verbrechen verdächtig sind (Art. 1489 und 1490); 5. Zufügung leichter Wunden (Art. 1483), um das Blut eines Zauberers zu erhalten und sich dadurch von dem Einflusse desselben zu befreien, sowie sich von der, durch ihn erfolgten Behexung zu heilen; 6. Todschläge aus Unvorsichtigkeit oder Unbedacht (Art. 1468) bei der Austreibung des Teufels, bei der Heilung auf dem Wege abergläubiger Zeremonieen oder auf den Rat eines Wunderdoktors (»nacharj); 7. Öffnung von Gräbern (Art. 234, T. 2), um Talismane zu erhalten oder die Ernten vor Dürre und sich selbst vor dem Einflusse von Vampyren zu bewahren; 8. Notzucht an unschuldigen Mädchen (Art. 1525), um sich von venerischen Krankheiten zu befreien; 9. Sodomie (Art. 997), um sich von Fieber oder vom Tripper zu kurieren; 10. falsche Aussagen unter dem Einflusse eines Hexenmeisters oder Wahrjagers oder einer abergläubigen Auffassung von der Bedeutung des Eides (Art. 942—943), und 11. Diebstähle (Art. 169 des „Ustaw") infolge der Überzeugung, daß gestohlene Sachen in der Wirtschaft Glück bringen.

Aus dem Gesagten ist ersichtlich, wie groß der Einfluß ist, den der Aberglaube auf die Verübung der verschiedenartigsten Verbrechen besitzt. Wenn wir nun zur Frage übergehen, wo denn der Aberglaube noch existiert und in welchen Gegenden er gänzlich erloschen ist, so müssen wir zugeben, daß er fast überall noch lebendig ist. Die angeführten Beispiele müssen uns überzeugen, daß nicht nur alle Gubernien Rußlands, vom Turuchanschen Gebiete bis zur preußischen Grenze und von Archangelsk bis Cherson, sondern auch die Kulturländer des Occidents dem schrecklichen Volksaberglauben ihren Tribut entrichten. Freilich, in den abgelegenen, dunkelen Winkeln der Unkultur kommt der Aberglaube häufiger und in schrofferer Form zum Durchbruche; aber die Tötung von Hexen kommt selbst in solchen Kulturzentren wie Moskau und London vor, und die Öffnung von Gräbern ist in der Nähe Berlins festgestellt worden. Es ist freilich Thatsache, daß nicht alle abergläubigen Anschauungen und Gebräuche sich auch überall erhalten haben; viele, wie z. B. das Umpflügen, tragen einen lokalen slawischen Charakter; andere sind mit der

Ausbreitung der Zivilisation verschwunden; aber der Glaube an die Existenz von Zauberern, Hexen und Vampyren, ebenso wie die Überzeugung von der Kraft der Talismane sind noch lebendig auf der ganzen Erdkugel. Wenn der Einfluß des Aberglaubens so groß ist, wenn er allerorten als Quelle der tierischsten Verbrechen erscheint, so müssen selbstverständlich die Persönlichkeiten ihm ihre Aufmerksamkeit zuwenden, die mit dem Schutze der Gesellschaft beauftragt sind. Deshalb haben wir ein Recht zu sagen, daß das Studium des Aberglaubens und der Kampf mit dieser dunkelen Seite des Volkslebens eine Pflicht des Administrators, des Richters und des Gesetzgebers bilden. Jedem Kampfe muß natürlich das Studium des Übels vorausgehen, das, wenn nicht vernichtet, so doch wenigstens in seinem Einflusse abgeschwächt werden soll. Nach dem treffenden Ausspruche des berühmten Erforschers unseres Volkslebens W. J. Dahl[1]) „kann man dem dümmsten und schädlichsten Aberglauben nicht entgegenwirken, wenn man ihn nicht kennt und mit dem Geiste und dem Leben des Volkes unbekannt ist". Wie wir oben angeführt haben, wird jedoch das Studium des Aberglaubens bei uns in Rußland sehr schwach betrieben. Die Juristen ignorieren die Existenz dieses Faktors des Verbrechertums, und nur in der ethnographischen Litteratur kann man über diese Frage einige wenige Monographieen finden, die in verschiedenen periodischen Zeitschriften zerstreut erschienen sind. Es ist begreiflich, daß das Material unter solchen Bedingungen

---

[1]) „Ueber abergläubige Vorstellungen, Gebräuche und Vorurteile des russischen Volkes", 1880.

nur allmählich und langsam gesammelt werden kann, und
daß eine Menge von Fällen, die für den Forscher interessant sind, nicht nur seiner Aufmerksamkeit entgehen, sondern auch dem scharfen Auge der Gerichtsbeamten verborgen
bleiben. Nach der Meinung Wessins [1]) kommen bei weitem
nicht alle Fälle der Volksjustiz gegenüber den Zauberern
zur Kenntnis des Gerichts, weil die Nachbarn den Schuldigen verbergen. Viele dieser Sachen werden als einfache
Mordprozesse behandelt, wobei die Richter beim Urteilfällen
seitens des Schuldigen ganz andere Motive als den Aberglauben annehmen. Andere Sachen bleiben überhaupt dem
Gerichte sowohl als auch der Presse ganz und gar verborgen;
denn in den abgelegenen Winkeln unseres Vaterlandes giebt
es keine Korrespondenten periodischer Blätter, die Bauern
halten solche Fakta für normal, und die örtliche Intelligenz
wendet der Entwickelung des Volkslebens und -Treibens
nicht die gebührende Aufmerksamkeit zu. Von dem Wunsche
getrieben, dem Studium des Aberglaubens den rechten Platz
zu verschaffen, schlägt deshalb Wessin vor, daß die geographischen Gesellschaften mit den Gerichtsbehörden in Verbindung treten und sich der Mitwirkung derselben zum
Zwecke der Veröffentlichung aller Zauberer- und Hexenprozesse versichern sollen, welche in den letzten Jahren unsere
Gerichte beschäftigt haben. Indem wir uns diesem Gedanken
vollkommen anschließen, erlauben wir uns, den von diesem
Schriftsteller gemachten Vorschlag noch ein wenig zu erweitern. Unserer Ansicht nach sollten die geographischen
und juristischen Gesellschaften die Gerichte um Übersendung

---

[1]) „Der Nordische Bote" (Sjewerny Wjestnik), 1892, Nr. 9.

von Nachrichten nicht nur über Prozesse wegen Ermordung von Zauberern und Hexen, sondern auch über alle anderen Sachen bitten, bei denen der Aberglaube so oder anders seinen Einfluß offenbart hat. Die Frage von den Zauberern und Hexen ist mehr als die anderen erforscht — zum Teil wohl deshalb, weil die Zauberei und das Hexenwesen den Eckstein des Aberglaubens bilden, zum Teil aber auch aus dem Grunde, daß die Ermordung eines Menschen nicht unbemerkt vorübergehen kann. Aber für den Forscher sind auch die kleineren Sachen wichtig, die im Staube der Kanzeleien vermodern, wenn sie nicht zufällig die Aufmerksamkeit der Presse auf sich gezogen haben. Durch diesen Umstand, d. h. durch den Mangel an Material, muß man auch eine gewisse Ungleichheit in der vorliegenden Studie erklären —: die Kapitel über den Glauben an die Zauberei und Behexung und über die Öffnung von Gräbern sind bei uns sehr umfangreich geraten, während wir hinsichtlich der Diebstähle, die aus Aberglauben verübt worden sind, nur sehr wenig zahlreiche Fakta zu sammeln vermochten. Und doch versichert Prof. Bjelogriz-Kotljarewskij, daß derartige Verbrechen oft verübt werden[1]).

Für den Forscher ist es am wichtigsten, die verschiedenartigsten Prozesse zu sammeln, in denen das Motiv des Verbrechens erkennbar auf den Aberglauben zurückführt; aber bei der wissenschaftlichen Verarbeitung des Materials hat auch der ursprüngliche, grundsätzliche Einfluß des Aberglaubens überhaupt in jeder Sache Bedeutung, z. B. sein Einfluß auf das Betragen eines Zeugen während der Unter-

---

[1]) „Der historische Bote" (Istoritschesknij Wjestnik), 1888, Nr. 7.

suchung und der Gerichtsverhandlung über ein Verbrechen, das mit dem Aberglauben nichts gemein hat. Alle diese Thatsachen können nur von den Beamten der Gerichts= behörden während ihrer Arbeit aufgedeckt werden, und wir sind überzeugt, daß man eine Menge interessanter Daten sammeln könnte, wenn auf das Studium des Aber= glaubens die gebührende Aufmerksamkeit verwandt werden würde.

Es giebt noch eine Methode, Material zu sammeln, und das ist die Versendung von Programmen zur Er= forschung der Volksgebräuche. Derartiger Programme sind seinerzeit ziemlich viele verfaßt und überallhin versandt worden. So hat z. B. der verstorbene Professor der Kijewer Universität Kistjakowskij ein solches Programm aus= gearbeitet; ein zweites wurde von der Abteilung für Ethno= graphie der Kaiserlich Russischen Geographischen Gesellschaft versandt (St. Petersburg, 1889). Die letztgenannte Arbeit zeichnet sich durch große Ausführlichkeit und durch ein vor= zügliches System aus. Das Programm über das Straf= recht ist von J. J. Foinitzkij unter Beteiligung unserer be= kannten Gelehrten N. S. Taganzew und N. A. Nekljudow verfaßt worden, welche eine ganze Reihe von Fragen zur Erforschung des Aberglaubens ausgearbeitet haben (z. B. 283, 302, 318, 320, 329 u. s. w.). Indes, trotz der großen Vorbereitungsarbeiten war das Ergebnis kein glän= zendes. In Bezug auf das Zivilrecht teilten die Provinzial= beamten eine Menge von Thatsachen mit, in Bezug auf das Strafrecht aber und besonders in Bezug auf den Aber= glauben fast nichts. Deshalb haben wir sicherlich ein Recht zur Schlußfolgerung, daß das beste Mittel zur Erkundung der uns beschäftigenden Frage darin besteht, sich an das Gericht und die Gerichtsbeamten zu wenden¹).

Aber neben der Erforschung des Aberglaubens ist auch der Kampf gegen denselben erforderlich und unerläßlich. Dabei muß man im Auge behalten, daß dieser Kampf nicht so sehr mit Strafmitteln, als mit vorbeugenden Maßnahmen geführt werden muß. Auf je breiterer Grundlage solche Maßnahmen getroffen werden, desto größere Chancen besitzen sie auf den Erfolg. Verbrechen, die aus Aberglauben verübt werden, können durch die Furcht vor Strafe nicht verhütet werden. Der Bauer, der seine scheintote Schwiegermutter erschlagen hat, wußte nicht, was er that, denn er glaubte, daß er es mit einer toten Hexe zu thun habe, die des Nachts umherschweife, nicht aber mit einer Kranken, die aus lethargischem Schlafe erwacht war. Die Ostjaken, die den Russamin ermordeten, verübten dieses Verbrechen aus Besorgnis für ihr eigenes Leben, denn sie fürchteten unter dem Einflusse der verwildernden Vorstellungen vom Schamanentum, daß man sie auffressen würde. Wenn ein Mensch von einer solchen geistigen Entwickelung sich zu einem Morde entschließt, so hält die Furcht vor Strafe ihn nicht davon zurück; der Instinkt der Selbsterhaltung ist allzu stark in jedem lebenden Wesen entwickelt.

¹) Der Verfasser, der die vorliegende Studie durchaus nicht für abgeschlossen hält, wendet sich hierdurch an die Beamten in den Gerichtsbehörden mit der ergebensten Bitte, bei der Ausarbeitung der gegebenen Frage mitwirken und ihm durch die Redaktion des „Journals des Justizministeriums" in St. Petersburg Mitteilungen über Strafsachen machen zu wollen, bei denen der Aberglaube der Bevölkerung in dieser oder jener Form zum Ausdruck gelangt ist. Jede Mitteilung wird mit Dank entgegengenommen werden.

Noch mehr, — die strenge Bestrafung eines solchen Verbrechers stellt in den Augen seiner ebenso abergläubigen Gefährten nicht eine gerechte Sühne, sondern ein Märtyrertum dar und bringt deshalb keinen nützlichen, sondern eher noch einen schädlichen Eindruck hervor. Das beste Mittel, solchen Verbrechen vorzubeugen, besteht in der Vernichtung ihrer Quelle — d. h. in der Hebung des geistigen und sittlichen Niveaus des Volkes. Zur Verwirklichung dieser Idee könnten der Regierung zwei Institutionen thätige Mitwirkung erweisen: die Kirche und die Schule. Auf der Geistlichkeit und den Lehrern ruht in erster Linie die Verpflichtung, in die dunkelen, unaufgeklärten bäuerlichen Kreise das Licht der Bildung zu tragen und dabei auch den Aberglauben zu entwurzeln. Der Geistlichkeit würde die Vollführung dieser Arbeit am leichtesten fallen, denn der heidnische und der religiöse Aberglaube sind so sehr in und mit einander verflochten, daß zwischen ihnen eine genaue Grenze zu ziehen schwierig ist; so stellt z. B. bei Diebstählen der Geschädigte in der Kirche eine Kerze mit Verwünschungen auf, weil er hofft, daß der Schuldige, der ihm seine Habe entwendet hat, davon krank werden würde; beim Umpflügen, einem rein heidnischen Aberglauben, werden der Prozession Heiligenbilder vorangetragen; der Glaube an Zauberei und Hexenwesen ist auf der Überzeugung begründet, daß eine physische Verbindung mit dem Teufel, der Verkörperung des Bösen und der unreinen Kraft, möglich sei. Deshalb sollte die Geistlichkeit, die dem Volke so nahe steht, bemüht sein, derartigen abergläubigen Anschauungen durch Predigten und Unterhaltungen mit den Bauern die Wurzeln abzugraben. Nach den Notizen zu urteilen, denen wir in den

Blättern des Journals „Strannik" (Der Wanderer oder Pilger) begegnet sind, ist unsere Geistlichkeit, besonders soweit ihre jüngeren Mitglieder in Betracht kommen, bestrebt, gegen dieses Übel anzukämpfen. Aber in der Zahl der Dorfpastoren stehen bekanntlich viele in geistiger Beziehung nicht höher als das bäuerliche Milieu, in dem sie leben; deshalb ist es vollkommen begreiflich, daß auch sie häufig von demselben rohen Aberglauben angesteckt werden. Es ist nicht schwer, Beispiele hierfür anzuführen. Wir haben schon oben gesehen, daß ein Geistlicher in einem Prozesse wegen Ermordung einer Scheintoten [1]) die Bauern gesegnet und ihnen seine Zustimmung erteilt hatte, den Sarg einer Hexe mit einem Eschenpfahle zu durchstoßen. Aus dem Prozesse wegen Ermordung einer Hexe im Jahre 1880, die im Krassnoslobodschen Kreise des Gouvernements Penfa [2]) gelebt hatte, ist ersichtlich, daß der örtliche Protodiakon sich mit der Bitte an sie gewandt hatte, ihm die Stimme, die er infolge von Trunksucht verloren hatte, wiederzugeben. In dem Prozesse wegen Ermordung des Zauberers Gomoskow im Nikolajewschen Kreise des Gouvernements Ssamara erklärte der greise Priester Rasjubow, als er vor Gericht seine Aussagen machte, folgendes [3]): „Es herrschte eine Stimme darüber, daß er ein schlechter Mensch war und Andere an der Gesundheit schädigte; von Vielen habe ich

---

[1]) Vgl. das „Journal des Justizministeriums", 1897, Nr. 1, S. 196.
[2]) Vgl. den Artikel Welsins im „Nordischen Boten" (Ssjewerny Wjestnik), 1892, Nr. 9, S. 69.
[3]) Ebenda, S. 71.

gehört, daß man sofort behext war, sobald er Einem irgend etwas in die Hände gab oder Einem einen Schlag versetzte oder Einem bloß begegnete; Alle fürchteten ihn, und auch ich hatte vor ihm Furcht." Im Pawlograbschen Landschafts= gerichte[1]) lief am 12. April 1861 von den Bauern eine Bittschrift ein, die Fedossja Bukrejew wegen Behexung der Leute zur Verantwortung zu ziehen; diese Bittschrift war im Namen der Bauern von ihrem Pfarrgeistlichen abgefaßt und unterschrieben worden.

In Bezug auf die katholische Geistlichkeit versichern die deutschen Gelehrten, die über den Aberglauben geschrieben haben, z. B. Nippold, Waldbrühl und Manhardt, direkt, daß sie nicht nur nicht gegen den Aberglauben ankämpfe, sondern ihn sogar zu fördern suche, um über den unge= bildeten Pöbel herrschen zu können[2]); der Geistlichkeit sei es vorteilhafter, daß die Leute sich nicht bei den Ärzten von ihren Krankheiten zu heilen suchten, sondern bei ihren geistlichen Hirten mit Hilfe von Gebeten und Beschwörungen; die katholischen Priester, die die Masse in ihrer Gewalt be= halten wollten, nährten und unterstützten künstlich den Glauben an den Teufel und seine Adepten, die Zauberer. Gegenüber dieser schroffen Ansicht muß man doch bemerken, daß die Schriften der genannten Gelehrten sich offenbar durch eine gewisse Parteilichkeit auszeichnen, denn sie sind in den 1870 er Jahren geschrieben worden, als ganz Deutsch= land von dem Kampfe gegen die katholische Kirche ergriffen

---

[1]) „Journal des Justizministeriums", 1862, VIII, S. 117.
[2]) Derselben Meinung ist auch Dröger in seinem Werke: „Katholizismus und Wissenschaft".

war; nichtsdestoweniger aber kann nicht geleugnet werden, daß in diesen Schriften auch Thatsachen angeführt sind, die die Schlußfolgerungen der Verfasser bestätigen. Nach den Angaben Walbbrühls sind in den römischen Agenden, d. h. in den Vorschriften, die den Kirchendienst der Geistlichkeit ordnen, Beschwörungen böser Geister abgedruckt und Mittel zur Austreibung des Teufels angegeben; so sind z. B. in der Agende, die sich in den Händen des Verfassers befand, 67 große Seiten mit Exorzismen zur Befreiung von Menschen und Tieren von Behexung, zur Abwendung von Sturm und Hagel und zur Vertreibung von Zauberkräften aus Salz, Wasser, Gebäuden, Fleisch, Brot und Käse bedeckt. Wenn derartige Sachen in offiziellen Schriften mit Vorwissen der römischen Curie und der örtlichen Bischöfe gedruckt werden, so muß man notgedrungen zu dem Schlusse gelangen, daß die höhere Geistlichkeit nicht gegen den Aberglauben ankämpft, sondern ihn in der Masse des Volkes erhält und unterstützt. Gebete für die Heilung von Behexung und Zauberkräften, die bei jeder Krankheit gesprochen werden, unterstützen den Glauben an die Möglichkeit des Behextwerdens; so lange aber eine derartige Überzeugung im Volke lebendig ist, werden die brutalen Lynchjustizverfahren gegen die Zauberer und Hexen nicht aufhören.

Mit Rücksicht auf solche Voraussetzungen und Zustände im Volksleben sucht Manhardt ein anderes Organ für den Kampf gegen den Aberglauben. Nach seiner Ansicht soll nicht die Kirche, sondern die Schule diese schwierige Arbeit verrichten. Die Aufgabe des Dorflehrers besteht darin, Aufklärung in die Volksschichten zu tragen, in denen er lebt und die Kinder erzieht. Bei der Ausbildung seiner

Schüler kann er ihnen von Kindheit an die Überzeugung
einflößen, daß das Behextwerden unmöglich sei, daß es keinen
Teufel gäbe und daß es keinen Sinn habe, die Gräber von
Selbstmördern zu öffnen. Aber um eine derartige Beein=
flussung der Dorfjugend durch die Lehrer herbeizuführen und
erfolgreich zu machen, ist es notwendig, daß man die zu=
künftigen Lehrer in den Lehrerseminaren mit den verschiedenen
Erscheinungen und Äußerungen des Aberglaubens bekannt
macht. Wir stimmen diesem Gedanken vollkommen zu und
bemerken, daß in Rußland eine derartige Belehrung auch in
den geistlichen Seminaren äußerst wünschenswert wäre, denn
unsere Geistlichkeit verwaltet und leitet die Pfarrkirchen=
schulen; und andererseits ist sie ja auch schon durch das Ge=
setz verpflichtet (Art. 33—36 des Ustaw zur Verhütung von
Verbrechen, Bd. XIV des Swod Sakonow; Art. 18 und
19 des Ustaw für geistliche Consist., Ausg. von 1884),
mit allen Kräften gegen den Aberglauben anzukämpfen.

Wenn wir nun von den administrativen Organen, deren
Aufgabe in der Vorbeugung und Verhütung von Rechtsver=
letzungen besteht, zu den gerichtlichen Organen übergehen,
denen es obliegt, sich mit den bereits verübten Verbrechen
zu befassen, so haben wir es nicht nötig, uns über die Be=
deutung weiter auszulassen, welche das Studium des Aber=
glaubens für sie besitzt; denn die Thatsachen, die wir oben
dargelegt haben, sprechen beredt genug für sich selbst. Jeder
Richter muß natürlich vor allem das Motiv aufklären, das
den Angeklagten geleitet hat, da das Gesetz bisweilen das
Strafmaß in Abhängigkeit von den Impulsen stellt, welche
zur Verübung des Verbrechens angetrieben haben. Aber
auch über die Anwendung des Strafmaßes hinaus, ist es

von Wichtigkeit für das Gericht, sich auch zur Entscheidung der materiellen Seite der Sache mit dem Aberglauben bekannt zu machen: 1) im Aberglauben kann man nicht selten die Handhabe für die Abschätzung von Zeugenaussagen solcher Personen finden, die unter dem Einflusse einer Wahrsagerin falsche Angaben gemacht haben; 2) bis zur Aufklärung des Motivs kann eine Sache auch nach ihrem materiellen Inhalte nicht als völlig aufgehellt gelten, denn dieser Umstand beeinflußt die Beweiskraft der gesammelten Indizien[1]). Wenn der Untersuchungsrichter und der Richter mit dem Volksaberglauben bekannt sind, soweit er in der gegebenen Gegend existiert, so werden viele Sachen zu einer richtigen Entscheidung geführt werden und andere wiederum vollkommen aufgeklärt erscheinen, während auf ihnen beim Ignorieren des Aberglaubens das Siegel eines gewissen Geheimnisses lasten bleibt. Das scheinbare Fehlen eines Motivs verwirrt die Richter immer, und in Gerichtssitzungen wird nicht selten die Frage von der Geisteskrankheit des Angeklagten aufgeworfen, obgleich der letztere in Wirklichkeit vollkommen gesund ist und das Gesetz einfach aus Aberglauben verletzt hat. Eine derartige fehlerhafte Annahme kann leicht in Strafsachen wegen nutzlosen Diebstahls aufkommen, verübt von einem Menschen, der sich bis dahin eines fleckenlosen Rufes erfreute. Noch leichter kann die Frage von dem Vorhandensein einer physischen Krankheit aufgeworfen werden, wenn das Verbrechen mit Grau-

---

[1]) Ueber die Bedeutung des Motivs vgl. unser Buch: „Die Rede des staatlichen Anklägers im Criminalgericht", St. Petersburg, 1894, S. 75.

samkeit oder tierischer Brutalität ausgeführt worden ist. Als charakteristisches Beispiel für die Hilflosigkeit der Gerichte in dieser Beziehung können die Prozesse wegen Ermordung schwangerer Frauen dienen. Derartige Fälle sind, wie wir oben angegeben haben, nicht selten im 17. und 18. Jahrhundert vorgekommen und wiederholen sich bis auf unsere Tage. Und doch haben viele Gerichtsbeamte keine Ahnung von dem schrecklichen Aberglauben, der die Verübung einer solchen Unthat verursacht. In diesem Anlasse bemerkt J. J. Jakuschkin[1]), daß man die bezeichnete tierische Grausamkeit stets entweder durch eine besondere Wildheit der Räuber oder aus ihrem Wunsche erklärt hat, zu sehen, wie das Kind im Mutterleibe liege. Wie leicht verschiedene Auslegungen in dieser Beziehung möglich sind, kann man aus folgendem ersehen: Maximow erzählt in seinem Artikel: „Volksverbrechen und Unglücksfälle"[2]), daß in der Stadt Wassilj im Gouvernement Nishnij=Nowgorod ein Grab geöffnet und aus der Leiche das Herz herausgenommen worden sei, und knüpft hieran die folgenden Bemerkungen: „Es ist möglich, daß dies von der Person gethan worden ist, der das Herz teuer war, die es geliebt und verlassen hatte; es kann aber auch sein, daß es eine Person gethan, die mit diesem Organe Gaukeleien vorzunehmen wünschte."

---

[1]) Vgl. seinen Artikel: „Ueber den Einfluß des Aberglaubens auf juristische Gepflogenheiten", in der „Ethnographischen Rundschau", 1891, II, S. 7.
[2]) „Vaterländische Annalen" (Otetscheßtwennyja Sapiski), 1876, III.

Doktor Groß, der in seinem „Handbuche für Untersuchungsrichter" anempfiehlt, in den Sachen, bei welchen das Motiv nicht genügend aufgeklärt ist, den Aberglauben nicht außer Acht zu lassen, bemerkt dabei sehr richtig, daß gewerbsmäßige Verbrecher, die zur Klasse der unaufgeklärten und ungebildeten Leute gehören, unter dem schrecklichen Einflusse verschiedener abergläubiger Volksanschauungen ständen; denn der Aberglaube erhalte sich in ihrer Mitte, dank ihrer Unwissenheit, mit besonderer Stärke; deshalb werde ein Untersuchungsrichter, der mit dem Leben und der Weltanschauung der Diebe und Proletarier bekannt sei, häufig ein Verbrechen verstehen und den Schlüssel zur Entdeckung des Schuldigen finden, während er ohne diese Kenntnis unnütz Mühe und Zeit verschwenden würde. Zu diesem Rate fügen wir unsererseits hinzu, daß die Aufgabe des Untersuchungsrichters bisweilen nicht nur darin bestehen wird, daß er, mit der Existenz eines Aberglaubens bekannt, diese oder jene Thatsachen feststellt, sondern auch darin, daß er aufklärt, inwieweit der in Frage kommende Aberglaube, der als Quelle des Verbrechens dienen kann, in der gegebenen Gegend noch lebendig ist.

Indem wir hier unsere Betrachtungen über die Notwendigkeit der Erforschung des Aberglaubens durch die Richter, die verpflichtet sind, Strafsachen materiell zu entscheiden, abschließen, gehen wir zu der Frage über, welche Bedeutung das Studium des Aberglaubens für den Gesetzgeber besitze.

Vor allem wollen wir bei der prinzipiellen Frage verweilen, ob man zugeben darf, daß der Aberglaube einen Umstand bilde, der die Möglichkeit der Anrechnung (impu-

tatio) der vom Angeklagten verübten Handlung für ihn
ausschließt? Auf diese Frage antworten wir ohne das
geringste Schwanken mit nein. Man muß im Auge be=
halten, daß die aus Aberglauben verübten Verbrechen sich
oft durch außerordentliche Grausamkeit auszeichnen und die
Aufmerksamkeit der ganzen Gesellschaft, die ein Recht hat,
die Bestrafung der Schuldigen und ihre Ausschließung aus
der Zahl der ehrlichen Leute zu fordern, auf sich ziehen.
Ferner darf der Aberglaube keineswegs mit Geisteskrankheit
auf eine Stufe gestellt werden. Er stellt das Ergebnis der
Unwissenheit und Unentwickeltheit einer ganzen Klasse, aber
nicht die Folge der physischen Mißgestaltung eines einzelnen
Menschen dar. Die Leute, die aus abergläubigen Impulsen
handeln, verfahren vollkommen bewußt, und deshalb müssen
sie einer Strafe unterzogen werden. In der stumpfen
Masse erscheint die Furcht vor dem peinlichen Strafgericht
als niederhaltendes Element, und das Volk vergißt strenge
Gerichtsurteile nicht so bald. So wünschten z. B. im
Jahre 1872 die Bauern im Nowogrubschen Kreise sich von
der Cholera zu befreien und wollten ihr die Bäuerin Mar=
zella Mosseitschikow zum Opfer bringen; zum Glück gelang
es ihr, sich zu retten, da einige Bauern im Haufen zu
reden begannen, daß die Obrigkeit derartige Opfer verbiete
und daß Leute aus ihrem Kreise für dieselbe Handlung
früher gemäß dem Urteile des Gerichts mit der Knute be=
straft worden seien. Ein derartiger Fall hatte sich in der
That zugetragen, denn im Jahre 1855 war der Feldscher
Kosakewitsch nach Sibirien verschickt worden, weil er wäh=
rend der Cholera die Bäuerin Mianjkow geopfert hatte. Die
alten Leute hatten diesen Prozeß nicht vergessen und trugen

durch diese Erinnerung zur Rettung der Marzella vom Tode bei.

Wenn wir uns also für die Notwendigkeit einer Bestrafung von Personen aussprechen, die ein Verbrechen aus Aberglauben verübt haben, so müssen wir doch gleichzeitig bemerken, daß die Frage vom Strafmaße in solchen Fällen im geltenden Gesetze und in dem Entwurfe eines Strafgesetzbuches unserer Ansicht nach nicht ganz richtig gestellt ist. In dem Entwurfe wird, wie wir angegeben haben, der Aberglaube nur beim Versuche eines Verbrechens mit untauglichen Mitteln erwähnt; im geltenden Strafgesetzbuche dagegen wird die Strafe herabgesetzt, wenn ein Grab aus Aberglauben geöffnet oder ein Kind von monströsem Aussehen aus demselben Grunde getötet worden ist. Aber aus Aberglauben werden, wie wir wissen, noch eine Menge anderer Verbrechen verübt — Morde, Diebstähle, Vergewaltigungen und Meineide. Bei allen diesen Verbrechen ist für den Aberglauben keine Ausnahme statuiert worden, und das Gericht muß das allgemein übliche Strafmaß anwenden. Daraus ergiebt sich eine Reihe von Ungerechtigkeiten, die schwerlich wünschenswert sind.

Fälle von Mißhandlung und Ermordung von Personen, die auf Grund von abergläubigen Merkmalen und Wahrsagungen des Diebstahls verdächtig sind, kommen häufig vor, und Fälle, in denen Zauberern und Hexen tödliche Hiebe versetzt werden, pflegen noch häufiger vorzukommen. Und doch muß das Gericht in diesen Sachen, wenn es die Angeklagten für schuldig erklärt, die Art. 1489 und 1490 des Strafgesetzbuches (Uloshenije) anwenden und die Verurteilten zu Zwangsarbeit verschicken. Das Gericht kann nicht anders verfahren, denn es giebt aus den sieben Gräben des Art. 19 keinen Ausweg. Das wissen alle Richter und das wissen auch die Geschworenen, und deshalb begegnet man sehr oft bei Prozessen dieser Art freisprechenden Verdikten. Der Grund für eine derartige Anomalie birgt sich darin, daß der denkende Mensch sich mit drakonischen Gesetzen nicht befreunden kann. Bisweilen werden von den Geschworenen statt freisprechender Urteile so sonderbare verurteilende Verdikte gefällt, daß das Gericht gezwungen ist, dem Angeklagten eine durchaus nicht entsprechende Strafe zuzudiktieren. In der Strafsache wegen Verbrennung der Bäuerin Ignatjew[1]) fällte das Gericht in Nowgorod folgendes Urteil: drei Bauern seien der Kirchenbuße zu unterziehen, die übrigen aber freizusprechen. In der Strafsache wegen Totschlags, verübt am Zauberer Eselesnew, verurteilte das Gericht zu Charkow dagegen die Angeklagten zu Gefängnis auf acht Monate. Es fragt sich, welcher Artikel wurde in dem gegebenen Falle angewandt? Vielleicht die Art. 1466 oder 1464 (Totschlag im Streite und aus Unvorsichtigkeit). In jedem Falle ist es klar, daß hier eine Rechtsverdrehung begangen worden ist; denn Art. 1490 (Mord durch Mißhandlung) und Art. 1453 (vorsätzlicher Mord), welche diese Verbrechen vorsehen, sind allzu streng.

Diese Situation der Rechtspflege kann nicht als korrekt angesehen werden, da das Unbestraftbleiben des Mordes oder der Mißhandlung völlig unschuldiger Menschen im Interesse der Ruhe der Gesellschaft schwerlich wünschenswert ist.

---

[1]) „Nedelja", 1888, Nr. 49.

Andererseits unterbreiten die Gerichte infolge der vorhandenen Unvollständigkeit des Gesetzes eine Reihe von Sachen unter Anwendung des Art. 775 des Ustaws für Kriminalgerichte der Allerhöchsten Revision und Entscheidung. Aus den von uns angeführten Prozessen wurden die folgenden Sachen auf diesem Instanzenwege zur endgiltigen Entscheidung gebracht: der Prozeß wegen Ermordung des Kussamin, der Prozeß wegen Ermordung des Zauberers Dolschenkow (Kubanj-Gebiet), der Prozeß gegen den Ältesten des Natyrbjchen Auls im Terschen Gebiete, der der Verbrennung von Hexen angeklagt war, der Prozeß wegen Öffnung eines Grabes im Sterlitamakschen Kreise und andere mehr. Wir erlauben uns, zu bemerken, daß eine derartige Entscheidung von Prozessen nicht normal ist. An die Gnade des Monarchen soll man sich nur in den Fällen wenden, wenn bei der gerichtlichen Untersuchung besondere Umstände offenbar geworden sind, die zu gunsten des Angeklagten sprechen, oder auch solche Umstände, die zwar die Schuld des Angeklagten mildern, aber im Strafgesetzbuche nicht vorgesehen sind und nicht vorgesehen sein können. Die Verübung eines Verbrechens aus Aberglauben aber ist keine Besonderheit ausschließlich **einer** Sache, sondern kommt bei einer ganzen Reihe von Strafsachen in Betracht. Deshalb muß der Einfluß des Aberglaubens im Gesetze vorgesehen und erläutert werden. Wie sehr das Gericht bei der Anwendung des geltenden Strafgesetzbuches hilflos ist, das kann das folgende Erkenntnis in Sachen der Ermordung Kussamins zeigen, das wir mit Rücksicht auf seine charakteristische Eigenart hier im Original anführen wollen ¹):

„1. Die Ermordung Kussamins unterliegt keinem Zweifel und schließt alle äußeren Merkmale des vorsätzlichen Mordes in sich, aber um die Strafe für ein Verbrechen festzusetzen, muß dieselbe auch anwendbar und entsprechend sein (Art. 103 der „Uloshenije"). Bei genauerer Betrachtung der bösen Absicht der Ostjaken sind in derselben Besonderheiten wahrzunehmen, die sie scharf von dem bewußten Dolus, der hier zur Anwendung kommen müßte, unterscheiden. Die noch allzu wenig aufgeklärten Ostjaken stehen unter dem starken Einflusse der Überlieferungen des Schamanentums. Abergläubige Furcht und der Wunsch, sich vor der Gefahr des Aufgefressenwerdens zu retten, waren einzig der Grund und der Zweck des von ihnen an Kussamin verübten Mordes. Falsche Auffassung vom Charakter der Handlung, abergläubige Furcht, die ihrem Leben drohenden Gefahren und die Notwendigkeit der Abwehr eines Feindes, der auch nach dem Tode noch schrecklich erschien, bilden ausreichende und triftige Gründe (Art. 103 der „Uloshenije"), laut welchen die That dem Angeklagten nicht als Schuld angerechnet werden muß. Deshalb war es geboten, sich auf die Verurteilung der angeklagten Ostjaken zu Kirchenbuße zu beschränken und der örtlichen geistlichen Behörde anheimzugeben, für die erforderliche Unterweisung derselben in der christlichen Lehre entsprechende Verfügungen zu treffen.
2. Als Gründe für die Nichtanwendung des betr. Gesetzes können nach der „Uloshenije" nur dienen: die Unverfäng=

---

¹) „Journal des Justizministeriums", 1861, VII, S. 625—630.

lichkeit (resp. Schuldlosigkeit) der Handlung, als deren zu=
fällige und unvorhergesehene Folge die Unthat erscheint,
ein zufällig oder in Folge von Täuschung begangener Fehler
und endlich die Notwehr. Aber von diesen Gründen kommt
kein einziger in dem vorliegenden Falle in Betracht. Die
Ermordung Kussamins war nicht die zufällige und unvor=
hergesehene Folge einer schuldlosen Handlung. Hier liegt
auch kein zufälliger Fehler und keine Täuschung vor, son=
dern im Gegenteil die direkte Absicht, einen Menschen zu
töten. Für die Anerkennung der Notwehr aber schreibt
das Gesetz ganz bestimmte Voraussetzungen und Bedingungen
vor, die in gleicher Weise in diesem Falle nicht gegeben
sind, nämlich die Unmöglichkeit, Schutz bei den örtlichen Be=
hörden zu suchen, und die thatsächliche Gefahr für Leben
und Freiheit des Angegriffenen. Außerdem ist derjenige,
der ein Verbrechen begangen hat, in allen diesen Fällen
verpflichtet, davon die benachbarten Einwohner zu benach=
richtigen und bei der erstmöglichen Gelegenheit auch der nächsten
Behörde Anzeige zu machen; dies aber ist von den Personen,
die den Kussamin erschlagen haben, nicht gethan worden.
Hieraus ergiebt sich, daß das von ihnen verübte Verbrechen
ihnen als Schuld angerechnet werden muß, und da es mit
Vorbedacht vollführt worden ist, so muß es nach den allge=
meinen Reichsgesetzen gerichtet werden, laut welchen die für
Mord festgesetzte Strafe weder hinsichtlich der Art, noch des
Grades, sondern nur hinsichtlich des Maßes selbst herabge=
setzt werden kann. Nach alledem ist es erforderlich, bei
Sr. Kaiserl. Majestät die Abänderung der Strafe, die den
Kussamins zukommt, in Kirchenbuße zu befürworten, mit
welcher laut Art. 2018 Attentate bestraft werden, die aus

Unwissenheit oder Aberglauben auf das Leben einer bestimmten Art von Wesen, die mit Leben begabt sind, verübt werden. 3) Die Handlung derjenigen, die den Kussamin erschlagen haben, ist eine verbrecherische und kann nicht ungesühnt bleiben. Nach der Analogie entspricht sie am meisten dem Verbrechen, das im Art. 2018 der „Uloshenije" bezeichnet ist und für welches als Strafe 50—60 Rutenhiebe und die Abgabe an die Arrestanten=Kompagnie auf die Zeit von 1—2 Jahren ausgeworfen sind. Es wäre demnach genügend gewesen, die sieben männlichen Ostjaken einer Bestrafung mit 50 Rutenhieben zu unterziehen; aber damit diese Strafe im Hinblick auf die Art des Verbrechens nicht als zu geringfügig erscheine, ist, in Abänderung der Abgabe der Angeklagten an die Arrestanten=Kompagnie, dahin erkannt worden, daß sie für ihr eigenmächtiges Verfahren („Uloshenije", Art. 312) mit einer Geldstrafe von je 25 Rubel zu belegen und alle der Kirchenbuße zu unterziehen sind."

Wenn wir dieses Erkenntnis, das nach Durchsicht desselben im Minister=Komitee vom Kaiser bestätigt worden ist, aufmerksam durchlesen, so können wir nicht umhin, darauf aufmerksam zu machen, daß das Gericht nach jeder Richtung hin bemüht war, die Angeklagten von der schweren Strafe zu befreien, die ihnen für vorsätzlichen Mord drohte. Das Minister=Komitee berücksichtigte alle Umstände, die die Schuld der Angeklagten ausschließen oder vermindern konnten, und gelangte nach Analogie zur Anwendung solcher Artikel, wie des Art. 2018 und des Art. 314 (d. h. Totschlag eines Kindes von monströsem Aussehen und Selbsthilfe oder eigenmächtiges Verfahren). Aber da die Ge=

setzesparagraphen im gegebenen Falle nicht zutrafen, so blieb nichts übrig, als alle nur möglichen Rechtsverdrehungen zu begehen und direkt eine Milderung des Schicksals der Angeklagten auf dem Gnadenwege zu befürworten. Als ein anderes Beispiel für die Notwendigkeit, die Bedeutung des Aberglaubens im Gesetze zu bestimmen, kann der folgende Prozeß dienen:

Wir haben oben die Straffache mitgeteilt, in der ein Soldat des St. Petersburger Dragonerregiments wegen Diebstahls von Hafer angeklagt war. Der Soldat hatte den Diebstahl begangen, damit sein Pferd durch dieses Futter gesund und stark würde. Das Regiments-Gericht sprach den Soldaten frei, weil es befand, daß er unter dem Einflusse des Aberglaubens gehandelt habe und deshalb einer Bestrafung nicht unterläge. Aber das höhere Kommando war damit nicht einverstanden und forderte von dem Regiments-Gerichte, das sich erlaubt hatte, einen Angeklagten auf Grund von im Gesetze nicht angeführten Bestimmungen freizusprechen, eine Aufklärung. Da wandte sich eines der Mitglieder des Regiments-Gerichtes mit der Bitte um Rat an den Prokureur des Kreis-Gerichtes und antwortete auf dessen Anweisung, daß es unmöglich gewesen wäre, den Angeklagten schuldig zu sprechen, weil er ohne gewinnsüchtige Absicht gehandelt habe. Als das Militär-Kommando diese Erklärung erhalten hatte, beruhigte es sich. Aber wir persönlich meinen, daß man sich mit diesen Auslegungen nur einverstanden erklären kann, wenn man eine gewisse Rechtsverdrehung vornimmt. Das Pferd war dem Soldaten zu dessen Nutznießung überwiesen; sein direktes Interesse bestand darin, daß das Pferd gesund, stark und flink war, da er im entgegengesetzten Falle riskierte, sich bei einem Sturze von demselben den Hals zu brechen oder sich zum mindesten beständigen Verweisen dafür auszusetzen, daß sein Pferd schlecht manövrierte und nicht flink genug sei. Hieraus geht hervor, daß er ein Interesse daran hatte, sein Pferd aufzufüttern und sorgfältig zu pflegen, und daß es folglich schwierig ist, das Vorhandensein von Eigennutz zu leugnen.

Wenn man uns einwenden sollte, daß eine derartige Hilflosigkeit des Gerichts zwar unter dem veralteten geltenden Strafgesetzbuche möglich sei, daß sie aber mit der Einführung des neuen Strafgesetzbuches verschwinden werde, so erlauben wir uns, hieran zu zweifeln. Es ist wahr — die Strafen, die in dem Entwurfe eines Strafgesetzbuches (Ugolownoje Uloshenije) festgesetzt sind, sind bedeutend herabgesetzt, und dem Gerichte ist ein weiterer Spielraum bei der Abschätzung der Handlungen des Angeklagten geboten, aber die Schwierigkeiten werden sich wie früher finden.

Um die Richtigkeit dieser Behauptung zu beweisen, gestatten wir uns, ein Beispiel aus der Praxis der preußischen Gerichte anzuführen, das wir Manhardt entnehmen: Im Labenburgschen Kreise in Pommern starb in dem Dorfe Rostasin der Gutsbesitzer Franz Pablotzky. Bald darauf erkrankten einer seiner Söhne und viele Verwandte. Vom Wunsche beseelt, sie zu retten, öffnete der zweite Sohn des Verstorbenen das frische Grab des Vaters, hieb der Leiche den Kopf ab, legte ihn zwischen die Füße und tränkte das Taschentuch mit dem Blute der Leiche, um das letztere den Kranken als Arzenei zu geben. Das Kreis-Gericht zu

Labenburg verurteilte den Angeklagten zu einer Haftstrafe von drei Monaten. Das Appellations-Gericht in Köslin aber sprach ihn vollständig frei, weil er ohne böse Absicht (dolus) unter dem Einflusse des Gedankens gehandelt habe, daß er seine sittlichen Pflichten erfülle. Auf Protest des Staatsanwaltes wurde dieses Urteil von dem obersten Kassationsgerichtshofe mit der Begründung kassiert, daß in dieser Sache eine Handlung vorläge, die unbedingt nach dem Gesetze strafbar sei.

Wir haben diese Entscheidung deshalb angeführt, um zu zeigen, daß die deutschen Juristen, deren Strafgesetzbuch neuer und besser als das unsrige ist, bei der Entscheidung von Straffachen der gegebenen Kategorie auf ebenjolche Schwierigkeiten stoßen, wie die russischen Richter. Die Ursache dieses Zustandes birgt sich, nach unserer Meinung, in einer gewissen Unvollständigkeit des Gesetzes. Nirgendwo ist festgesetzt, was denn eigentlich der Aberglaube vom Standpunkte des Strafrechtes sei und welchen Einfluß er auf die Strafkraft und das Strafmaß besitze? Die Verfasser unserer „Ugolownoje Uloshenije" umgehen diese Frage sogar direkt. In den Erläuterungen zu Art. 333, der das Öffnen von Gräbern vorsieht, sind z. B. alle nur möglichen Motive aufgezählt, aber der Aberglaube ist nicht mit einem einzigen Worte erwähnt, obgleich im geltenden Art. 234 angegeben ist, daß die Verübung dieses Verbrechens aus Aberglauben als Milderungsgrund zu gelten habe.

Indem wir nun zu den positiven Angaben über die Stellung, welche die Frage vom Aberglauben im Gesetze einnimmt, übergehen, müssen wir daran erinnern, daß die geltenbe „Uloshenije o Nakasanijach" ben Aberglauben kennt: 1. als Täuschungsmittel bei Betrügereien, 2. als Mittel ber Rache bei ber Beſeſſenheit und 3. als Motiv bes Verbrechens bei der Ermordung von Mißgeburten und beim Öffnen von Gräbern. Über ben Aberglauben beim Betruge und bei der Beſeſſenheit wollen wir hier nicht weiter reden, weil im geltenden Geſetze bie Frage von der Beſtrafung bes Schuldigen wegen Ausnutzung dieſes Aberglaubens richtig geſtellt iſt, und weil in dem Entwurfe eines neuen Strafgeſetzbuches (Ugolownoje Uloshenije) bie bezeichneten Verbrechen reſp. Vergehen gar nicht erwähnt ſind, ſo daß bie Beſeſſenen (klikuschi) wegen Verleumdung und die Hexenmeiſter (snachari) und übrigen Betrüger wegen Betruges auf Grund der allgemeinen Geſetzesbeſtimmungen zur Verantwortung gezogen werden. Aber der Einfluß des Aberglaubens auf das Motiv des Verbrechens beanſprucht wegen ſeiner Wichtigkeit eine beſondere Beachtung; deshalb wollen wir bei dieſer Frage verweilen.

Vor allem bedarf die allgemeine Frage einer Erklärung: ob es richtig iſt, zu ſagen, daß der Aberglaube ein Motiv zum Verbrechen ſei? Wenn man nach der Redaktion des geltenden Strafgeſetzbuches urteilen wollte, ſo könnte man eine ſolche unrichtige Schlußfolgerung ziehen; denn in dem Geſetze wird von der Brandſtiftung aus (ruſſiſch: po) Bosheit oder Rachſucht (Art. 1615), vom Diebſtahle, verübt aus Not und aus Mangel an jeglichen Subſiſtenz- reſp. Nahrungsmitteln (Art. 1663, § 3), und von der Ermordung einer Mißgeburt aus Unwiſſenheit und Aberglauben (Art. 1469) geſprochen. In allen dieſen drei Artikeln ſpricht das Geſetz in denſelben Ausdrücken von dem Impulse zum Verbrechen, indem es Rachsucht, Hunger und Aberglauben auf ein Brett stellt. Aber nach unserer Ansicht liegt hier eine gewisse Ungenauigkeit vor. Um sie zu beseitigen, erlauben wir uns eine Definition des Begriffes „Motiv zum Verbrechen" zu geben. Ein Motiv ist — das Streben nach einem bestimmten Ziele in der Zukunft, das aus der Unzufriedenheit mit der Gegenwart entstanden ist. Der Verbrecher, der sich an der Situation, in der er sich befindet, nicht genügen läßt, strebt eine Besserung derselben an und greift zum Verbrechen, wenn er in demselben das einzige Mittel zur Erreichung seines Zieles erblickt. Die Benennung der Motive hängt von dem Umstande ab, welcher von beiden Momenten reliefartiger hervortritt: der Ausgangsmoment — die Unzufriedenheit, oder der Endmoment — die Befriedigung des Wunsches. Beim Diebstahl spricht man vom Zustande der Not, von der äußersten Notlage, d. h. von dem Moment, in dem Hunger und Kälte den Menschen auf die Bahn des Verbrechens hinausstoßen; aber wenn von der Rache die Rede ist, so hat das Gesetz den letzten Moment im Auge, in dem der Schuldige als Antwort auf die ihm zugefügte Beleidigung die ganze Habe seines Beleidigers in Asche verwandelt und sich an diesem Schauspiele sättigt.

Wendet man diese Definition auf Straftaten an, die aus Aberglauben verübt werden, so wird man sofort sehen, daß derselbe zwar seinen Einfluß auf die Verübung eines Verbrechens ausübt, aber als ein Motiv im genauen Sinne dieses Wortes nicht bezeichnet werden kann. Um sich hiervon zu überzeugen, braucht man nur einige der Prozesse, die von uns mitgeteilt worden sind, aufs Geratewohl herauszugreifen: Es ist ein Mensch ermordet worden, um aus seinem Fette ein Diebslicht anzufertigen. Der Ursprung dieser Straftat liegt im Aberglauben. Der Dieb war überzeugt, daß es möglich sei, ein solches Werkzeug zu besitzen, mit dessen Hilfe er in jedes beliebige Schlafzimmer gehen könnte, ohne irgend jemand aufzuwecken. Aber das Ziel, nach dem er strebte, war ein ganz anderes: er wollte reich werden und erblickte in der Verübung von Diebstählen mit Hilfe eines besonderen Instrumentes, das ihm den Zutritt in fremde Häuser erleichtern und ihm gleichzeitig volle Straflosigkeit sichern sollte, eine Möglichkeit, Schätze zu gewinnen. Das Motiv dieses Menschen war folglich Eigennutz, Habsucht, Gier nach Geld, Streben nach mühelosem Erwerb. Nehmen wir ein anderes Beispiel: Die Ostjaken ermordeten den Nikolai Kussamin, weil sie fürchteten, von ihm aufgefressen zu werden, und für ihr eigenes Leben zitterten. Die Angeklagten hatten keine Ahnung von der Raserei, von welcher an Fieber erkrankte Menschen ergriffen werden können, und erschlugen ihren Verwandten, weil sie sich unter dem Einflusse des Glaubens an die Macht des Schamanentums befanden. Hieraus geht klar hervor, daß sie den Kussamin aus Furcht für ihr eigenes Lebens, d. h. aus Selbsterhaltungstrieb töteten. Von demselben Motive werden die Bauern geleitet, wenn sie Zauberer totschlagen oder die Gräber von Vampyren öffnen, welche die Lebenden in die Arme des Todes reißen oder über die Welt schweifend die Saaten vernichten und den Regen entführen. Unter dem Einflusse desselben Instinkts der Selbsterhaltung stehen auch die Leute, welche Leichen verstümmeln, um heilkräftige Talismane zu erlangen, oder Weiber notzüchtigen, um sich

15*

von einer Krankheit zu befreien. Andererseits handelte die Majewskij, die das Grab ihres eigenen Kindes öffnete, um die Hand und den Geschlechtsteil der kleinen Leiche abzuschneiden und mit diesen Mitteln ihren früheren Liebhaber zu behexen, unter dem Einflusse der Rachsucht. Aus demselben Motiv handelte auch der Hirt, der ein Grab öffnete, um seinen Schwager zu vergiften, der ihn bei der Vermögensteilung beleidigt hatte.

Alle diese Leute handelten aus gewöhnlichen Motiven, und nur die Mittel, die sie zur Erreichung ihres Zieles auswählten und anwendeten, waren abergläubige.

Wenn also der Aberglaube kein Motiv ist, als was erscheint er dann in Strafsachen? **Der Aberglaube ist eine Äußerung der Unwissenheit und Rohheit.** Er äußert sich dadurch, daß ein Mensch infolge der Beschränktheit seiner Kenntnisse solche Erscheinungen in ursächlichen Zusammenhang bringt, welche nach der Natur der Dinge keinerlei Einfluß auf einander haben können. Auf diesem Wege erklärt ein abergläubiger Bauer die Krankheit seiner Familie nicht aus einer natürlichen Ursache, sondern durch Behexung und Zauberei, ferner die Regenlosigkeit durch den Einfluß von Selbstmördern, die nicht auf dem Friedhofe beerdigt sind, u. s. w. Folglich ist der Aberglaube nichts weiter als eine rohe Äußerung der Unwissenheit. Diese Unwissenheit aber ist nicht eine Eigenschaft des einzelnen Menschen, sondern einer ganzen Klasse von Menschen; die rohen, abergläubigen Vorstellungen, die Verbrechen hervorrufen, werden nicht von einzelnen Menschen, sondern von der Masse des Volkes für unstreitige Wahrheiten gehalten. Das Gesetz muß dies ins Auge fassen und feststellen, daß ein Mensch, der eine Missethat unter dem Einflusse des Aberglaubens begangen hat und wegen des Motivs, durch das er geleitet worden ist, sowie wegen der übrigen Umstände der That Nachsicht verdient, für sich das Recht auf eine besondere Nachsicht hat.

Die von uns angegebene Lücke im Gesetze findet sich in gleichem Maße in dem geltenden Strafgesetzbuche, wie in dem Entwurfe eines neuen Strafgesetzbuches. Durch den neuen Kodex werden die Schwierigkeiten, die in der Praxis bei Straffachen der fraglichen Kategorie wahrnehmbar sind, nicht beseitigt, wovon man sich durch folgende Betrachtungen leicht überzeugen kann: Die Rechte des Gerichts auf Milderung der Strafe sind in Art. 45 des Entwurfes dargelegt; dieser Artikel lautet: „§ 2. Wenn für eine verbrecherische Handlung im Gesetze eine besondere niedrigste Strafgrenze festgesetzt ist, so bleibt es dem Gerichte überlassen, die Strafe bis zum niedrigsten gesetzlich zulässigen Strafmaße dieser Art herabzusetzen. § 3. Wenn für eine verbrecherische Handlung im Gesetze keine besondere niedrigste Strafgrenze festgesetzt ist, so bleibt es dem Gerichte überlassen, die Strafen bis zum niedrigsten gesetzlichen Strafmaße dieser Art herabzusetzen oder zu einer anderen Strafart überzugehen".... Wenn man im Auge behält, daß in den Artikeln, in denen der Mord vorgesehen ist (386 und 387) als niedrigste Strafgrenze die Zwangsarbeit angegeben ist, so ergiebt sich auch, daß das Gericht bei der Entscheidung eines Prozesses wegen Ermordung eines Zauberers wie früher des Rechtes beraubt sein wird, eine andere Strafe als Zwangsarbeit zu bestimmen. Eine derartige gesetzliche Bestimmung ist nicht wünschenswert, denn sie wird die Frei=

sprechung schuldiger Menschen durch die Geschworenen oder die Befürwortung der Milderung des Geschicks Verurteilter durch die Richter des Staates bei der Höchsten Gewalt hervorrufen.

Um aus dieser Schwierigkeit herauszukommen, wäre es richtig, wenn man dem Beispiele der Verfasser des Entwurfs eines schweizerischen Strafgesetzbuches[1]) folgen und dem Gerichte ein unbeschränktes Recht überlassen würde, die Strafe herabzusetzen, ohne durch die im Gesetze angegebenen Fristen und die Art der Strafe beengt zu sein, wenn der Angeklagte ein Verbrechen aus Aberglauben verübt hat und wegen des Motivs, durch das er sich bei Verübung der Straftat hat leiten lassen, sowie wegen der übrigen Umstände der That Nachsicht verdient.

Eine derartige Neueinführung kann nicht als allzu radikale Reform gelten, weil einerseits im Entwurfe eines neuen Strafgesetzbuches die Rechte der Richter bei der Bestimmung der Strafe bereits bedeutend erweitert sind, und weil andererseits die Gerichte heute bereits die Strafe unabhängig von der im Gesetze angegebenen Art und dem Grade der Bestrafung herabsetzen, indem sie ihre Urteile auf den Allerhöchsten Namen ausstellen und bei dieser Herabsetzung sich lediglich durch ihr Gewissen und die Besonderheiten der zu entscheidenden Strafsache leiten lassen.

Wenn man uns auf alle diese Ausführungen erwidern sollte, daß eine derartige Herabsetzung der Strafe dem Gerichte nicht ohne Kontrolle anheimgegeben werden kann, und daß der jetzige Gang der Dinge, bei dem solche Sachen durch das Justizministerium zur endgiltigen Erledigung ge-

---

[1]) Karl Stooß: Schweizerisches Strafgesetzbuch. Vorentwurf mit Motiven, 1894.

langen, ben Vorzug verbient, so erlauben wir uns barauf
folgenbes zu bemerken: Vor Allem barf nicht aus bem
Auge gelassen werben, baß man in ber Praxis ber Gerichte
schwerlich Beispiele bafür finben wirb, baß bas Gesuch
eines Gerichts um Milberung bes Geschickes Verurteilter
vom Kaiser zurückgewiesen worben sei. Ferner muß man,
rein theoretisch genommen, im Gebächtnis behalten, baß ber
Justizminister, ber solche Sachen ber Allerhöchsten Ent=
scheibung unterbreitet, bie Kontrolle über sie besitzt. Die Be=
teiligung bes Ministeriums kann eine zwiefache sein: ent=
weber es enthält sich jeber Kritik, ober es unterzieht bie
ganze Prozebur einer sorgfältigen Revision. Im ersteren
Falle wirb seine Beteiligung nutzlos sein unb bie Aus=
führung bes Urteils nur unnütz aufhalten. Im zweiten
Falle aber kann sein Einfluß sich als schäblich erweisen, ba
bas Ministerium, bas bie Sache nach Papieren entscheibet,
leichter einen Fehler begehen kann, als bas Gericht, vor
bem alle in ber Sache verhörten Personen gestanben haben.

Wenn man unsere Behauptung, baß bie Verübung eines
Verbrechens aus Aberglauben eine Gesetzesverletzung aus
äußerster Unwissenheit barstellt, als richtig anerkennt, so
wirb man unschwer eine Stelle im Gesetze angeben können,
an ber ber Aberglaube vorgesehen werben kann. In bem
geltenben Strafgesetzbuche erwähnt ber Art. 134, in bem
bie Umstänbe aufgezählt werben, bie als milbernb für bie
Schulb unb bie Strenge ber Bestrafung in Betracht
kommen, unter anberem auch bie äußerste Unwissenheit, läßt
aber eine Herabsetzung bes Strafmaßes nur um zwei Grabe
zu. In bem Entwurfe eines neuen Strafgesetzbuches ist ben
Umstänben, bie als milbernb für bie Schulb in Frage

kommen, der Art. 45 gewidmet; in ihm sind die Grenzen für die Strafherabsetzung angegeben, aber diese Umstände selbst sind nicht aufgezählt. Deshalb glauben wir, daß eine Ergänzung in unserem Sinne am besten in dem Kapitel vorgenommen werden könnte, welches von den mildernden Umständen für die Schuld spricht, d. h. in dem geltenden Strafgesetzbuche nach Art. 134 und im Entwurfe nach Art. 45. Den Aberglauben in einzelnen Artikeln gesondert zu erwähnen, wie das in der „Uloshenije o Nakasanijach" geschehen ist, halten wir für ganz unrichtig, denn eine solche Aufzählung wird nie vollständig genug sein. Jetzt ist die Strafe für das Öffnen von Gräbern aus Aberglauben herabgesetzt, aber sie wird wegen Ermordung eines Zauberers aufgrund der allgemeinen gesetzlichen Bestimmungen festgesetzt.

Damit schließen wir unsere Ausführungen und die Darstellung der von uns gesammelten Thatsachen. Gleichzeitig erlauben wir uns, die Annahme auszusprechen, daß die von uns gesammelten Angaben und Gedanken einige Bedeutung nicht nur für Ethnographen, sondern auch für Juristen haben dürften. Die Frage von der Reform des Pönitentiär-Systems schreitet vorwärts, und immer drängender erhebt sich die Forderung, daß die Strafen dem Schuldigen in strenger Abhängigkeit von den Beweggründen zugemessen werden, die seine Handlungsweise bestimmt haben. Wenn diese Gedanken verwirklicht sein und die Juristen beginnen werden, die Frage von den Motiven der Verbrechen und von den Umständen, die auf diese Motive eingewirkt haben, zu bearbeiten, dann wird auch dem Aberglauben eine größere Aufmerksamkeit gewidmet werden, als dies bis jetzt geschehen ist.

www.ingramcontent.com/pod-product-compliance
Lightning Source LLC
Chambersburg PA
CBHW031736230426
43669CB00007B/363